복 있는 사람

오직 여호와의 율법을 즐거워하여 그 율법을 주야로 묵상하는 자로다.
저는 시냇가에 심은 나무가 시절을 좇아 과실을 맺으며 그 잎사귀가 마르지 아니함 같으니
그 행사가 다 형통하리로다. (시편 1:2-3)

옛날 옛적 고대 그리스 철학과 그리스도교 신학의 예기치 않은 만남 이면에는 신비에 대한 '놀라움'이라는 접촉점이 놓여 있었다. 그런데 근대 과학이 발전하면서 우주의 원리를 이성을 통해서만 설명하려는 환원주의적 태도도 퍼져 갔다. 그 결과 많은 사람이 삶에서 경이와 기쁨을 발견할 감각과 여유를 잃어 갔고, 결국은 의미 상실의 문제에 부딪히게 되었다. 이런 상황을 애달파 한 영국의 신학자 알리스터 맥그래스는 서먹하고 소원한 관계를 오래 이어 오던 종교와 과학을 조화와 협력의 관계로 이끌고자 매력적 이미지와 새로운 언어, 설득력 있는 이야기를 만들어 오고 있다. 실재를 바라보는 풍성한 방법을 제시했던 그의 전작 『우주, 하나님이 지으신 모든 세계』와 함께 『인간, Great Mystery』는 생의 궁극적 의미를 찾아 순례의 길을 떠나는 이들에게 선사하는 속이 꽉 찬 소중한 안내서다. 맥그래스는 과학과 종교의 대표 사상가와 작가들을 소개하며, 두 영역이 화해하고 협력할 때 홀로서는 상상도 할 수 없던 풍성하고 깊은 의미의 장을 만들 수 있음을 보여준다. 맥그래스의 전문적이면서도 친절한 설명을 따라가다 보면, 신비를 마주하며 '경이'를 표하는 순전한 감각을 되찾게 되고, 현상의 화려함과 분주함에 가렸던 인간의 본질과 의미와 운명을 다중적 관점에서 보게 되는 지혜를 배우게 되리라 기대한다.

김진혁 횃불트리니티신학대학원대학교 조직신학 교수

우리 인간은 과연 어떤 존재일까? 그 미스터리를 알아 가는 과정은 어쩌면 과학과 종교 그리고 인문학의 궁극적 과제일지도 모른다. 알리스터 맥그래스는 발코니에서 내려다보기보다는 직접 길 한복판으로 내려와 행인들과 부딪히며 우리가 누구인지, 우리 인생에 어떤 의미가 있는지, 그리고 인간의 미래가 어떻게 될지 큰 그림을 그리는 작업을 시도한다. 그 길에서 만나는 자연 세계와 인간의 역사는 단지 과학을 통한 사실 판단을 넘어 의미와 가치와 목적을 탐구할 때 비로소 우리 삶과 연결된 적합성을 갖는다. 그 큰 그림은 우리에게 겸손과 관대함으로 살아가라고, 그리고 경외감을 느끼는 세계로 우리의 시선을 확장하라고 조언한다. 기독교 시각에서 과학과 인간 그리고 트랜스휴머니즘까지를 조망하는 저자의 통찰을 배울 수 있는 값진 책이다.

우종학 서울대학교 물리천문학부 교수, '과학과 신학의 대화' 대표

알리스터 맥그래스는 천의 얼굴을 가진 인물이다. 신학과 교회사에 달통한 역사신학자, 현대 과학의 심오한 세계를 탐구하는 과학자, 이미지와 상징으로 가득한 상상의 세계를 내러티브로 재구성하는 문학가, 세계적으로 저명한 학교의 행정과 관리를 맡은 행정가, 신학·과학·철학·문학에 걸친 여러 주제를 종횡무진 넘나들며 전 세계에서 강연하는 인기

강사. 이런 다양한 면모에 더하여, 맥그래스가 이 책에서 보여주는 얼굴은 고뇌하는 변증가다. 저자 맥그래스는 스스로 전기를 쓰기도 한 C. S. 루이스를 닮았다. 자신의 롤 모델 C. S. 루이스를 따라, 맥그래스는 세상과 우주와 삶은 '위대한 신비'라고, 무엇보다도 '겸손'과 '관대함'과 '경이'라는 태도로 접근해야 할 '거대한 의미'라고 말한다. 그러나 그의 스승 루이스와는 달리, 과학자이기도 한 그는 종교와 과학, 철학의 질문을 '통섭'하는 방식으로 질문을 던지고 답을 제시한다. 탈기독교 사회에서 '인간 정체성'을 고민하는 모든 이가 참고할 만한 통찰이 가득하다.

이재근 웨스트민스터신학대학원대학교 선교학 교수, 광교산울교회 목사

세상의 복잡도는 무한에 가깝고, 우주는 너무나 광대하며, 인간은 인간에게 여전히 미궁이자 신비다. 알리스터 맥그래스는 여전히 미스터리인 세계와 우주와 생명을 이 책에서 다각도로 탐구한다. 이 발굴은 과학, 철학, 종교가 남긴 풍부한 유산의 소환과 함께 시작된다. 저자는 다양한 유산을 상호 긴밀하게 조율하고 연계시키면서 우주와 생명의 신비와 삶의 의미를 역동적으로 드러낸다. 그가 강조한 '겸손', '관대함', '경외감'의 태도는 인간의 본질을 찾아 떠나는 경이로운 여정의 출발점이자 종착점이다. 매력적인 이 책은 과학과 종교, 진화와 창조, 이성과 신비, 우주와 지성, 신과 포스트휴먼을 고민하는 영혼에게 신선한 통찰과 드넓은 안목을 제시할 것이다.

전철 한신대학교 신학과 조직신학 교수, '종교와 과학 센터' 센터장

인간을 다른 모든 동물과 뚜렷하게 구별해 주는 점이 있다면, 그것은 인간이 근본적인 질문을 제기하고 그 질문에 대한 해답을 추구하는 존재라는 사실이다. 인간은 자신의 본질, 정체성, 미래 그리고 삶의 의미에 대해서 끊임없이 질문해 왔다. 이 책은 이 시대 최고의 신학자인 알리스터 맥그래스가 신학뿐만 아니라 과학, 인간학, 인문학의 최신 연구를 총체적으로 활용하여 인간이 던지는 정당한 질문들에 대한 해답을 모색하려는 탁월한 시도다. 독자들은 이 책을 통해 삶과 의미의 문제에 대하여 매우 만족스러운 해답을 얻게 될 것이다. 삶의 의미와 가치와 목적에 대해서 고민하면서 삶의 자리에서 분투하는 그리스도인들을 포함한 모든 사람에게 적극 추천한다.

정성욱 덴버 신학대학원 조직신학 교수

이 책은 생의 신비와 인간 지식의 한계 앞에 깊이 겸손해하며, 생각이 다른 사람들의 의견에 너그러이 열린 자세를 보여주는 것을 특징으로 한다. 아울러 기독교가 어떤 식으로 우리에게 더 큰 그림을 보여주고, 인생 여정에 대처해 나가는 의미의 틀을 제공하는지 아주 설득력 있는 예를 들어 가며 제시한다. 저자는 과학과 철학 분야의 방대한 지식에 의지해 글을 쓰면서도 지극히 명료하고 다가가기 쉽게 자신의 논지를 전달한다. 이 책은 과학 영역에서든 신앙 영역에서든 모든 교조주의자에게는 이의를 제기할 것이며, 확신 없이 주저하며 탐구하는 사람들에게는 크나큰 격려가 될 것이다.

리처드 해리스 전 킹스칼리지 학장, 『니버—현실적인 이상주의, 이상적인 현실주의』 저자

의미를 탐구하는 인간에 대한 이 독자적이고 학문적이면서도 흡인력 있는 연구서에서 알리스터 맥그래스는, 상이한 식견과 불일치를 조화시키는 이 문제가 이전 시대는 물론 우리 시대에서도 지극히 중요함을 드러내 보여준다. 체스터턴과 소로와 C. S. 루이스의 정신으로, 아우구스티누스와 피코와 머독, 그리고 바로 이웃에 있는 강적 도킨스와 대화하는 가운데, 그는 기대감으로 숨죽인 독자들을 먼저 높은 발코니로 데려가 과학과 신앙과 철학을 조망하게 한 후, 이어서 길로 데리고 내려와 우리 스스로 여정을 시작하게 한다. 그 길에는 읽을거리가 더 풍성하다.

톰 맥리쉬 더럼 대학교 물리학 교수, 영국 학술원 교육위원회장

인간, Great Mystery

Alister McGrath

The Great Mystery
Science, God and the Human Quest for Meaning

인간, Great Mystery

그레이트 미스터리

탐색하는 인간

과학과 신, 그리고 의미를

알리스터 맥그래스 지음 | 오현미 옮김

복 있는 사람

인간, Great Mystery

2018년 6월 22일 초판 1쇄 인쇄
2018년 6월 29일 초판 1쇄 발행

지은이 알리스터 맥그래스
옮긴이 오현미
펴낸이 박종현

도서출판 복 있는 사람
주소 서울특별시 마포구 연남동 246-21(성미산로23길 26-6)
전화 02-723-7183, 7734(영업·마케팅)
팩스 02-723-7184
이메일 blesspjh@hanmail.net
등록 1998년 1월 19일 제1-2280호

ISBN 978-89-6360-257-8 03230

이 도서의 국립중앙도서관 출판예정도서목록(CIP)은
서지정보유통지원시스템 홈페이지(http://seoji.nl.go.kr)와 국가자료공동목록시스템
(http://www.nl.go.kr/kolisnet)에서 이용하실 수 있습니다. (CIP 제어번호: 2018019384)

The Great Mystery
by Alister McGrath

Copyright © 2017 by Alister McGrath
Originally published in English under the title
The Great Mystery: Science, God and the Human Quest for Meaning
by Hodder & Stoughton Limited,
Carmelite House, 50 Victoria Embankment, London EC4Y 0DZ, England.
All rights reserved.

This Korean translation edition © 2018 by The Blessed People Publishing Co., Seoul,
Republic of Korea.
This Korean edition is published by arrangement with Hodder & Stoughton Limited through
rMaeng2, Seoul, Republic of Korea.

이 한국어판의 저작권은 알맹2 Agency를 통해 Hodder & Stoughton Limited와 독점 계약한 도서출판 복 있
는 사람에 있습니다. 신저작권법에 따라 한국 내에서 보호받는 저작물이므로 무단 전재와 무단 복제를 금합니다.

어머니를 기리며

차례

1부 우리가 누구인지 궁금하다

01 궁금해하려고 태어나다 | 질문하고, 답변 기대하기   015
02 우리는 누구인가? | 인간의 본질을 찾아서   033
03 인간의 정체 | 풍경 지도 그리기   051

2부 생ㅛ의 의미가 궁금하다

04 '큰 그림'을 찾는 순례자 | 발코니와 길   077
05 의미 추구하기 | 단순한 사실보다 더 많은 것이 필요한 이유   095
06 의미 | 발견인가, 창안인가?   117
07 의미가 작동하지 않을 때 | 의심, 트라우마, 불신앙   145
08 자연을 궁금해하기 | 과학의 뿌리를 상상해 보다   165
09 우주에서 편안한가? | 우주에서 우리의 자리는 어디인가   187

3부 우리의 미래가 궁금하다

10 우리의 무엇이 문제인가? | 죄 개념이 왜 필요한가   211
11 휴머니즘의 두 얼굴 | 세속 휴머니즘과 기독교 휴머니즘   243
12 진보의 신화 | 인간 재구성   267
13 맺는말 | 몇 가지 짧은 생각   295

감사의 말   305
주   306
찾아보기   340

위기의 시대, 미몽에서 깨어나는 시대는 냉소주의와 절망으로 빠져들기보다는 우리가 과연 어떤 존재인지 근본적으로 다시 생각해 볼 것을 요구한다. 우리가 우리의 약점을 정면으로 마주하고 우리의 미래를 구체적으로 형성해 나가야 한다고 할 때, 인간의 그 어떤 학문 분야나 그 어떤 연구 전통도 이에 필요한 풍요롭고 짜임새 있고 공교한 답변을 넉넉히 주지 못한다. 하지만 우리는 그 도전을 마주해야 하고, 지금 여기에서부터 우리가 갈 곳을 알아내야 한다. 이는 본질상 우리 자신을 이해하기에 관한 일이며, 우리에게 맡겨진 인생이라는 이 신비로운 선물에 관한 일이다.

1부

우리가 누구인지 궁금하다

01 궁금해하려고 태어나다
질문하고, 답변 기대하기

> 우리는 얼마나 기이한* 작은 배인가,
> 어둑한 가을을 헤치고 귀가 멍멍한 이 침묵 사이로 항해하다니.¹
> **존 밴빌**

  생명은 선물이다. 우리는 태어나게 해달라고 요청한 적이 없다. 그런데 우리는 여기 존재한다. 시간과 공간으로 이뤄진 이 기이한 세상에 살면서, 어둠이 다가와 우리를 소멸시키기 전에 도대체 이 모든 게 다 무엇인지 알아내려 애쓰며 말이다. 우리는 무지無知라고 하는 안개 낀 잿빛 바다 위를 떠돌면서 햇살 밝은 확신의 섬을 찾아다닌다. 그 섬에 가면 우리 마음 깊은 곳에서 생겨 나오는 날카로운 의문들에 명쾌한 답을 찾을 수 있지 않을까 생각하면서. 인생의 요지要旨는 무엇일까? 왜 우리는 여기 있는가? 우리를 에워싼 세상이 어떠하기에 우리가 이런 질문을 하게 되는 것일까?

  이 시대의 혼란과 혼돈을 우리가 과연 해결할 수 있을지 많은 사람들이 궁금해한다. 이 책은 그런 시대에 인간으로 존재한다는 게 무슨 의미인지를 고찰한다. 인간이 그렇게 경이로운 존재라면 세상은 왜 그렇게 엉망진창인가? 우리는 왜 멋진 것들을 사용해 그런 비열한 목적을 이루려 하는가? 우리는 왜 자기 자신에 대한 불편한 진실을 마주하기를 그렇게 꺼리는가? 이는 전혀 새로운 의문이 아니다. 이 의문들은 시시때때로 마음속에서 들끓어 오른다. 특히 우리 자신의 앞날이나 이 세상의 미래에 관한 우리의 안이한 가설에 도전을 하는 어떤 사건이 일어날 때는 더욱 그렇다.

'광란의 20년대'Roaring Twenties에 대다수 미국인들은 당대의 기분 좋은 낙관주의에 기꺼이 동조했다. 세상은 마치 상승세를 탄 주식시장 같았다. 그러다가 거품이 꺼졌다. 월스트리트 붕괴는 독일에 재정 위기를 촉발시켰고, 이를 기회 삼아 아돌프 히틀러Adolf Hitler가 정치적 동력을 얻어 총통으로 당선되었다. 1934년경 독일은 나치 국가가 되었다. 달갑지도 않고 예상치도 못했던 파시즘은 여러 지역에 불안감을 불러일으켰다. 가장 중요한 점은, 이런 변화가 그때까지 안정적으로 사리 삽고 있던 인간의 선함과 이성에 대한 자기만족적 가설을 때늦게 재검토하게 만들었다는 것이다.[2]

라인홀드 니버Reinhold Niebuhr는 대다수 구미歐美 사상의 나태하고 경솔한 낙관주의를 비판한 것으로 유명한 신학자로, 1942년 온 세상이 세계대전 속으로 무너져 들어가자 미몽에서 깨어난 사람들의 인식에 문화적 불안감이 널리 스며들고 있는 현상에 대해 이야기했다. "우리는 수 세기 동안 그렇게 희망을 말하는 세상을 살아왔고, 지금은 이런 각성의 시대를 살고 있다."[3] 그런데 2차 세계대전 후, 과거 못지않은 미래를 감히 소망하던 시간도 잠시, 세상 사람들의 권태는 다시 오름세를 타고 있다.

그러면 이제는 거울을 들어 우리 자신을 비춰 보면서 우리가 원하는 자기 모습이 아니라 있는 그대로의 우리 모습을 보아야 할 때 아닌가? 낙관주의가 지금은 마치 썰물처럼 퇴조하는 것으로 보이지만, 1960년대에 성장기를 보내면서 나는 낙관주의가 도처에 스며들어 있는 것을 의식했다. 사실 스며들어 있다는 것도 절제된 표현이다. 1960년대를 돌아보면, 2차 세계대전을 문화적으로 정의하는 작업과 더불어, 좀처럼 사라지지 않는 그 전쟁에 대한 기억은 상황이 점점 좋아지고 있다는 믿음과 앞으로 계속 좋아질 것이라는 희망을 굳히는 데 도움이 되었다. 하지만 희망을 갖는 그 태도가 이제는 경제 붕괴와 정치 위기, 지역을 가리지 않고 점점 빈발하는 테러 사태, 그리고 기후변화의 위협이 증대되는 현실 앞에서 힘을 잃어 가는 것 같다. 낙원은 또다시 요원해 보인다. 밀란 쿤데라Milan Kundera의 말처럼, 낙원에 대한 우리의 갈망은 사실상 인간존재라는 한계적 상태에서 벗어나고자 하는, 이룰 수 없는 소원일지 모른다.[4]

위기의 시대, 미몽에서 깨어나는 시대는 냉소주의와 절망으로 빠져들기보다는 우리가 과연 어떤 존재인지 근본적으로 다시 생각해 볼 것을 요구한다. 이 책에서 시도하려는 게 바로 그것이다. 이 책은 신앙과 과학 두 가지를 다 다룬다. 현대 문화를 구성하는 가장 풍성하고도 복잡한 이 두 가지 요소를 소재로 인간의 본질, 특별히 생의 의미에 대한 우리의 의문을 탐색해 보고자 한다. 특히 인간의 모든 질문 중 아마도 인간의 마음을 가장 동요시키는 질문, 그러나 젠체하고 자기만족적인 수많은 사회평론가들에게 상투적으로 무시당하는 질문, 곧 '우리의 무엇이 문제인가?'라는 질문을 설명해 보고자 한다. 우리가 개인적으로는 물론 집단적으로 우리의 약점을 정면으로 마주하고 우리의 미래를 구체적으로 형성해 나가야 한다고 할 때, 인간의 그 어떤 학문 분야나 그 어떤 연구 전통도 이에 필요한 풍요롭고 짜임새 있고 공교한 답변을 넉넉히 주지 못한다. 하지만 우리는 그 도전을 마주해야 하고, 지금 여기에서부터 우리가 갈 곳을 알아내야 한다. 이는 본질상 우리 자신을 이해하기에 관한 일이며, 우리에게 맡겨진 인생이라는 이 신비로운 선물에 관한 일이다.

의미 탐구

그렇다면 생生이란 도대체 무엇인가? 우리가 아는 한 인간은 지상에서 이 질문을 하는 유일한 종種이며, 우리는 그에 대한 답변을 찾을 수 있기를 감히 희망한다. 우리는 그저 존재하기 위해서가 아니라 궁금해하려고 태어난 것 같다.[5] 궁금해한다는 것은 깊이 생각하는 것, 이미 알려진 내용을 마음속에서 뒤집어 보는 것, 상상력을 확장시켜 우리가 사는 세상 이면이나 우리 눈에 보이는 일정한 지평 너머에 어떤 더 큰 진리와 아름다움이 있지는 않은지 물어보는 것이다. 우리 주변의 사물과 상황이 왜 지금과 같은 형상을 취하는지, 혹시 이 사물이나 상황이 무언가 더 심오한 것을 가리키지는 않는지 우리는 알고 싶어 한다.

생의 의미 문제 덕분에 사람들은 철학을 삶과 아주 밀접하게 연관된 것으로 여기곤 했다.[6] 그런데 철학자 수전 울프Susan Wolf가 최근 지적한 것처럼, 요즘 철학계에서는 생의 의미에 관한 질문을 거의 하지 않으며, 한다 해도 순진한 어린 학생들만 할 뿐인데, 이들에게는 지적 세련됨이 결여되어 있어서 전문 철학자들은 이들의 질문 앞에 민망해하며 몸을 움츠린다.[7] 학문으로서의 철학이 인간에게 정말 중요한 의문들과의 접촉점을 잃은 건 아닌지 많은 이들이 이제 궁금해한다. 철학이 존재하게 된 첫 번째 이유가 바로 그것인데 말이다. 헨리 데이비드 소로Henry David Thoreau, 1817-1862는 널리 읽히는 자신의 고전적 저작 『월든』Walden, 1854에서 바로 그런 입장을 표명했다. "요즘은 철학 교수는 있는데 철학자는 없다."[8]

서글프지만 오늘날 독자들 중에는 소로의 말에 공감하는 이들이 많을 것이다. 철학은 다른 철학자들을 위한 학문, 그리고 인생의 가장 심오한 의문을 파고드는 활동이기보다 학구적 자기 성찰과 전문적 자기 참조self-reference 행위가 되었다. 인생의 가장 심오한 의문은 이제 지적으로 일관성 없거나 고지식한 의문으로 제쳐 놓기 일쑤다. 왜냐하면 대답하기가 너무 어렵기 때문이다. 그러나 어쩌면 우리는 밀란 쿤데라의 말에 귀 기울일 필요가 있을지 모른다. 그는 "대답이 없는 질문이야말로 인간 가능성의 한계를 설정하고 인간 실존의 경계를 서술한다"라고 했다.[9] 그런 질문들은 냉정한 합리주의의 경계를 넘어가는 지적 위험을 무릅써 보라고 도전하며 우리의 한계를 시험한다.

그렇지만 인생에 어떤 의미가 있는가 하는 문제가 이제는 "철학의 영역에서 내쫓긴" 것으로 보인다고 울프가 서글프게 말하고 있긴 해도, 보통 사람들의 일상생활에서는 이 문제가 그렇게 쉽게 무시되지 않는 게 확실하다. 보통 사람들은 자기 삶을 납득하고 이 기이하고 영문 모를 세상을 뜻 있게 살아가기 위해 의미와 가치와 목적을 추구한다. 지적 작업으로서의 철학은 생의 의미를 찾으려는 노력의 타당성을 의심하지 않는다. 다만 그 노력이 철학의 영역으로 들어오는 것을 막을 뿐이다.[10]

다행히 이 궁극적 의문을 파고들어 가고 싶어 하며 진지하게 이 일에 임하는 이들 또한 적지 않다. 심리학은 지금 우리 눈에 보이는 철학에 비해 인간의 필요와 관심사에 훨씬 더 진지하게 귀 기울이는 경험 연구 분야로서, 삶의 의미에 대한 질문이 인간 행복에 얼마나 중요한지를 강조해 왔다.[11] 인간은 우리가 우리 자신보다 더 큰 무언가의 한 부분이라 느끼게 해주는 '큰 그림' big picture 을 갈망하는 것 같다.[12] 바로 그것이 우리가 인간으로서 기능하는 방식이다.

이를 더 깊이 탐구하기 위해, 생의 의미에 대한 인간의 탐색이 어떻게 인간의 다른 근본적 경험, 즉 우리가 사는 세상의 아름다움에 대한 경이감과 연관되는지 알아보도록 하자.

경이, 그리고 생의 의미

우리는 이따금 경외감 혹은 신비감에 압도되는 것을 느낀다. 자연의 아름다움이나 장엄함을 마주할 때 흔히 그런 기분이 되는데, 그 아름다움이나 장엄함은 어쩌면 우리 경험의 지평 너머에 펼쳐져 있을지 모르는 더 장대한 현실을 한순간 암시하는 것 같다. 저 너머에 뭔가가 있긴 있다는 사실에 많은 이들이 경이감과 기쁨을 경험한다. 또 어떤 이들은 우리가 살아 움직이며 우리가 속한 이 기이한 세상을 볼 수 있다는 놀라운 사실이 지닌 가슴 벅찬 의미를 발견하고 경이감과 기쁨을 느낀다. 마치 짧은 순간 장막이 걷히고, 약속의 땅, 곧 이제 실측되고 탐험되기를 기다리고 있는 땅을 보기라도 하는 양 말이다.

G. K. 체스터턴G. K. Chesterton은 "예술적이고 영적인 삶의 목표"는 "물속에 잠겨 있는 이 경이의 시초始初를 파고들어 가는 것"이라고 했다.[13] 이 꿈에 사로잡힌 우리는 더 많은 것을 알기를 갈망한다.[14] 이는 과학·예술·문학·종교로 들어가는, 간단히 말해 인간 삶에 가치와 의미를 주는 그 모든 것으로 들어가는 통로가 될 수 있다.[15] 저 너머에 정말 어떤 그런 큰 그림이 있다는 인식은 창조적 탐험을 위한 추동력이 될 수 있으며, 그 탐험의 영향으로 지식과 지혜에 대한 인간의 위대한 탐구가 생겨난다.[16]

시적 상상력을 불러일으키는 이 경이감의 위력을 우리는 간과할 수 없다. 이 상상력은 우리가 사는 세상을 흔히 옹졸하리만치 독단적이고 지나치게 지적으로 설명하는 이론들에 도전하면서, 우리가 사는 현실에서는 전혀 무력한 합리주의 철학이 허용하는 것보다 더 많은 것들이 있음을 생각해 보라고 우리를 부른다.[17] 또한 우리는 "황홀

한 경이감"(알베르트 아인슈타인)에는 자연과학에 동기를 부여하고 동력을 제공할 수 있는 힘이 있음을 인정해야 한다. 리처드 도킨스 Richard Dawkins 와 나는 생명에 관한 여러 가지 문제에서는 서로 의견이 다르지만, 우리 두 사람 다 우리를 에워싼 세상이 얼마나 아름답고 광대한지 알고 있고 그 아름다움과 광대함을 기뻐한다.[18] 우리를 둘러싼 우주의 무한 광대함이 우리 지성을 차지하고는 우주 고유의 언어로 우주와 교감하지 않을 수 없게 만든다. 왜인가? 우주는 너무 광대해서 "너무도 유한한 인간 지성"(리처드 도킨스)으로써는 이를 완전히 수용할 수 없기 때문이다.[19]

    2,000여 년 전 아리스토텔레스가 지적한 것처럼, 인간의 경이감 경험은 우리가 사는 세상을 발견하는 여정에 나서라는 초대장 역할을 하며, 그 여정에서 우리 정신의 지평이 확장되고 우리 눈이 열린다.[20] 궁극적으로 자연과학은 우리 손에 들린 도구로 우리가 사는 우주의 신비를 파악하려고 하면서 그 우주에 지적으로 경의를 표하는 행위다. 그런데 그런 시도를 시작하자마자 우리는 알게 된다. 이런 이해 행위를 위한 수단으로서 우리가 고안해 낸 개념 체계가 마치 낡은 포도주 부대가 새 포도주를 담아내려 애쓰는 것처럼 이 압도적 현실을 담아내려고 무진 용을 쓴다는 것을. 우주에 대해 우리가 느끼는 경이감은 그 우주의 장대함과 영광에 대한 기쁨뿐만 아니라 우리의 역량이 부족해 그 장대함과 영광을 제대로 감당할 수 없다는 인식 또한 나타낸다. 앞으로 살펴보겠지만, 과학과 종교는 각각 다른 방식으로 우리를 청한다. 우리가 보는 우리 주변의 세상에서 눈을 들어 그 근저

에 있는 현실의 더욱 심오한 광경을 상상해 보고, 본 것을 설명해 보라고 말이다.[21]

과학은 어떻게 이 작업에 적합한가?

이 장 서두에서 아일랜드 작가 존 밴빌 John Banville, 1945- 의 말을 인용했는데, 밴빌의 초기 작품은 인간의 의미 추구 행위의 기초가 되는 '질서에 대한 열망'rage for order 을 그가 명쾌히 인식하고 있음을 보여준다. 밴빌은 니콜라우스 코페르니쿠스 Nicolaus Copernicus, 1473-1543 나 요한 케플러 Johann Kepler, 1571-1630 같은 과학자들이 어떻게 세계에 질서를 부여하려 했으며 세계가 일정한 의미의 틀을 드러내 보여줬다고 믿고 그 틀에 맞춰 살려고 얼마나 노력했는지에 주목한다. "세상에 어떤 길이 있다고 믿고 그 길을 추구하는 그들의 강박적 시도, 그리고 믿을 만한 무언가에 대한 그들의 실존주의적 탐색에서 나는 모종의 애처로운 아름다움을 보았다."[22]

그러나 그럴듯해 보이던 그 꿈은 20세기 들어 인간 지식의 허약함과 잠정성에 직면하자 빛을 잃어 갔다. 과학을 의미나 가치를 분별하는 도구로 여겨 문화적으로 투자를 했지만, 이 투자는 오판으로 드러났다. 2차 세계대전 후 이 실패가 점점 더 널리 인식됨에 따라 서양 문화는 '데카르트의 확신에서 비트겐슈타인의 절망'으로 일대 변화를 겪었다. 계몽주의의 성배 Holy Grail, 즉 수정처럼 투명한 합리주의적 확신을 발견할 수 있으리라는 처음의 희망은 단순화할 수 없는 세상

의 복잡성에 대한 깨달음 앞에 점차 무릎을 꿇었다.[23]

밴빌은 이성적 확신을 떠나 실존적 절망과 냉소주의로 가는 이 느리지만 거역할 수 없어 보이는 변화를 연대기적으로 기록하고 있으며, 그 가차 없는 현실 진단은 그가 구사하는 우아한 산문 덕택에 더 매력적으로 보인다. 한 세대가 이성적으로 확실한 사실로 믿었던 것이 다른 세대의 눈에는 문화적 구조물로 보였다. 이는 18세기와 19세기 합리주의 문필가들이 짐짓 무시하거나 감췄던 문제다. 이들은 자신들의 "그럴듯하고 피상적인 합리주의"(C. S. 루이스) 수사修辭가 사람들의 주의를 흩뜨려 그 글에 현실을 견인하는 힘이 현저히 부족한 것을 못 보게 만들기를 바랐다.[24] 그 합리적 확신이 '신新무신론'이라는 기묘한 지적 정체 상태 가운데서 표류하고 있는 동안 다른 모든 사람은 인간이 처한 곤경에 대처해 나가는 법을 알아내려 애쓰고 있다. 심지어 과학조차도 의미와 가치와 목적에 대한 우리의 질문에 확실한 대답을 주지 못한다.

알베르트 아인슈타인Albert Einstein은 1939년 프린스턴 신학교에서 행한 획기적 강연에서 바로 이 부분을 탐구했다.[25] 아인슈타인은 자연과학이 과학적 역량 면에서는 뛰어나다고 주장했다. 그러면서 "과학적 방식이 우리에게 가르쳐 줄 수 있는 것은 사실fact이 어떻게 서로 연관되고 서로에게 조건이 되는가 하는 것뿐"이라고 경고했다. 인간에게는 "우리 실존에 대한 순전히 합리적인 개념"이 제시하는 내용뿐만 아니라 그 이상의 것이 필요하다. 하지만 의미와 가치에 대한 그런 근본적 질문을 시작한다고 해서 모종의 미신적 비합리성에 빠져들게 되지는 않는다. "객관적 지식은 어떤 목적 달성을 위해 필요한 강력한 도구를 제공한다. 하지만 궁극적 목표 자체와 거기 도달하려는 갈망은 반드시 다른 근원에서 와야 한다." 아인슈타인이 보기에 "우리의 행위와 판단에 필수적이고 결정적인" 근본 신념은 "견고한 과학적 방식"으로는 계발되거나 유지될 수 없다. 아인슈타인은 이것이 과학을 비판하는 말이 아님을 강조했다. 단지 이는 정보에 근거해 어쩔 수 없이 과학의 한계를 인정하는 말일 뿐이었다.

아인슈타인의 주장은 피터 메더워 경 Sir Peter Medawar, 1915-1987 의 인상적인 발언에 그대로 반영되고 있는데, 대중의 과학 참여를 옹호한 영국의 주도적 생물학자인 그는 이렇게 말한다. "오직 인간만이 자기가 딛고 선 땅 한 뙈기 그 너머를 밝히는 빛을 의지해 길을 찾아간다."[26] 메더워의 말은 인간이 의미를 추구하는 행위에 담긴 초월성의 중요성, 우리 자신을 더 큰 그림의 한 부분으로 보고자 하는 바람을 가리킨다. 이 바람은 인간의 직접적 필요와 관심사를 넘어선다. 인간은 경험 세계의 검증을 통해 알 수 있는 것 말고 그보다 더 심오한 무언가를 찾아내려는 충동을 느끼는 것 같다. 우리 자신의 삶에서 그리고 우리 주변 일들의 더 큰 질서에서 의미와 가치를 분별해 낼 수 있다고 여길 때, 복잡하고 뒤엉킨 세상에 더 잘 대처해 나갈 수 있다고 수많은 연구 문헌을 통해 연구자들은 말한다.[27]

물론 과학이, 그리고 과학만이 우주와 생명의 의미에 관해 우리가 알아야 할 모든 것을 말해 줄 수 있다고 주장하는 이들도 있다. 이런 입장은 흔히 '과학만능주의'로 알려져 있으며, 일반적으로 "과학을 모든 흥미로운 질문의 궁극적 기준이자 심판자로 여기는 전체주의적 태도"로 간주된다.[28] 어떤 과학자들은 정말로 자신들의 방식을 투입할 수 있는 일부 현실이 현실 전체를 구성한다고 여긴다. 철학자들 중에는 "철학을 과학의 목표에, 아니 적어도 과학의 방식에 적응" 시키려 할 만큼 지각없는 이들이 있어 왔다.[29]

하지만 내가 아는 과학자들은 대부분 이에 동의하지 않으며, 과학은 현실이라는 '큰 그림'의 일부, 오직 일부만을 충족시킨다고 주장할 것이다. 과학은 현실에 대해 고도로 집약된 설명을 제공하는데, 이 설명을 풍성하게 하려면 과학이 아닌 지혜의 근원에 의지할 필요가 있다. 과학은 우리의 경험에 근거해 우주에 관한 지식을 얻을 수 있는 신뢰할 만한 근원이다. 하지만 과학이 현실을 온전히 설명해 줄 수 있다고 생각할 만한 이유는 충분하지 않다. 과학은 확실히 보완적 설명을 필요로 한다. 그렇다면 다른 어떤 근원이 현실을 보는 우리 시각을 확장시켜 줄 수 있을까?

종교는 어떻게 이 작업에 적합한가?

과학은 인간이 이해와 지혜를 추구할 때 이를 얻을 수 있는 핵심 근원임에 틀림없다. 그런데 현실을 이성과 과학이 입증할 수 있는 것으로 한정하는 사람들이 일상적으로 묵살해 버리는 게 또 한 가지 있다. 자연에 대한 경외감과 경이는 과학 활동의 동기가 될 뿐만 아니라 우리가 '종교'religion라고 지극히 불완전하게 일컫는 것으로 들어가는 통로이기도 하다. 심리학자 윌리엄 제임스William James에게 종교는 기본적으로 "자연 질서의 수수께끼가 발견되고 설명될 수 있는, 모종의 보이지 않는 질서의 실존에 대한 믿음"에 관한 일이다.[30] 그런데 제임스가 여기서 제시하는 것은 깊은 고찰을 위한 유익한 출발점일 뿐이다. 따지고 보면 고대 그리스 철학의 큰 주제 중 하나가 바로 아르케archē, 즉 세계와 인간 정신 안에서의 질서와 조화의 근본 원리였다.[31] 오늘날 우리가 신앙 용어라 일컫는 말들로 꼭 표현되지는 않았지만, 다른 많은 신앙 전통에서와 마찬가지로 기독교의 핵심에도 바로 이 개념이 자리 잡고 있다.

수전 울프는 우리 문화에서 종교가 이제 의미와 가치의 가장 중요한 근원으로 손꼽히고 있다고 올바로 지적한다.[32] 인간으로서 우리는 우리의 생각과 마음, 우리의 이성과 경험을 한데 모아 주고, 상상력 없이 지루하고 메마른 합리주의 세계에 그릇되게 우리를 제한시키지 않는 무언가를 필요로 한다. 케임브리지의 물리학자 알렉산더 우드Alexander Wood가 통찰력 있게 관측했듯이 "우리가 종교에 첫 번째로 요구하는 것"은 "삶을 밝게 비춰 주고 완전하게 해주는" 것이다.[33]

살만 루슈디Salman Rushdie는 1990년 케임브리지 대학교 허버트 기념 강좌에서 이 점을 특히 선명하게 강조했다. 루슈디는 예로부터 종교가 세속의 합리적 유물론이 충족시키지 못한 세 가지 유형의 필요를 채워 주었다고 주장했다.[34] 첫째, 종교는 우리가 경외감과 경이감을 명확히 말로 표현할 수 있게 해주되, 생의 무한 광대함을 깨닫게 하고 우리가 특별한 존재임을 단언함으로써 그렇게 한다. 둘째, 종교는 우리를 종종 괴롭히고 당혹스럽게 하는 심오한 질문들에 관여해서, "대답할 수 없는 것에 답변"을 준다. 그리고 마지막으로, 종교는 우리에게 도덕적 틀을 제시하여 우리가 그 안에서 선한 삶을 살아 낼 수 있게 한다. 루슈디가 보기에 종교 혹은 '신 개념'idea of God은 "경외감에 휩싸여 생명에 대한 경이를 털어놓을 수 있는 곳"이 되어 주고, "실존의 큰 의문에 대한 답변"을 제공한다. 어떤 시도이든 "인간의 영적 필요를 배제하는 관점에서" 인간을 묘사하거나 정의하려는 시도는 결국 다 실패로 끝날 것이다.

이 책은 이와 같은 루슈디의 통찰에서 실마리를 얻었다. 인간의 속성을 포괄적이고 믿을 만하게 설명하려면, 인간이 날 때부터 지니는 종교성이나 인간 본질의 내재적 측면으로 여겨지는 영적 본질을 고려해야 한다. 이것이 종교나 하나님에 대한 믿음을 **정당한** 것으로 입증하지는 않는다. 하지만 이는 종교나 하나님에 대한 믿음이 **자연스럽고 인간다운** 것임을 나타낸다. 다시 말해, 종교나 하나님에 대한 **믿음은** 인간답다는 게 무슨 뜻인지 그 의미를 이루는 요소이며, 그러므로 인간 본질을 구성하는 데 빠져서는 안 될 측면으로 설명되어야 한다. 이 사실에 대한 인식이 이제 널리 용인되고 있다.

이 사실을 인식하면 처음 보기에 뭔가 대단히 앞뒤가 안 맞아 보이는 일, 이를테면 주도적 신新무신론자인 작가 샘 해리스Sam Harris가 동양의 신비주의에 관심을 보인다든지 하는 일이 납득이 된다. 그런데 해리스는 다른 많은 무신론자 작가들과 마찬가지로 인간 본질의 이 측면이 지니는 중요성을 그저 인식만 했을 뿐이다. 우리는 이 인식을 대강 일컬어 '영적인 일에 대한 탐색'이라 할 수 있을 것이다. 그 탐색이 유신론자 언어의 틀로 표현되든 무신론자 언어의 틀로 표현되든 말이다.[35] 하나님이나 종교에 관해 어떤 생각을 하도록 이끄는지와 관계없이 그 탐색은 인간 본질의 한 부분이다.

종교: 중요한 개념이지만 도움이 안 되는 용어

우리가 전통적으로 '종교'라 일컫는 것을 대신할 새로운 용어를 찾아야 하는 건 아닐까 생각하는 이들이 많다. 종교 현상에 대해 학문적이고 문화적인 관심이 점점 커지면서 아주 확연해진 한 가지 사실은, 종교가 사실상 무엇인지 정의해야 하는 문제가 있다는 점이다.[36] '종교'는 고대 로마 문화에서 나온 말로, 이 문화에서 종교의 의미는 명확한 만큼 제한적이기도 했으며, 근대 서양 학자들이 다양한 인간 현상에 이 말을 갖다 붙임으로써 이 말이 뭔가 포괄적인 혹은 우주적인 현상을 가리킨다는 그릇된 인상이 생겨났다. 개별 종교는 확실히 존재한다. 하지만 포괄적 개념의 '종교'는 복잡한 세계에 개념적 구별점을 부과하고자 하는 인간의 바람 때문에 생겨난 사회적 구성물이다. 현상은 충분히 사실적이다. 문제는 그 현상을 묘사하기 위해 우리가 쓰는 용어에 있다.

그러면 이 문제를 어떻게 극복해야 할까? 가장 간단한 답은 이른바 '본질주의자'essentialist 종교 이론을 거부하는 데서 찾을 수 있다. 이를테면 '신新무신론'에서 볼 수 있는 극적으로 단순화된 인지적 접근이 그런 이론의 한 예인데, 이는 종교를 일련의 입증되지 않은 신념으로 보는 접근법이다.[37] 이 입장에 따르면, 세상에는 '종교'라고 하는 포괄적 실체가 있고, 모든 개별 종교는 다 이 보편적 실체의 구체적 사례 혹은 실례로서, 동일한 본질적 속성이나 속성들을 갖고 있다. 그런데 개별 종교들 간의 뚜렷한 차이와 상이점에도 불구하고 우리는 모든 종교 전통에 걸쳐 공통적으로 나타나는 몇 가지 특징을 분별할 수 있다. 모든 종교에 공통되는 이 핵심 주제들 중 하나는, 현실의 '큰 그림'을 전개시키는 것으로, 이렇게 해서 진선미眞善美를 분별하는 틀이 제공된다. 철학자 키스 옌델Keith Yandell은 종교의 이 측면을 훌륭하게 설명한다. "종교는 세계를 해석하고 그 세계 안에서 인간의 자리를 제시하는 개념 체계로서, 그 해석이 옳다고 가정할 때 우리가 삶을 어떻게 살아야 하는가 하는 판단의 기초가 되며, 일련의 의례와 제도와 관행으로 이 해석과 그에 따른 라이프스타일을 표현한다."[38]

그렇다면 이제 그런 의미 체계는 종교의 범주 너머에서도 찾을 수 있지 않느냐는 반론이 제기될 수 있다. 예를 들어 마르크스주의나 리처드 도킨스의 형이상학적으로 과장된 '보편 다윈주의'universal Darwinism 등에서 말이다.[39] 철학자 메리 미즐리Mary Midgley가 지적했다시피, 이는 우리 시대의 양대 세속신앙인 마르크스주의와 다윈주의가 왜 "종교적으로 보이는 특징"을 그렇게 많이 드러내는지 이해할 수 있게 해준다.[40] 그럼에도 불구하고, 이 **특징**이 종교를 다른 모든 것과 **구별**시키는 종교 고유의 특징은 아닐지라도 종교의 특성인 것은 확실하다고 말할 수 있다. 종교는 의미에 대한 인간의 더 깊은 탐구를 나타내는 자리표시자 placeholder 로, 우리 갈망의 대상, 즉 어떤 식으로든 우리의 가장 깊은 직관과 느낌에 부응하는 뭔가가 우리 너머에 진짜로 존재한다는 어렴풋한 깨달음의 기쁨을 통해 순조로이 살아 움직이게 되었다.

하지만 의미 체계를 창조하고 유지하는 종교의 능력을 인식하게 되면 자연히 한 가지 질문이 생겨난다. 과학과 신앙이 각자의 서사를 날실과 씨실로 엮어 뭔가 더 위대한 것을 짜낼 수 있는 어떤 방식이 존재하는가? 더 향상된, 혹은 더 풍성한 능력으로 우리가 사는 세상과 우리 삶을 이해하게 해주는?

현실의 모습을 더 풍성하게 직조해 내기

탁월한 사회생물학자 에드워드 윌슨 Edward O. Wilson, 1929- 은 **통섭** consilience 의 필요성을 오랜 시간 주장해 왔다. 통섭이란 지식의 복잡한 실타래를 하나의 합 synthesis 으로 짜 넣어, 현실의 광경을 좀 더 만족할 만하고 힘 있게 드러내 보여줄 수 있는 능력을 말한다. "우리는 정보의 홍수 속에 살면서 지혜에는 굶주려 있다. 이제 세상은 종합하는 사람들, 올바른 정보를 적시에 한데 모아서 이에 대해 비판적으로 사고하며 중요한 선택을 지혜롭게 해낼 수 있는 사람들에 의해 굴러갈 것이다."[41]

윌슨의 말이 옳다면, 그리고 우리가 정말 '지혜에 굶주려' 있다면, 어떻게 해야 우리가 사는 우주가 돌아가는 방식에 대해 그저 정보를 얻는 데 그치지 않고 삶의 위대한 의문들에 관해 지혜로워질 수 있을까? 우리는 피아노가 어떻게 작동하는지는 알지만 피아노로 곡을 실제 연주할 줄은 모르는 사람들과 비슷한 것 같다. 윌슨이 제대로 관측한 것처럼, 우리는 **종합**할 필요가 있다. 여러 통찰을 씨실과 날실로 엮어 인간의 모습을 더 깊고 풍성하게 밝혀내서 현재 우리의 삶에 지침과 정보를 얻고 미래를 위한 소망으로 삼을 수 있어야 한다.[42] 이를 위해서는 "풍성하게 하기 서사"narrative of enrichment 라는 핵심 개념을 의지해야 하는데, 이를테면 필자의 전작『우주, 하나님 지으신 모든 세계』Inventing the Universe, 2015 에서 상세히 설명하고 옹호한 그 개념이다.[43]

그것이 이 책에서 우리가 다루게 될 의제다. 이 의제는 자연과학과 기독교 신학 모두에서 볼 수 있는 질문과 숙고의 풍성한 전통에 깊이 배어들어 있으며, 모든 적절한 수단을 다 동원해 현실을 보는 이 시각을 확장시킬 것을 권면하고 있다. 이 의제의 목표는 인간의 정체에 관한 가장 심오하고 절실한 이슈를 파헤치되, 한편으로는 과학적 통찰을 흔쾌히 받아들이면서 다른 한편으로는 자연과학의 한계를 초월하는 인간 본질의 '큰 그림'을 전개하려는 것이다. 이 작업은 과학적 연구의 유효한 결과들을 전혀 부인하지 않는다. 이 결과들이 현실을 완벽히 설명해 준다는 극도로 단순화된 개념만 빼고 말이다.

그러면 우리가 살고 있는 이 신기한 세계에 대해 좀 더 생각해 보는 것으로 이야기를 시작하도록 하자. 이 세계를 점유하고 있는 가장 신기하고 가장 알쏭달쏭한 존재는 인간일지 모른다. 인간의 정체라는 수수께끼에 대해 먼저 생각해 보자.

02 우리는 누구인가?
인간의 본질을 찾아서

> 나 자신이 사랑받고 있음을 알기,
> 나 자신이 이 땅에서 사랑받고 있음을 느끼기.[1]
> 레이먼드 카버

 인간은 좀 별난 피조물이다. 우리는 중요한 존재이기를 원한다. 사랑받는다고 느낄 수 있기를 원한다. 충족되기를 원한다. 특별한 존재이고 싶어 한다. 잠재력을 발휘하고 싶어 한다. 우리는 온갖 방법으로 이 목표를 추구한다. 왜 그런 충동을 느끼는지 사실은 잘 모르지만, 그 목표를 이루면 우리 삶에 충족감과 의미가 생길 수도 있다는 걸 우리는 잘 안다.[2] 이런 갈망과 포부, 그리고 삶에 대한 해석이 우리 안에 생겨나는 것은 누가 강요해서도 아니고 일부러 그렇게 하려고 해서도 아니며, 웬일인지 피할 수 없고 당연한 일로 보인다. 간단히 말해, 그런 갈망과 포부, 해석은 첫째 **인간다운** 것이고, 둘째 **자연스러운** 것이기도 하다.

우리는 왜 우리 자신에게 몰두하는가?

어떤 이들은 인간이 이렇게 자기 상황과 자기가 중요하게 여기는 일에 몰두하는 것을 보며 염려를 드러낸다. 어쩌면 거기엔 타당한 이유가 없지 않다. 자기 몰입은 사실 나르시시즘의 한 형태이니 이의를 제기해 교정되도록 해야 하는 것 아닌가? 젠체하면서 자기에게 몰입하는 이런 종류의 독선적 사고에 빠져들기보다는 바깥세상을 내다보고 수많은 문제가 거기서 해결을 기다리고 있음을 알아야 하지 않는가? 맞는 말이다. 하지만 비판적 성찰 덕분에 우리 자신에 대한 어떤 냉정한 진실을 파악하고 이를 포용하게 되었다면, 그리하여 자신이 대단한 존재라고 하는 망상에서 벗어나 실제 그대로의 우리 모습을 마주하지 않을 수 없게 되었다면 어쩌겠는가?

그게 바로 지그문트 프로이트 Sigmund Freud 의 입장이었다. 프로이트는 인간의 나르시시즘이 근대 들어 위축되고 부정적으로 평가되어 왔다고 일갈했다.[3] 천재 세 명이 등장해, 인간은 위대하고 궁극적 존재라고 하는 망상을 벌거벗기고, 자기 자신을 중요하게 여기며 우쭐대는 인간의 의식에 치명타를 입혔다. 우리는 세상이 우리 중심으로 돌아간다고 생각했다. 그때 코페르니쿠스가 등장해 지구가 우주의 중심이 아니라는 사실을 깨닫게 했다. 우리는 중심이 아니라 변방에 사는, 대단치 않은 행성의 주민들이다.

이뿐만이 아니었다. 우리는 인간이 사실 우주의 중심은 아니지만 적어도 지구라는 행성에서는 특별한 존재라는 개념에서 위로를 얻었다. 우리는 지구의 최고 통치자로, 다른 생물 종과는 전적으로 구별된다고 말이다. 그런데 그때 다윈Charles Robert Darwin이 나타나, 인간은 동물 나라의 일부임을 깨달으라고 도전했다. 인간은 지구라는 행성에서조차 독특한 위치가 아니라는 것이다.

두 가지 의견 모두 일찍이 다른 사람들이 자신의 책에서 주장한 내용이다.[4] 그런데 프로이트는 여기서 한 걸음 더 나아가, 세 번째 천재가 등장했음을 선언하고 우리의 자존감에 더 깊은 상처를 냈다. 인류는 자신의 제한된 영역에서조차 주인이 아니고, 오히려 감춰진 무의식의 힘에 포로 된 자들로서, 이 힘이 우리의 사고와 행동에 교묘하게 영향을 끼친다는 것이었다. 그런데 이 세 번째 천재는 누구인가? 다름 아니라 프로이트 자신이다.

프로이트의 말에 따르면, 이러한 변혁은 저마다 앞서의 변혁들이 끼친 고통과 상처를 가중시켰고, 그리하여 우주에서 인간의 위치와 중요성을 근본적으로 재평가하게 해 위대하고 독특한 존재인 척해 온 인간의 자부심을 위축시켰다. 그런데 프로이트의 분석은 우리의 건방짐에 이의를 제기할지는 몰라도 우리의 의문에 답변을 주지는 않는다. 수많은 학자들이 보기에 프로이트는 위와 같은 과학적 발전의 영향을 과장하고 있었다. 지구가 태양을 중심으로 궤도를 따라 도는 행성이라는 코페르니쿠스와 케플러의 인식이 인간의 위상을 전혀 축소시키지 않는다는 것을 이제 우리는 알고 있다. 일부 18세기 작가들, 이를테면 독일 시인 괴테Johann Wolfgang von Goethe 같은 이는 그렇게 생각했을 것이다. 그러나 케플러 자신은 그렇지 않아서, 지구가 행성이라는 인식은 지구와 거기 주민들이 태양이나 행성들보다 '하위'에 있다거나 '열등'하다는 그 모든 암시를 전복시켰다고 교묘하게(비록 완전히 설득력 있지는 않았지만) 주장했다.[5]

그러나 인간의 자기 이해에 대한 프로이트의 평가 및 이 평가 과정에서 프로이트 자신이 했던 역할을 가지고 우리가 어떤 주장을 펼치든, 우리가 우리 자신에 대해 정직할 필요가 있다는 사실에는 조금도 의심이 있을 수 없다. 우리로서는 인간을 만물의 중심에 있는 최고로 합리적이고 도덕적인 존재로 그래서 우리에게 위로를 주는 이야기들에서 피난처를 찾기 쉽다. 철학자 아이리스 머독 Iris Murdoch이 강조한 것처럼, 우리 인간은 자신의 결함과 망상에 관한 감당할 수 없는 진실을 부인하려 애쓰는 "불안에 지배받는 동물"로서, 자신의 행동 동기와 실패에 관한 충격적 통찰에서 스스로를 격리시키기 위해 그런 의도를 지닌 이야기를 지어낸다.[6] 프랑스 작가 알베르 카뮈 Albert Camus는, 우리 인간은 우리 실존이 부조리하지 않다고 스스로를 설득시키려 애쓰느라 인생을 다 허비하는 피조물이라고 했는데, 이 말의 요점이 바로 그것이다.

그러면 우리는 어디에서 숙고를 시작해야 할까? 서양 문화의 몇몇 부분에서 널리 수용되어 온 인간 본질 모델부터 생각해 보면 될 것이다.

오직 원자와 분자

"우리는 원자와 분자에 지나지 않는다. 이 사실에 익숙해지라." 언젠가 런던에서 참석한 다소 따분했던 강연의 핵심 문구다. 다행히 강연 제목이나 강사는 기억나지 않는다. 강연 내용과 전달 방식이 하도 변변찮아서 실망했던 기억은 있지만 말이다. 이 강연의 원래 약속은, 인간의 수수께끼와 불가해성不可解性에 관한 최신의 과학적 통찰을 번득이는 재치로 흥미진진하게 설명하겠다는 것이었다. 그런데 약속과 달리 강연은 여기저기서 이야기를 끌어다 붙인 지루한 독백에 지나지 않았고, 참신하기는커녕 다른 누군가가 차렸던 밥상의 남은 음식을 데워 놓은 것 같았다. 강연 후 질의응답 시간에 입심 좋은 강사가 내놓은 피상적 답변에서 분명해졌다시피, 그날 밤에도 삶의 큰 의문은 해결되지 않은 채 우리의 애만 태웠다. 삶의 의문들은 단순히 '원자와 분자' 차원으로 축소될 수 없었다.

이런 종류의 과장된 환원주의에 저항하면 흔히 과학지식에 어두운 바보, 과학적 정설定說의 진술에 반대하는 종교적 사고 구조의 덫에 걸린 사람으로 취급한다. 그러나 이런 흐름에 이의를 제기하는 이들 중에는 우선 그런 그릇된 설명이 과학적 정설 대접을 받는다는 사실에 소름끼쳐 하는 무신론자 과학자들이 많다. 레이먼드 탤리스Raymond Tallis가 좋은 예로, 그는 위와 같은 입장은 인간성을 빼앗는 옹호할 수 없는 입장이라 주장한다. "나는 무신론 인본주의자이지만, 그렇다고 해서 내 얼굴을 뚫어지게 응시하고 있는 사실, 즉 우리가 다른 동물과 다르며 단순히 물질 조각은 아니라는 사실을 부인해야 하는 것은 아니다."[7] 다른 이들도 인간 문화의 다양한 측면들, 이를테면 종교 같은 것을 들어 우리를 다른 피조물과 구별하면서 이 입장을 지지한다.[8]

하지만 그 런던 강연을 마무리하면서 강사가 한 말은 우리 시대의 검증되지 않은 위대한 정설을 확연하고도 정확하게 설명해 준다. 즉, 인간 본질과 정체는 순전히 과학적으로만 설명 가능하며, 따라서 철학과 종교와 인문학은 이 문제와 아무 상관도 없고 시대에 뒤떨어졌다는 것이다.[9] 이 독단적 사고방식은 이 방식이 취할 수 있는 가장 공격적 형태로 주장하기를, 과학적 설명이야말로 인간 본질에 대한 가장 심오한 질문을 포함해 모든 문제에 대한 유일하게 타당한 해설이요 설명이라고 한다. 이 같은 주장의 주된 표적은 흔히 말하는 것처럼 **종교**가 아니라 **철학**이다. 윌슨은 철학을 가리켜 주로 "실패한 두뇌 모델"로 이뤄져 있다고 폄하한다.[10] 스티븐 호킹 Stephen Hawking은 "철학은 죽었다"라고 선언하여, 철학자 대신 과학자가 그 빈자리에 들어와 "우리가 지식을 탐구할 때 발견의 횃불을 들고 서 있는 사람들"이 될 수 있게 했다.[11]

비록 과장되긴 했지만 이제 여기서 정당한 주장이 이뤄지고 있다. 한 가지 예를 든다면, 현대 심리학은 '이성의 시대'에 신빙성을 획득한 인간의 합리성이라는 순진한 개념을 불신해 왔다. 예를 들어 우리가 '합리적으로' 생각하기를 좋아한다는 게 사실은 얼마나 직관적인지를 보여줌으로써 말이다. 하지만 그건 철학의 입장에서는 반가운 일이다. 왜냐하면 인간의 지성이 어떻게 작용하는지에 대해 더 열심히 사고하게 만들기 때문이다. 심리학적으로 순화된 철학은 **선험적** a priori **추론**이나 개념 분석을 피해 가는 지혜를 발휘할 것이고, 그런 한편 중대한 이슈에 대해서는 경험적 정보가 있는 성찰을 제공함으로써 사람들에게 성실하게 도움을 줄 수 있다.[12] 우리는 비판적 도구로서의 철학을 필요로 한다. 철학이 생의 중요한 질문들, 이를테면 우리 실존의 의미 같은 문제에 의심의 여지없는 답변을 줄 수 있다고 자신하면 많은 실패를 겪는다.

그렇다면 어떤 면에서 인간은 다른 동물들과 다른가? 이 질문을 탐색할 때 우리는 어떤 개념 도구들toolkits을 사용할 수 있는가? 먼저 한 가지를 살펴보자. 이는 인간 본질 이해와 관련해 몇 가지 중요한 방법을 제시해 줄 가능성이 있고, 인간에 대한 환원주의적 설명이 지닌 대량의 결함들을 피할 수 있게 도와준다.

왜 인간 본질에 관한 다양한 관점이 필요한가

인간의 본질에는 여러 가지 측면이 있다. 옥스퍼드의 동료 학자 여러 명이 의학적 연구에 관여하고 있다. 이들은 저마다 인간의 상이한 부분 혹은 측면에 각자 집중한다. 똑같은 인간을 심리학자, 심장병 전문의, 종양학자가 각각 연구한다는 사실을 이해하기 어려울 때도 있다. 이들은 인간 행복의 한 가지 구체적 측면에 저마다 전적으로 초점을 맞추는데, 이것이 이들 각 사람에게 특화된 지식과 연구 영역이다. 하지만 인간의 본질에는 이런 영역들 외에도 더 많은 것이 있다. 어떤 식으로든 우리는 특정한 인간의 근본적 단일성에 대한 시각을 잃지 않으면서 인간의 복잡성을 인식하는 방법을 알아내야 한다.

그것이 바로 많은 철학자와 과학자가 인간 본질을 여러 가지 측면 혹은 관점을 지닌 복잡한 현실로 인식하는 개념에 관심을 갖는 이

유다. 이들은 복잡성을 존중하지 못하면 과도한 단순화와 왜곡을 낳는다는 점을 알고 있다. 어떤 단일한 관점이나 시각은 부분적이고 제한적일 가능성이 있다. 인간을 보는 다수의 관점을 인식하고 통합함으로써만 우리 자신을 하나의 전체로 이해하게 될 것을 바랄 수 있다.

이런 접근법의 좋은 예는 옥스퍼드 대학 최초의 이론화학 교수였던 찰스 쿨슨 Charles A. Coulson 의 저작에서 볼 수 있다. 쿨슨은 사람들이 어려운 개념을 파악하도록 도울 때는 좋은 유비類比가 중요하다는 것을 알고 있었고, 그래서 현실에 대해서 과학과 인문학이 제공하는 여러 가지 관점의 상호보완성을 단언하는 과정에서 그런 몇 가지 유비를 개발했다. 이를테면 시와 종교가 바로 그런 것들이다. 이런 유비 중 최고로 꼽히는 것들은 그의 등산 사랑에서 생겨 나온 것으로 보이는데, 쿨슨은 2차 세계대전 시기 스코틀랜드에서 교수로 재직하던 때 등산 취미를 갖게 되었다.

쿨슨은 스코틀랜드 벤네비스 산을 오르면서 이 산의 복잡한 지형이 삶에 대한 다양한 관점의 필요성에 대한 유비로 쓰일 수 있다는 것을 깨달았다. 자신의 저서를 읽는 이들 중에 벤네비스 산을 잘 아는 이들이 많을 거라 생각한 쿨슨은 산 주변을 걷는다고 상상해 보자고, 그리고 걸으면서 본 것을 깊이 생각해 보자고 독자들을 청한다. 남쪽에서 보는 벤네비스 산은 "풀이 무성한 거대한 경사지"같고, 북쪽에서 보면 "울퉁불퉁한 바위 부벽扶壁"같다. 이 산을 아는 사람들은 보는 관점에 따라 산이 이렇게 다르게 보인다는 사실에 익숙하다. 똑같은 산인데 이 산을 제대로 설명하려면 이렇게 다른 관점들을 다 동원

해 하나의 통일성 있는 그림으로 통합해 내야 한다.[13]

여기서 쿨슨의 핵심 통찰은, '관점이 다르면 설명도 달라진다'는 것이다. 즉, 과학자는 산의 북쪽 면에 섰고 시인은 남쪽 면에 선 것일 수 있다. 관찰자들은 자기 고유의 독특한 언어와 비유적 표현을 써서 자신이 경험한 것을 말한다.[14] "저마다 산을 바라보며, 저마다 일정한 풍경을 보고 저마다 이치에 닿는 표현으로 그 산과의 조우를 설명하려고 한다. 저마다 자신의 특정 목표에 어울리는 용어를 궁리한다." 그래서 한 관측자가 풀이 무성한 경사면을 본 곳에서 또 한 관측자는 바위투성이 산을 볼 수 있다. 하지만 두 가지 풍경 모두 복합적인 자연의 특징을 나타내고 있고 둘 모두 이 자연을 보는 적법한 관점이다.

쿨슨이 볼 때, 이렇게 되면 현실에 대한 전면적이고 점증적이고 통합된 그림이 반드시 필요하다는 말이 된다. "동일한 현실을 각각 다르게 봤지만, 두 관점 모두 타당성이 있다."[15] 이 유비는 과학과 인문학의 관계는 물론, 인간의 본질을 연구하는 다양한 학문 분야에도 쉽게 적용된다. "자신의 설명에만 배타적 권위가 있다고 주장하는 사람은 한 가지 관점 외에는 보지 못하거나, 보려고 하지 않거나, 보지 않는" 사람이다.[16] 하나의 관점은 더 큰 현실에 대해 저마다 부분적으로만 설명할 뿐이다.

그러면 이 유비 모델은 우리 실존의 복잡성에 대해 생각할 때 어떻게 도움이 되는가? 인간의 본질을 이해하는 갖가지 방식에 이 모델을 적용해 보고 그것이 어떻게 작용하는지 살펴보자.

환원주의에 저항하기, 복잡성을 인정하기

옥스퍼드칼리지에서 과학을 가르치는 동료와 언젠가 저녁 식사를 함께 하고 있었다. 식사가 꽤 훌륭해서 내가 한마디 논평을 했더니 동료가 웃음을 터뜨리며 말했다. "인간은 그저 아주 정교한 물질대사 처리 기계들일지도 몰라요!" 동료는 내가 그 말을 진지하게 받아들일 거라고 생각하지는 않았을 것이다. 하지만 그날 밤 집으로 돌아오면서 그의 말을 떠올리니 일련의 생각이 줄지어 풀려나왔다. 그렇다, 우리는 물질대사 처리 기계들이다. 날마다 섭취하는 음식물의 단백질과 탄수화물을 에너지 및 우리 몸의 기본 구성 성분으로 변환시키지 못하면 우리는 생존할 수 없다. 물질대사는 생명 유지에 필수적이다.

하지만 이는 우리가 물질대사 기계에 지나지 않는다는 뜻이 아니다. 우리가 물질대사 기계라는 말을 인간에 대한 총체적 설명인 양 받아들일 수는 없다. 이는 단지 음식을 처리하는 능력이 우리 정체성의 **한 측면**임을 (올바르게) 인식하는 것일 뿐이다. 하지만 음식을 에너지로 변환시킬 수 있는 인간의 이 능력 덕분에 더 복잡하고 의미 있는 일련의 작용, 이를테면 의미를 탐구한다든지 타인에게 사랑을 보인다든지 하는 행동이 유지된다. 물질대사 자체는 목적이 아니다. 물질대사는 인간의 가장 중요한 특징적 모습들이 자원을 제공받을 수 있는 수단이다. 물질대사는 이런 목적들을 위한 수단이지 그 자체가 목적은 아니다. 물질대사는 어떤 식으로든 인간의 본질을 총체적으로 설명할 때 그 설명에서 빠뜨릴 수 없는 부분이 될 것이다. 그러나

다시 한 번 힘주어 말하거니와 물질대사는 인간의 본질을 보여주는 **완전한** 그림이 아니다. 물질대사 능력이 있기에 인간은 더 많은 흥미로운 일들을 할 수 있고, 아마 이 점이 바로 우리 인간의 독특성을 규정해 주는 부분임이 틀림없다.

인간 본질의 또 다른 친숙한 모형에서도 똑같은 논점을 볼 수 있다. 이는 생물학자 프랜시스 크릭Francis Crick의 글에서 볼 수 있는 고도의 환원주의적 모형으로, 크릭은 인간을 순전히 신경학 관점에서 정의했다. "'당신', 당신의 기쁨과 당신의 슬픔, 당신의 기억과 당신의 야망, 당신의 개인적 정체 의식과 자유의지는 사실상 신경세포와 거기 결합된 분자들의 거대 총합의 행위에 지나지 않는다. …… 당신은 뉴런 다발일 뿐이다."[17] 이 담대한 발언에 마음이 사로잡히는 이들이 분명 있다. 이 발언의 담백함은 이들을 짜증나게 하는 온갖 철학적·신학적 논쟁들을 일소에 붙이는 것 같다. 인간은 물질적 구성 요소 중 하나로 간단하고 깔끔하게 정의될 수 있으며, 이 요소는 우리 삶에서 결정적으로 중요한 역할을 하기에 우리는 이 정의를 우리에게 정체성을 부여하는 결정적 정의로 여길 수 있다.

하지만 크릭처럼 이렇게 고도의 환원주의적 방식으로 인간 본질에 접근하는 태도에서 우리가 분별해야 할 점이 있다. 이 태도는 복잡한 체계가 부분의 총합에 지나지 않는다고 보며, 이 구성 요소 어느 하나를 선별해 전체를 규정할 만큼 중요한 것으로 여길 수 있다고 본다. 크릭의 대책 없는 과장 발언을 가장 아량 있게 이해하는 방법은, 이것이 인간 본질을 보는 한 신경학자의 관점이며 어찌된 일인지 인간의 본질에는 뉴런 말고도 훨씬 많은 것들이 있다는 명백한 사실을 애써 무시하고 있다고 보는 것이다. 물론 우리가 인간으로 제대로 기능하며 살려면 이런 관점들도 필요하다. 하지만 인간은 이런 식으로 독점적으로 혹은 특징적으로 정의될 수 없다. 인간을 말하려면 이보다 더 많은 것을 말해야 한다.

리처드 도킨스처럼 "유전자의 눈"gene's eye 관점으로 인간의 본질을 보는 방식은 1980년대에 많은 주목을 받았다. 비록 그 이후로 사람들의 관심에서 멀어졌기는 하지만 말이다.[18] 이 방식은 본질상 인간을 DNA에 의해 통제되고 결정되는 기계로 본다. DNA는 유전 정보를 전달하는 복잡한 생물학적 분자다. "DNA는 신경도 안 쓰고 알지도 못한다. DNA는 그냥 존재한다. 그리고 우리는 그 음악에 맞춰 춤춘다."[19] 우리 인간이 존재하는 유일한 목적은 우리 유전자를 미래 세대에 넘겨주는 것이다. 인간은 그저 유전자를 영속시키는 기계일 뿐이라는 것이다.[20]

다시 한 번 말하거니와 문제는 현실을 보는 어느 한 관점에 특권을 주고 그 중요성을 과장하는 태도다. 인간이 자기 유전자를 후대에 전해 주고 싶어 한다는 도킨스의 주장은 맞는 말이다. (인간의 이런 충동 혹은 본능에 대해 이처럼 구체적인 방식으로 말하지 않을지라도 말이다.) 하지만 이는 우리의 복잡한 정체성의 한 측면일 뿐이다. 이는 그림의 일부이지, **전체** 그림으로 생각할 수 없다.

대중에게 호응을 얻은 또 하나의 환원주의 신화는, 인간의 사랑이 호르몬 작용이 낳는 행동상 결과일 뿐이라고 하는 개념이다. 물론

이 개념에도 분명 일리는 있다. 남성의 경우 바소프레신 수용체와 짝 결속pair bonding, 여성의 경우 옥시토신과 짝 결속 사이에 분명 상관관계가 있다. 사랑은 사실 약물이다. 사람을 들뜨게 해서 짝을 찾아 나서게 만드는, 호르몬의 화학적 혼합물이다.[21] 그러나 그게 전부는 아니다.

러시아 작가 알렉산더 멘Alexander Men, 1935-1990의 말을 들어 보면, 사랑에 관해 이보다 얼마나 더 많은 것을 이야기해야 하는지 알 수 있다. 멘은 19세기 극작가 니콜라이 고골Nikolai Gogol의 작품에 등장하는 아파나시 이바노비치를 생각해 보라고 말한다. 이바노비치는 수년 전 아내를 잃은 80대의 쭈글쭈글한 노인이다. 그는 아내만 생각하면 지금도 울음보가 터지는 남자다.[22] 호르몬 작용에 따른 충동은 잃었을지 모르나 그에게는 그보다 더 깊은 무언가가 여전히 존재하며 움직이고 있다. C. S. 루이스C. S. Lewis가 말년의 작품 『네 가지 사랑』The Four Loves, 1960에서 지적하는 것처럼, 에로틱한 사랑은 인간의 관계성의 한 측면일 뿐이다. 이 사랑은 다른 네 가지 사랑, 이를테면 '애정'affection처럼 우리 행실을 구체화하고 진짜 인간다운 삶은 어떤 삶일지 판단하게끔 도와주는 사랑으로 보완된다.

인류학: 인간 본질에 대한 과학적 연구

어떤 이들은 인류학(인간학), 즉 인간 본질을 연구하는 학문으로 고개를 돌려 우리의 진짜 정체를 알 수 있도록 도움을 받아야 한다고 말할 것이다. 옳은 말이다. 따지고 보면 자연과학은 인간 지식의 가장 믿을 만한 원천으로 손꼽힌다. 따라서 인류학은 인간의 정체와 중요성이라는 비밀을 쉽고도 정확하게 풀되, 생화학이 인간의 음식물 소화 과정을 이해시켜 주는 것과 같은 방식으로 해줄 수 있어야 한다. 인간의 본질을 규명하는 데 전념하는 학문이 있으므로 우리는 그 학문이 밝혀낸 확실한 사실들을 더할 나위 없이 진지하게 받아들여야 한다.[23]

그런데 상황이 겉보기보다 좀 복잡하게 돌아간다. 처음에 인류학은 여느 학문 분야와 마찬가지로 여러 국면을 겪는다. 어느 한 시대에 인류학을 지배하는 개념은 곧 사람들의 관심에서 멀어지고 다른 새 개념과 접근법이 그 자리를 차지한다. 인류학자가 아닌 사람은 불운하게도 이런 변화의 요점을 알아차리지 못한 채 시대에 뒤떨어져서 불신받는 인류학을 근거로 문화나 종교에 관한 개념을 형성하기 쉽다. 『만들어진 신』 God Delusion, 2006 에서 가장 당혹스러운 결함은, 리처드 도킨스가 제임스 프레이저 James Frazer 의 『황금가지』 Golden Bough, 1890 에 등장하는 구닥다리 인류학적 종교론을 규범으로 받아들이는 이해할 수 없는 결정을 한다는 점이다. 프레이저의 견해는 1차 세계대전 전에는 한때 영향력이 있었으나, 이제는 신용할 수 없는 것으로 여겨지고 있다.[24] 도킨스가 왜 이렇게 시대에 뒤떨어지고 미심쩍은 설명에 의지해 종교관을 형성하기로 마음먹었는지는 여전히 불확실하다.

인류학의 본질과 범위, 그리고 무엇보다도 인류학을 정말 '경험에 의한' 학문으로 여길 수 있는지에 대해서는 이 학문 자체에서도 중요한 논쟁이 벌어지고 있다. 인류학은 외부에서 어떤 절대적 행동주의 패러다임을 이용해 물질문화를 연구하는가, 아니면 내부에서 상징문화를 설명하는가? 관찰 활동에서 이론의 역할은 무엇인가? 민족지학을 다루는 마거릿 미드Margaret Mead의 베스트셀러 『사모아의 청소년』Coming of Age in Samoa, 1928은 오랜 세월 동안 인류학이라는 게 과연 무엇인지를 정의하는 기준이었는데, 미드가 이 책에서 채용한 전제와 연구 방식, 그리고 결론에 대한 최근의 비판적 반론은 인류학이라는 학문 분야를 불신하지는 않되 외부 관찰자의 자격과 이들의 의제에 관해 중요한 의문을 제기한다.[25]

인류학은 해석이라는 요소를 피할 수 없다. 외부에서 문화를 관찰하는 사람은 자신의 관찰 내용을 이해하려 애쓰지만, 그렇게 하는 과정에서 관찰자 고유의 문화적 정황에서 이끌어 낸 전제를 활용해 그 문화를 해석한다.[26] 이는 '과학적' 문화 분석의 문제가 아니라 한 문화를 다른 문화의 견지(전형적으로 구미의 세속적 사고방식)에서 해석하고 평가하는 일이다.

인류학은 인간 문화의 공통적 특징을 규명하는 일에 탁월하다. 이를테면 과거의 기억을 정리하며 개인과 집단의 정체성을 유지하는 한 방식으로 이런저런 스토리를 활용하는, 사실상 인간 보편의 성향 같은 것 말이다.[27] 하지만 인류학은 규범적 판단을 하지 못한다. (예를 들어, 이런 스토리 중 어느 것이 '옳은가' 하는, 또는 인간의 이런 기본 성향이 그 자체로 오류가 있고 오도된 것은 아닌가 하는 판단.) 이 책에서 나는 인간의 본질과 문화에 대한 설명으로서 인류학 연구에 적절히 의지할 것이며, 인간의 어떤 보편적 성향, 예를 들어 종교 현상이라든지 과거를 기억하고 현재를 납득하기 위해 스토리를 활용한다든지 하는 성향을 이야기할 때 특히 그러할 것이다.

인간의 본질을 그리는 더 큰 그림의 필요성

인간에 대한 환원주의적 견해는 인간 실존의 단일한 측면을 마치 그 실존의 전체인 것처럼 나타내거나, 적어도 그 측면이 정말 중요한 것처럼 나타낸다. 그런 접근법은 흔히 생명을 지탱하는 인간 신체의 한 요소를 마치 생명 자체를 위한 궁극적 목표인 양 취급한다. 이런 입장에는 확실히 이의를 제기할 필요가 있다. 그 첫 번째 이유로, 이 입장은 인간 삶의 관계적이고 사회적 측면을 간과한다. 인간은 관계 속에서 존재해야 한다. 아리스토텔레스가 2,000여 년 전에 지적했다시피, 인간은 사회적 동물이다. 사회적 관계는 인간의 실존에 치명적으로 중요한 측면이다. 하지만 이 또한 더 복잡한 그림의 일부이며, 인간 삶의 그 외 측면에서 따로 떼어놓고 마치 인간 본질의 정수인 양 취급할 수 있는 부분이 아니다. 이런 부적절하고 불완전한 접근법에 이의를 제기하는 가장 좋은 방법은 그 접근법을 시시콜콜 따지고 들다가 길을 잃는 게 아니라 인간 본질에 대한 그보다 더 풍성하고 깊이 있는 시각을 여기 부수되는 장점과 함께 제시하는 것이다. 인간은 복잡한 체계다. 인간의 전체whole는 개별적 부분을 초월한다.

방금 살펴본 것처럼 인간 본질에 대한 환원주의적 접근의 난점을 규명하는 데 도움을 줄 뿐만 아니라 이보다 더 나은 대안을 전개할 수 있게 해주는 이론적 모델을 갖추는 게 언제나 유익하다. 매우 믿음직한 접근법 중 하나는 사회철학자 로이 바스카Roy Bhaskar가 발전시킨 '비판적 실재론'critical realism으로, 이는 '실재의 계층화'stratification of reality를 인정하는 이론이다. 즉, 인간의 본질은 서로 다른 차원 혹은 층으로 구성된다고 생각할 필요가 있다는 것이다. 인간은 (몇 가지 가능성을 언급하기 위해) 물리적·화학적·생물학적·사회적 차원에서 연구될 수 있고, 사실은 그렇게 연구되어야 하지만,[28] 이런 다양한 차원 중 그 어느 것도 규범적이거나 결정적인 것으로 여겨서는 안 된다. 그보다 각 차원은 우리가 인간이라고 알고 있는 복잡한 실체의 일부로, 오직 일부로만 여겨야 한다.

이 '다차원' 접근법은 우리가 정말로 원자와 분자 혹은 뉴런 같은 물질로(물론 다른 여러 가지 구성 요소들로) 이뤄졌음을 인정한다. 그렇지만 이는 우리가 뉴런이나 원자와 분자 외에 '아무것도 아니다'라는 의미가 아니다. 이런 대책 없는 과잉 단순화는 한 체계 안에 있는 하나의 구성 요소나 하나의 차원을 전체로서의 체계와 혼동한다. 우리는 인간을 복잡한 총체로 여기는 법을 배워야 하며, 이 복잡한 총체는 이 총체를 구성하는 부분 중 어느 한 부분의 관점에서 규정되거나 서술될 수 없다.

이 논의를 더 펼쳐 가려면, 인간 본질에 대해 수 세기에 걸쳐 등장해 온 풍성한 이해 몇 가지를 살펴보고 이런 이해가 제기하는 질문들을 생각해 봐야 한다. 다음 장에서는 인간의 본질을 보는 네 가지 서로 다른 입장을 생각해 보고, 각 입장에서 어떤 이슈들이 생겨 나오는지 알아보도록 하자. 그리고 그 이슈들에 대해서는 이 책 전체를 통해 좀 더 철저하게 연구하게 될 것이다.

03 인간의 정체
풍경 지도 그리기

> 사람들은 높은 산, 거대한 파도, 넓게 흐르는 강, 광대한 바다,
> 별의 행로를 보며 경탄하려고 여행을 한다.
> 하지만 자기 자신에 대해서는 경탄하지 못한다.[1]
> **히포의 아우구스티누스**

"내가 주께 감사하옴은 나를 지으심이 심히 기묘하심이라"(시 139:14). 인체의 복잡함과 아름다움은 오래전부터 성속聖俗을 불문하고 작가와 예술가의 상상력을 사로잡아 왔다. 아우구스티누스Augustine는 인간의 마음과 몸을 경이의 대상으로, 어쩌면 자연 세계의 광대함보다 더 불가사의한 것으로 봤다. 위대한 철학자 이마누엘 칸트Immanuel Kant는 자연 세계의 두 측면을 지목해 풍성한 의미를 지녔다고 했다. "볼 때마다 더욱 새로운 찬탄과 경외감으로 마음을 가득 채우는 두 가지 있으니, 우리는 더 자주, 그리고 꾸준히 이 두 가지에 대해 생각에 잠긴다. 하나는 내 머리 위에 있는 별 총총한 하늘이고, 또 하나는 내 안에 있는 도덕법이다."[2]

하지만 우리는 누구인가? 우리는 무엇인가? 우리의 의미는 무엇

인가? 이런 질문들은 입에 올리기는 쉬워도 일부 사람들이 추구하는 명쾌하고 단순한 답변을 좀체 얻을 수 없기로 악명 높다. 그래서 인간 본질에 대해 생각할 때 우리는 사회적 압력과 집단에 대한 충성 원리에 부응해, 대답하기 껄끄러운 현실은 그냥 넘어가는 쪽을 선호한다. 하지만 단지 사회적 압력과 기대에 응하느라 그릇된 답변을 내놓는 것은 아니다. 인간의 정체를 묻는 질문에 대한 모든 답변은 다른 이유로 해서 필연적으로 그릇될 수밖에 없다. 왜냐하면, 그 답변을 포괄적이거나 믿을 만한 답변으로 여길 수 없을 만큼 너무도 많은 부분을 무리하게 생략하기 때문이다. 무언가를 확언할 때 그런 답변은 언제나 다른 무언가를 짐짓 과소평가하거나 부인하는 경향을 띤다. 그런 답변은 부분적으로는 맞을지 모르나, 그 답변이 배제하고 있는 내용 때문에 전체적으로 볼 때는 틀린 답변이다.

불충분함의 오류가 중복의 오류보다 훨씬 선호된다는 것을 이제 우리 대부분이 인정할 것이다. 그럼에도 어떤 식으로든 인간의 본질을 완전히 설명하는 체하는 답변은, 이미 신용할 수 없는 것으로 간주된 환원주의와의 공모共謀를 부른다는 점에서 우리를 오도할 가능성이 있다. 단순함은 여러 맥락에서 볼 때 지적 미덕임이 틀림없지만, 인간의 본질과 관련해서는 악덕임에 의문의 여지가 없다. 인간의 본질에 관한 촌철살인의 문구들은 신문 헤드라인으로는 아주 훌륭할지 몰라도 인간의 정체와 중요성이라는 수수께끼와 씨름하는 우리에게는 조금도 도움이 안 된다.

인간의 본질에 대한 한 줄짜리 설명 피하기

인간의 본질을 설명하는 많은 이들이 알렉산더 포프Alexander Pope, 1688-1744의 『인간론』 Essay on Man, 1734에 나오는 문구를 언급한다. "인류가 마땅히 연구해야 할 것은 사람이다." 이 구절은 흔히 인간 연구가 종교적인 일에서 세속적인 일로 확고히 자리 이동했음을 보여주는 말로 인용되며, 종교의 관점에서 인간을 보는 시각에 점점 적대감이 커지고 있음을 반영한다. 하지만 포프의 책을 그냥 무심히 읽어 보기만 해도 인간이 하나님보다는 인간 자체를 연구해야 한다는 그의 말이 종교에 대한 어떤 적대감에서 나온 게 아님을 분명히 알 수 있다. 포프는 인간의 능력이 유한하다는 것은 곧 하나님에 대해 조금밖에 알 수 없다는 의미이므로, 우리가 그 대신 우리 자신에 대해 생각해야 한다고 주장한다. 왜냐하면 그 편이 더 수월하기 때문이다.

> 그러니 그대 자신을 알라, 주제넘게 하나님을 정밀히 알려 하지 말고,
> 인류가 마땅히 연구해야 할 것은 사람이다.[3]

포프의 『인간론』은 불완전하게 알 수밖에 없고 무의미해 보이는 세상 앞에서 인간이 신앙을 가져야 할 필요성을 단언한다. 인간 지성에 부과된 한계는, 우리가 부분적 진리밖에 알 수 없어서 우리가 사는 우주의 한 작은 부분만 파악하고 이해할 수 있는 그런 한계다. 인간은 위대하기도 하고 무력하기도 하며, 지혜롭기도 하고 어리석기도 하

며, 뚜렷한 한계에 매인 존재임이 드러난다. 우리는 "태어나되 죽을 수밖에 없고, 추론하되 오류를 저지를 수밖에 없으며", 회의론과 확신 사이에 아슬아슬하게 매달려 있는 불안정하고 어둑한 세상의 덫에 걸려 있다.[4] 포프가 신앙의 범주를 보편화하는 작업은 이렇게 종교라는 제한된 영역을 넘어 인간의 지식 전반으로 확장된다.[5] 과학에 대해서는 어떤가? 포프는 뉴턴Isaac Newton의 과학적 재능을 찬미하는 한편, 우주가 어떻게 작동하는지 서술하는 것과 그것이(그리고 인간이) 무엇을 뜻하는지 아는 것은 전혀 별개의 일이라고 교묘하게 진술한다.[6]

그렇다면 우리는 누구이며 무엇인가? 인간 본질의 요체를 묻는 이 질문에는 수많은 한 줄짜리 답변이 주어질 수 있다. 우리는 이성을 지닌 동물이다. 우리는 사회적 동물이다. 우리는 폭력과 자멸로 향하는 경향이 있다. 우리는 적극적으로 삶의 의미를 찾아낸다. 이 답변들은 개별적으로는 다 옳고, 맞는 말로 입증될 수 있다. 사실 이 답변들은 서로 연관되어 있기도 하다. 어떤 이들은 한편으로는 상상력 풍부한 영적 정체성을 창안해 내고 싶어 하고 다른 한편으로는 살인도 하고 자살도 하는 우리의 성향 사이에 상관관계가 있지는 않은지 궁금해한다.[7]

하지만 인간 본질의 이런 요소나 측면 그 어떤 것도 **그것 하나만으로는** 인간의 본질을 특징짓는 것으로서 적절치 않다. 또한 어느 한 요소나 측면의 정확성을 인정한다 해도 그에 따른 필연적 결과로 다른 요소나 측면을 다 거부하게 되는 것은 아니다. 모든 요소와 측면이 다 그보다 더 큰 그림의 한 부분이다. 그 어떤 요소나 측면도 더 큰 이해를 규정하거나 지배해서는 안 되며, 이 더 큰 이해는 궁극적으로 개별적 구성 요소를 초월하고 상대화한다. 말은 인간 본질을 바르게 나타내지 못하지만, 그래도 우리는 말을 사용해서 인간의 정체를 비롯한 삶의 모든 중요 이슈들에 대해 이야기해야 한다.[8] 우리는 우리를 제한하는 세상에 위치한 유형의 피조물로서, 그 세상 안과 그 세상 너머에 무엇이 있는지 파악해서 표현하려고 몸부림친다.

그러면 인간됨을 구성하는 다른 측면들에 대해서는 뭐라고 말해야 할까? 성별gender에 대해서는? 민족성에 대해서는? 물질적인 것이든 문화적인 것이든 인간 정체의 수많은 면들은 어떤 방식으로 서로 엮여 개인의 중요성을 부인하는 일 없이 전체로서의 인간 본질에 대해 통일성 있는 견해를 제시할 수 있을까? 아우구스티누스는 "자기를 알려고 하는 노력의 전적인 불완전성"[9]과 씨름한 수많은 기독교 저술가 중 한 사람인데, 이 불완전성 덕분에 우리는 인간의 한계에 대한 핵심 질문을 섣불리 종결짓는 잘못을 면할 수 있다. 인간의 정체를 묻는 위대한 질문들을 이 책 한 권에서 다 다룬다는 것은 엄두도 못 낼 일이기에, 이 책은 의미를 추구하는 동물로서의 인간에 초점을 맞춘다. 인간의 본질에 대해서는 이 책에서 말하는 것 말고도 이야기해야 할 것이 엄청나게 많다!

인간의 본질을 더 잘 이해하려는 그 모든 탐색은 컴퓨터로 계산해 낸 듯한 비교적 냉정한 형태의 합리주의가 제공하는 매끄럽고 유창한 단순성보다는 역설과 긴장을 특징으로 한다. 블레즈 파스칼Blaise Pascal은 인간의 특징이 '비참함'과 '위대함'이라는 유명한 말을 남겼는

데, 이때 그는 단지 인간이 살아가면서 겪는 긴장을 가리킨 것이지 그 긴장을 해결하려 한 것이 아니다. 인간을 과학적으로 설명하되 한편으로는 진선미眞善美에 대한 인간의 열망과 갈망을 제대로 나타내 주고, 다른 한편으로는 인간이 자기 자신뿐만 아니라 다른 모든 이들을 위해서도 직관적으로 옳다고 여겨지는 기준에 부합하게 살지 못한다는 사실 또한 솔직하게 보여주는 설명은 있을 수 없는 것으로 드러난다. 인간의 본질에 대한 결정적인 수수께끼는, 더 가치 있는 것, 더 갈망해야 할 것이 무엇인지 우리가 인식한다는 사실인데, 우리는 이 가치와 갈망을 성취하기에는 무력해 보인다. 그런 초월적 목표는 우리 역량으로는 이룰 수 없어 보이지만, 그럼에도 우리는 그 목표를 가치 있고 칭송할 만한 것으로 인식한다.

이 복잡함을 고려할 때, 인간의 독특성을 그린 몇몇 영향력 있는 소묘들을 보면서 그 그림들이 이 연구에서 우리의 생각을 어떻게 조명하고 활기차게 해줄지 따져 보는 게 적절할 것 같다. 이 장에서는 영향력 있고 생산성 있는 네 가지 인간관을 생각해 봄으로써 인간의 본질이라는 풍경 지도를 그려 볼 텐데, 네 가지 인간관은 저마다 우리 정체의 일부 측면에 실마리를 던져 주면서 우리의 어두운 면에 대한 안이하고도 편안한 가설을 재고해 보라고 도전한다. 네 가지 인간관의 대표적 인물은 아래와 같다.

1. 히포의 아우구스티누스Augustine of Hippo, 354-430. 고대 후기 지식사회의 지적 거인 중 한 명으로 인정받는 기독교 신학자이며, 우리가 인간의

주관적 체험의 중요성에 주목하게 된 것은 그의 공이 크다.
2. 지오바니 피코 델라 미란돌라Giovanni Pico della Mirandola, 1463-1494. 이탈리아 르네상스를 주도한 목소리 중의 하나로, 인간의 존엄에 대한 그의 연설은 르네상스 운동이 인간의 본질을 어떤 시각으로 봤는지 요약해 보여준 것으로 널리 인정된다.
3. 아이리스 머독Iris Murdoch, 1919-1999. 인간의 도덕적 활동은 세상이나 인간 자신을 객관적이고 이타적인 방식으로 보지 못하는 근본적 무능력에 의해 절충된다고 본 도덕철학자다.
4. 리처드 도킨스Richard Dawkins, 1941-. 진화생물학자이자 종교비평가로, 그의 저서 『이기적 유전자』The Selfish Gene, 1976는 인간의 이기심의 뿌리를 분석하고 이것을 극복하게 해줄지도 모르는 수단을 제시했다.

이 네 명의 대화 파트너는 인간의 본질에 관한 대★논의의 상세 지도를 그리는 동시에, 태고 이래로 인간이 자신의 중요성과 정체를 이해하려고 할 때마다 나타나는 특징적 모습인 근본적 상이점과 불일치를 드러내기도 했다.

위에서 예시한 네 사상가는 결정적 답변을 주는 일보다는 근본적 의문을 제기하는 일을 아마 더 잘할 것이다. 하지만 이들의 강조점과 반응은 인간의 본질과 정체에 관한 폭넓은 토론 범위 안에서 상당한 관용을 보여주고 있으며, 이를 보면 이런 핵심 질문에는 결정적이거나 지적으로 설득력 있는 답변은 없다는 점을 깨닫게 된다. 인간의 본질 문제와 관련해 우리가 바랄 수 있는 것은, 검증을 거친 확실한 사실이 아니라 정당한 근거가 있는 믿음이 고작이다. 이 확실성의 부재_不在_가 아마도 어찌어찌해서 장황한 수사를 곁들인 설명으로 이어지고, 예외 없이 종교나 윤리나 정치 논쟁을 수반하는 듯한 독단주의로 빠져들 것이다. 종교와 윤리와 정치라고 세 가지 예를 들었지만, 이는 입증 가능한 범위 너머에 있는 인간의 담론 중 특징적인 영역만 언급한 것일 뿐이다.

인간의 정체에 관한 질문을 시작하려고 앞에서 선정한 네 사상가 중 일반적으로 종교적 인물임이 분명하다고 여겨지는 사람은 처음 한 사람뿐이다. 물론 나머지 셋 중 두 사람도 종교의 중요성을 인정한다. 우선은 인간에게 중요한 의미가 있는 일로서, 그리고 다른 한편으로 인간의 정체와 실존의 틀을 짜는 방식으로서 말이다. 이 네 인물을 선정할 때 나는 인간의 본질이라는 이슈에 대해 폭넓은 사상의 스펙트럼을 제시해 더 광범위한 논의를 위한 질문을 시작하고, 뒤에 이어질 그 논의에서 다른 목소리들도 의미 있는 기여를 할 수 있도록 하려 했다.

히포의 아우구스티누스

전통적인 후기 고대 사회는 서유럽과 북아프리카에서 로마 제국이 서서히 쇠퇴하다가 종말을 맞는 것을 목격했다. 그리고 이를 계기로 인간이 만든 제도의 허약함과 인간의 안전을 보장해 주는 궁극적 토대에 대해 냉정히 고찰하게 되었다. 이 시기의 가장 주목할 만한 작가 한 사람은 로마의 공무원이었다가 기독교 신앙으로 회심한 후 고향 아프리카로 돌아가 식민촌 히포 레기우스의 주교가 되었다. 인간의 본질에 대한 아우구스티누스의 성찰을 요약하려 하는 건 위험한 일이다. 그의 사색이 너무도 풍성한 나머지 피상적이고 평범한 상투어로 줄여서 표현할 위험이 적지 않기 때문이다. 그럼에도 이 시도는 해볼 만한 가치가 있다. 특히 인간의 정체와 의미라는 신비에 관해 문화적·종교적 사상이 형성되는 데 아우구스티누스의 영향력이 상당했기 때문이다.

아우구스티누스의 『고백록』Confessions은 397년에서 400년 사이에 집필되었으며, 흔히 그의 영적 자서전이라 일컫는다. 어느 정도 맞는 말이지만, 『고백록』에 대해서는 그 외에도 이야기해야 할 게 아주 많다. 자신이 기독교 신앙으로 회심한 것을 돌아보면서 아우구스티누스는 자전적 기록의 중요성을 점점 더 절감했다.[10] 아우구스티누스가 시간의 본질을 분석한 것을 보면, 개별 사고자思考者가 존재하는 주관적 시간에 대한 인식과 주관적 시간 속에 존재하는 개인에 대한 인식 두 가지를 모두 강조하고 있다. 아우구스티누스가 보기에 우리 인간은 한마디로 말해 자기 자신을 완전히 알 수 없다. 그래서 하나님께서 우리를 아신다는 사실은 우리가 이 덧없고 불안정한 세상 한가운데 닻을 내리는 데 도움이 된다.

아우구스티누스는 현재 순간의 주관적 중요성을 보존하는 지적이고 창의적인 구조를 개발해서, 과거에 대한 기억과 미래에 대한 소망의 중요성을 확언하고 **통합**할 수 있었다. 최근의 심리학 연구는 '주관적 시간' 개념이 인간의 정체성을 위해 중요하다는 것을 확인해 줄 뿐만 아니라,[11] 아우구스티누스의 구상을 따라 그 '주관적 시간' 개념이 종교적으로나 형이상학적으로 보강될 수 있는 공간을 창출해 낸다. 이 점에서 오늘날 아우구스티누스를 대중적으로 계승한 사람이 있다면 바로 C. S. 루이스일 텐데, 루이스가 기억과 성찰을 통합한 것은 아마도 그의 저서 『예기치 못한 기쁨』*Surprised by Joy*, 1955에서 최고의 형태로 드러날 것이다.[12]

그러나 많은 이들이 주장할 것이다. 인간의 본질에 관한 아우구스티누스의 가장 중요한 통찰은 죄와 관련 있다고. 이는 현대 인본주의의 수많은 자기만족적 시각에 의해 열외로 취급되는 개념으로, 이 개념은 우리에게 무엇이 **잘못**되었으며 이에 대해 어떤 조치를 취할 수 있는지를 똑똑히 알려 주려고 한다. 아우구스티누스는 당대의 사회적 혼란에 압도당한 도덕적·사회적 비관론자로 쉽게 묘사된다. 하지만 이는 부당한 설명이다. 아우구스티누스의 관심사는, 생각하고 행동하는 기능과 능력을 제한하는 역사 진전 과정 안에 존재하는 인간의 결말을 폭로하는 것이다. 우리는 사물을 실제 모습 그대로 보지 못한다. 우리 눈은 침침하고 초점이 엇나가 있어, 우리 세상과 우리 자신을 제대로 보려면 신적인 치유와 훈련이 요구된다.[13] 그리고 설령 그런 정당한 꿈을 성취할 수 있다 해도, 우리는 자기를 참조해 자신의 옳고 그름을 판단하는 사고 구조에 갇혀 있고, 그래서 그런 참 지식을 받아들일 생각을 하지 않으며 더구나 그 지식에 근거해 행동하는 것은 더더욱 내켜하지 않는다.[14]

올바르고 지혜롭게 살고자 할 때 우리에게 필요한 것은 근본적

재편성과 재조정이다. 그런데 이는 외부의 도움 없이는 할 수 없는 일이다. 아우구스티누스가 우리 영혼을 치유하고 우리 생각을 밝혀 줄 분으로 하나님을 강조하는 것은 인간이 지닌 문제의 한 면을 포착한 것인 동시에 인간의 실존과 경험에 하나님께서 이루시는 변화를 나타내고 있다.

이 점이 왜 그렇게 중요한가? 무덤 저편에서 말하는 예언자처럼 아우구스티누스는 인간 본질에 관해 서양 문화 안에서 일부 사람들을 여전히 매료시키고 있는 순진하고 낙관적인 입장에 이의를 제기한다. 어떤 이들은 우리가 사물을 실제 모습 그대로 볼 수 있다고 믿고, 어떤 이들은 우리가 자기 영혼과 운명의 주인이라고 믿으며, 또 어떤 이들은 우리가 근본적으로 선하고 일단 무엇이 옳은지 알게 되면 그 옳은 일을 아무 어려움 없이 해낼 수 있다고 믿는다. 아우구스티누스라면 이 모든 입장을 우리 인간 본성에 부합하지 못하는, 이해할 만한 망상으로 보았을 것이다. 이 주제에 대해서는 이 책 후반에서 더 자세히 탐색하도록 하자.

지오바니 피코 델라 미란돌라

유럽의 르네상스를 가리켜 문화사가들은 보통 창의성과 재건과 갱신이 두드러진 시대였다고 강조한다. 맞는 말이다. 많은 이들이 진부하고 쇠퇴해 가는 문화로 여겼던 것이 용의주도하고 상상력 넘치는 이종교배 과정을 통해 새 생명을 얻게 되었으며, 그 과정에서 고대의 예술적이고 미적인 영광이 서유럽 사상의 핏줄 속으로 스며들어 갔다. 비판자들이 보기에 이 재전유再專有 과정은 고도로 선별적이었고 심지어 독단적이기까지 했던 반면, 지지자들이 보기에는 결과적으로 하나의 여과 과정으로서, 이 과정을 통해 고대 세계 최고의 지혜가 정체된 근대 세계를 풍요롭게 할 수 있었다고 봤다.

누구든 이 시대의 작품 하나를 지목해서 그 작품을 갖고 어떻게든 이 시대의 본질을 요약하려고 한다면 여기에는 적지 않은 위험이 따른다. 르네상스의 핵심 본질이 무엇인지 정확히 규정한다는 것은 누가 봐도 어려운 일이기 때문이다.[15] 그래도 많은 이들이 지오바니 피코 델라 미란돌라의 『인간 존엄에 관한 연설』Oration on the Dignity of Humanity, 1486을 르네상스의 핵심 전망을 보여주는 찬란한 소품으로 지목할 것이다.[16] 인간의 본질과 정체에 대해서는 책 서두에서만 다루고 있지만, 여기서 전개되는 개념들은 당대의 많은 이들에게 울림을 주었고, 지금도 마찬가지다.[17]

피코가 이 연설을 한 것은 스물네 살 때였다. 흔히 '르네상스 선언서'라는 별명이 붙는 이 연설은 지극히 품위 있고 우아한 라틴어로 기록되었으며, 기독교의 전통적 인간 창조 교리를 확언하면서도 그 교리의 핵심 요소 한 가지, 즉 인간의 창의성이라는 요소를 특별히 강조한다. 창조 질서 안에서 인간의 위치는 고정되어 있지 않고 개별 인간이 선택해서 규정하는 것에 따라 결정된다고 한다.

피코는 하나님이 "존재의 대사슬"Great Chain of Being을 창조했으며, 그

사슬 안에서 모든 피조물이 특정한 위치를 할당받았다고 주장한다. 아우구스티누스를 뒤이어 피코는 하나님이 그토록 아름답고 복잡한 우주를 창조해 놓고 그 아름다움을 즐기며 그 장대한 규모에 감명받을 어떤 존재를 갈망하셨다고 넌지시 말한다. 그래서 인간을 창조하셨다고 말이다. 하지만 '존재의 사슬' 안에 있는 자리는 천사의 자리에서부터 벌레의 자리까지 이미 다 할당되고 없었다. 연결 부위가 빠진 데도 없고 틈새도 없어서 인간을 끼워 넣을 수가 없었다. 그래서 하나님은 인간이 창조 질서 안에서 스스로 자기 자리를 정하게 하기로 결정하셨다.

이리하여 인간은 '불확정의 이미지를 가진 피조물'로 창조되어, 사물의 더 큰 질서 안에서 스스로 자기 자리를 정해도 좋다는 허락과 함께 그렇게 할 수 있는 능력을 부여받았다. 피코가 보기에 인간은 어떤 주어진 형태나 이미 확정된 형태의 정체를 수동적으로 받아들이기보다 자기 스스로 자기 정체를 결정할 수 있는 능동적 능력을 부여받았다. 『인간 존엄에 관한 연설』은 인간의 탁월함과 독특한 잠재력을 강조하며, 이 탁월함과 잠재력 덕분에 인간이라는 종족이 지상에서 독특한 존재로 두드러질 수 있다고 말한다.

피코는 창세기의 두 번째 창조 기사를 다소 자유롭게 고쳐 쓰면서 이런 개념을 표현하는데, 여기서 피코가 그리는 하나님은 아담에게 아래와 같은 식으로 말씀하신다.

아담아, 우리는 너에게 확정된 처소도, 오직 너만의 형상도, 너에게만 속한 어떤 고유의 역할도 주지 않았다. 이는 네가 어떤 처소나 형상이나 역할이든 너의 갈망과 판단에 따라 네가 원하는 대로 갖고 소유할 수 있도록 하기 위해서다. 다른 모든 존재의 본질은 우리가 정한 법의 경계 안에서 제한되고 속박된다. 하지만 너는 그 어떤 한계에도 매이지 않으며, 네 본질의 한계는 너 자신의 자유의지에 따라 너 스스로 결정할 수 있으니 우리는 그 자유의지의 손에 너를 맡겼노라.[18]

따라서 인간이 자기 자유와 지능을 적절히 발휘해 "존재의 대사슬" 안에서 자기 자리와 역할을 결정한다는 것은 하나님께서 주신 특권이자 책임이다. 그래서 인간은 수준 낮은 본능을 좇음으로써 동물처럼 행동하는 편을 택할 수도 있고, 수준 높은 본능에 따라 행동함으로써 천사 같은 역할을 하는 쪽을 택할 수도 있다는 것이다.

인간 본질에 대한 피코의 접근 방식이 그렇게 흥미로운 이유는 뭘까? 피코의 인간관에서 두드러지는 점은, 우리 인간에게는 인간이 누구인지를(혹은 우리가 무엇이 될 것인지를) 결정할 능력이 있다는 것이다. 이는 고대 그리스 문화의 모든 학자에게 낯익은 하나의 주제와 맥을 같이한다. 이를테면 핀다로스Pindar가 주전 475년에 쓴 두 번째 피티아 찬가 Second Pythian Ode의 유명한 금언, "있는 그대로의 네가 되어라"Become what you are처럼 말이다. 철학자 마르틴 하이데거Martin Heidegger, 1889-1976는 이 말을 "어떠어떠한 사람이어야 한다고 생각해서 그 생각대로 되지 말고 그냥 되는 대로의 네가 되라"라는 뜻으로 오독했는데, 그의 영향력 때문에 오늘날 이 해석을 그대로 따르는 이들이 많다. 하이데거 식의 핀다로스 해석은 포스트모던의 가치와 일치하긴 하지만, 핀다로스의 말은 사실 이런 뜻이다. "지금의 너같이, 존재하는 그대로 아는 네가 되라."[19] 고대 시대의 위대한 사상가들이 보기에 우리 인간에게는 저마다 목적인(目的因), 즉 원래 우리가 성취하게 되어 있는 목표가 있으며, 이 목표가 우리의 참 자아를 규정한다. '훌륭한 삶'은 그 자아가 뭔지 발견하고 그래서 진짜 자기 자신이 되려는 노력으로 구현된다.[20] 우리는 자기 자신을 보는 상이한 관점 중에서 선택을 해야 하며, 이 선택이 우리의 행동방식과 사고방식을 형성하는 데 결정적으로 중요하다는 점을 인식해야 한다.

인간이 자신의 정체를 보는 시각을 선택할 능력이 있다는 피코의 낙관적 견해에는 약간 낭만적 매력이 있다. 하지만 피코의 말이 맞다면, 바로 그 점이 우리 인간에게는 암울한 면이 될지도 모른다. 피코의 견해에서 발생하는 문제를 한 가지만 살펴보자. 다른 어떤 사람이 나 대신 그 정체를 선택한 뒤 나에게 그 결정을 강요한다면 어떻게 되겠는가? 체스터턴이 다음과 같이 그 문제를 지적한다. "일단 인간을 변하기 쉽고 변경 가능한 사물로 생각하기 시작하면, 힘 있고 교활한 자가 언제나 자연 법칙에 어긋나는 온갖 목적을 위해 사람을 비틀어 새로운 모양으로 만들어 내기 쉽다."[21] 인간의 본질이란 것이 두드려서 펼 수 있는 것이라 한다면, 권세 있는 자가 자기 이익을 위해 그 본질을 새로운 모양으로 고쳐 만들 것이다. 올더스 헉슬리Aldous Huxley의 『멋진 신세계』 Brave New World, 1932에 등장하는 "부화 조절 센터"에서처럼 말이다.

아이리스 머독

앞에서 우리는 고대 그리스 철학자 핀다로스에게서 인용한 "있는 그대로의 네가 되어라"라는 말을 살펴보았다. 델피의 아폴로 신전에는 또 하나의 고대 금언이 새겨져 있다. "너 자신을 알라." 이런 유의 충고는 고대 시대 그리스 문헌에 흔해 빠진 걸로 보이고, 대개 (예를 들어 플라톤이 그런 것처럼) 세계나 신들에 대한 사변적 지식을 비판하는 말로 해석된다. 자기 자신조차 이해하지 못하면서 어떻게 이런 더 큰 문제들을 이해하기를 바랄 수 있겠는가? 지혜의 시작은 자기 자신을 알고 그 지식에 근거해 행동하는 데 있다는 것이다.

물론 중요한 조언이다. 그러나 이는 중요한 만큼 진부한 상투어가 되기 쉽다. 자기 자신에 대한 그런 지식을 받아들이지 않고 현실에 대한 환상을 더 좋아한다면 어떻게 되는가? 우리가 자기 정체를 꾸며 내는 편을 선호한다면 어떻게 되는가? 자서전을 쓰면서 자기 자신을 늘 만사의 중심인물로 그리고 싶어서 자기 개인의 역사를 창의적이고 아량 넘치게 고쳐 쓰는 사람, 자기가 사실은 그렇게 지혜롭고 선량하지 않은데 지혜롭고 선량한 인물로 그리는 사람처럼 말이다.

여기에는, 인간에게 자기기만 성향과 자기기만 취미가 있느냐 하는 문제가 걸려 있다. 자기기만 특성은 전혀 새로울 게 없다 할 것이다. 앗수르 왕 산헤립 주전 705-681 재위의 군사 작전을 기록한 비문碑文은 단순히 역사이기보다 이념적 의제를 곁들인 선전에 치중한 것이 역력하며, 현대의 독자라면 이를 왕실의 자기기만과 다를 바 없이 여길 것이다.[22] 그런데 인간이 이렇게 기득권을 가지고 불편한 진실을 은폐하곤 한다면, 실패와 난관에서 어떻게 교훈을 얻을 수 있겠는가?

아이리스 머독의 도덕철학의 핵심에는 그런 질문이 자리 잡고 있으며, 머독은 자기를 기만하려는 성향이 인간의 특징이라고 주장했다. 우리는 우리 자신이 만든 보호막 안에 감금되어 있으며, 이 보호막이 우리 눈을 가려 사물의 실제 모습을, 무엇보다도 우리 자신의 모습을 있는 그대로 보지 못하게 만든다. 도덕철학은 우리의 근본적 자기기만 성향에 도전해야 한다. 머독은 세상의 현실과 우리 자신의 도덕적 현실은 우리가 어쩔 수 없이 이를 있는 그대로 볼 수 있게 될 때까지 우리에게 감춰져 있다고 주장한다. "눈을 뜨고 있다고 해서 우리가 마주한 것을 반드시 볼 수 있는 것은 아니다. …… 우리 마음은 계속 능동적으로 짜내고 있다. 세계를 일부 덮어 가리는 불안한, 대개는 자기 자신에 몰입해 있고 사실을 변조하곤 하는 **휘장**을."[23]

태어날 때부터 우리는 우리 자신을 있는 그대로 보지 않는다. 자기 자신에 대한 진실을 분별하는 능력은 후천적 습관, 시간이 흐름에 따라 계발되어야 할 어떤 것이다. 이는 "세상을 있는 그대로 보려 가는 **과업**"이다.[24] 그러므로 사물을 실제 모습 그대로 본다는 것, 겉으로 보이는 모습 그 아래를 꿰뚫어 본다는 것은 지각을 세심하게 계발하는 목적이자 그 계발의 결과다. 이렇게 머독은 "객관적 자세와 이기적이지 않은 태도는 인간에게 자연스럽지 않다"라고 주장하며,[25] 기독교의 죄 개념은 이런 불온한 인간 특성을 상대하기 위한 어휘와 지적 틀을 제공한다고 올바로 지적한다.

그렇다면 인간의 이 자기기만에는 어떻게 대응해야 하는가? 그리고 이는 어떻게 극복해야 하는가? 머독의 핵심 논지는, 사람을 속박하는 이 자기 몰입과 자기기만이라는 마법은 타파되어야 하며, 예술과 문학이 이 해방을 성취할 수 있는 주된 길이라는 것이다.[26] "[위대한 문학은] 우리를 꽉 쥐고 있는 지루한 몽상 생활의 힘을 타파해 참된 전망을 가지려 노력하게 만든다. 우리가 크고 넓은 진짜 세상을 보지 못하는 것은 대개 집착·불안·시기·분노·두려움에 눈이 가려 있기 때문이다. 우리는 작은 자기 세상을 만들어 놓고 거기 에워싸여 지낸다." 문학과 예술은 "진리를 추구하는 자유롭고 창의적인 상상력"에 호소하고, 이 상상력은 "참되고 심오한 것"을 추구하며 이를 알아차린다.[27] 예술은 "인간 본질을, 혹은 우리의 오감에 밀어닥치는 자연 세상을 더 올바르게, 더 분명하게, 더 자세하게, 더 세련되게 이해하는" 방향으로 우리를 인도한다.[28]

예술은 이렇게 우리 자신과 자연 세계를 응시하는 우리 시선에 가림막이 쳐져 있다는 것을 알려 주며, 우리가 그 막을 치워 없앨 수 있게 도와준다. 머독이 생각하기에 위대한 예술은 "전에는 명쾌하게 볼 수 없었던 세상"을 우리에게 보여주어,[29] 현실에 대해 더 강화된 인식과 더 명쾌한 시각을 갖게 해주고, 그리하여 좀 더 바르게 그 현실과 관계 맺을 수 있게 해준다. "이기적 의식이라는 가림막을 뚫고 나가 실제 모습 그대로의 세상에 합류하려는 시도는 아름다운 덕목이다."[30] 머독이 판단하는 인간의 형편은 이렇게 자기기만 습관을 특징으로 하며, 이 습관은 위대한 예술의 상상력 혹은 도덕적 힘에 의해 타파될 수 있고, 이 힘은 우리 스스로 만들어 낸 의미망 **밖에서** 우리 자신을 보게 해서 그 의미망의 기만성을 드러냄과 동시에 우리의 창안품이 아닌 이 넓은 세상과 관계 맺으려는 갈망을 품게 한다.[31] 위대한 예술은 "환상의 틈입"이나 "자아의 주장"에 오염되지 않은 현실을 우리에게 보여주려고 한다.[32]

머독은 인간의 본질에 관해, 특히 자기 자신을 기만하려는 우리의 불온한 성향, 인간이 근본적으로 선하다고 하는 나태하고 자족적인 문화적 가설에서 가장 두드러져 보일 그 성향에 관해 중요한 질문을 제기한다. 거기엔 우리가 탐구해야 할 명백한 의문들이 있다. 우리는 기만적 현실관에서 우리 힘으로 빠져나올 수 있는가? 아니면 도움이 필요한가? 기독교의 은혜 교리는 하나님의 선함과 인자함을 단언하는 한편, 인간이 자기 스스로 만들어 낸 기만의 세계와 거리를 두거나 그 세상에서 스스로 분리되어 나올 능력이 없음 또한 폭로한다. 하지만 여기서 가장 중요한 것은 머독이 옹호하는 해법이 아니라(비록 이 해법에 우리가 주목해 볼 만한 여러 통찰이 있긴 하지만), 인간의 본질에는 우리가 간과할 수 없는, 그래서 반드시 붙잡고 씨름해야 할 문제가 있다고 머독이 끈질기게 주장한다는 점이다.

리처드 도킨스

영국의 생물학자 리처드 도킨스가 1976년 『이기적 유전자』를 펴냈다. 이 책은 지난 세대에 발간된 인간 본질 연구서 중 이제 가장 영향력 있는 책으로 여겨지고 있다. 이 책의 비범함은, 과학 개념을 대단히 우아하고 세련된 문체로 대중화해 1980년대의 폭넓은 문화적 대화에 의미 있는 영향을 끼쳤다는 것이다. 『이기적 유전자』는 일련의 기념할 만한 유비와 명료한 해설을 전개해 다윈주의 정설의 핵심 테마를 전반적으로 설명하는 동시에 도킨스 고유의 "유전자의 눈" 진화관을 옹호하고 있다.

1960년대 후반, 도킨스는 "진화를 보는 가장 상상력 넘치는 방식, 그리고 진화를 가르치는 가장 영감 있는 방식"은 유전자의 관점에서 전체 과정을 보는 것이라는 결론에 이르렀다. "유전자의 눈" 방식은 '다윈주의의 근본 논리'를 창의적으로 개정한 것으로 보는 게 최선이며,[33] 이는 다윈의 진화론의 근본적 일관성을 창의적으로 파악할 수 있게 해준다. 다윈의 연구 방식의 핵심 테마는 도킨스의 1966년 강의 노트에 적힌 한 문장으로 요약될 수 있다. "정통 신新다윈 진화론의 토대 위에서 우리가 기본적으로 예상하는 것은, 유전자가 이기적일 것이라는 점이다."[34] 이 개념은 『이기적 유전자』에서 자세히 전개되면서 그 실체가 확연히 드러나고 정당성을 부여받는다. "잘되는 유전자에서 기대되는 두드러진 자질은 거침없는 이기주의다. 유전자의 이 이기심은 대개 개별 행위에서 이기적 태도를 낳는다."[35] 그래서 인간의 이기심은 기저에 있는 유전적 성향의 표현이며, 이 성향을 우리는 전혀 통제하지 못한다. 도킨스는 심지어 이타주의도 이 이기주의 패러다임으로 설명될 수 있다고 주장한다. 이기주의는 유전자들이 전반적으로 생존을 확보할 수 있는 메커니즘을 나타내기 때문이다.

비록 그 과정에서 일부 독특한 유전자를 지닌 개인이 희생되어야 하더라도 말이다.

시대의 문화적 배경은 『이기적 유전자』의 핵심 개념, 과학적 중요성을 훨씬 넘어서는 단계까지 간 이 개념에 대한 관심을 불러일으켰다. 인간을 "이기적 유전자"의 집합체로 볼 수 있다는 도킨스의 제안은 1980년대의 몇 가지 사회·정치적 발전, 이를테면 탐욕은 새로운 가능성에 대한 욕구를 발생시키고 인간을 과거의 부담에서 해방시켰으므로 사회를 위해 유익하다고 한 로널드 레이건Ronald Wilson Reagan과 마거릿 대처Margaret Hilda Thatcher의 개인주의적 정치 이념 같은 것을 납득하는 데 도움을 주었다.[36] 진화론은 스스로를 돕는 사람들에게 도움이 되어 보이기에, 이기주의는 인간의 격을 낮추는 결함이라기보다 오히려 긍정적 변화의 원동력으로 보아야 할 것이다.[37]

도킨스는 유전자의 역사가 우리에게 어떤 이기적 행동의 소지를 만든다고 주장한다. 그러면 이에 대해 어떤 조치를 취할 수 있을까? 도킨스는 말하기를, 자신은 암을 연구하는 게 전문 분야이고 암과 싸우는 게 직업적 소명인 종양학자 같다고 한다. 그리고 인류의 미래는 이기심이라는 이 유전적 유산을 승인하는 게 아니라 이에 저항하는 데 달려 있다고 한다. "관대함과 이타주의를 **가르치려고 노력**하자, 우리는 이기적으로 태어나니까. 우리의 이기적 유전자가 무슨 일을 꾸미고 있는지 밝히 알자, 그래야 적어도 그 꿍꿍이를 뒤집어엎을 기회라도 있으니까." 유전자가 "우리에게 이기적이 되라고 지시할" 수도 있지만, 그 지시에 따를 의무는 없다.

도킨스가 발전시킨 개념은, 우리가 비록 "이기적 유전자"에 의해 행동이 결정되고 그에 좌우되기는 해도, 어떤 식으로 유전자의 덫에 걸리는지 깨닫는 각성 상태를 이룰 수 있고 유전자의 해로운 영향에 저항하기 위한 전략을 짜낼 수 있다는 것이다. 인류는 궁극적으로 자기가 선택하지 않은 사고와 행동 패턴의 덫에 걸려 있다. 하지만 도킨스는 인간이 이 유전자 결정론 앞에서 인간의 자율성을 단언할 수 있다고 일갈한다. 우리는 우리의 이기적 유전자에 맞서 저항할 수 있다. "우리에게는 날 때부터 지닌 이기적 유전자에 맞설 힘이 있다. …… 우리에게는 우리를 창조한 이들에게 등을 돌릴 수 있는 힘이 있다. 지상에서 오직 우리 인간만이 이기적 복제자의 횡포에 반항할 수 있다." 우리 인간만이 애초에 우리를 여기로 데려온 바로 그 과정에 맞서 저항할 수 있는 지점으로 서서히 나아갈 수 있다.

그러므로 우리가 진화 과정을 이해하면 진화의 영향력을 뒤엎고 진화에서 나올 법한 결과의 방향을 새로 정할 수 있다는 것이다. 이 사고 노선에 대해서는 이 책, 특히 '트랜스휴머니즘'transhumanism 개념을 다루는 부분에서 더 자세히 탐구할 것이다. 이제 과연 우리는 자신의 진화를 자기가 책임지고, 자신이 어떤 존재가 될지 스스로 결정할 수 있을까?

이 네 저자는 인간의 본질과 정체뿐만 아니라 인간의 미래가 어떤 형태를 띨 것인지에 대해 중요한 질문을 제기한다. 네 사람의 견해가 흥미롭게 수렴되는 지점이 있긴 하지만, 이보다 더 눈에 띄는 것은 이들이 의견을 달리하는 부분이다. 인간이 인간의 본질과 미래를 성찰한 데서 나온 결과는 저마다 다 의문시되고, 아무런 해결의 징후를 보이지 않는다. 어떤 이들은 이러한 현상을 보고 이런 문제들에 대해 아무리 깊이 고민해 봤자 다 헛일이라 여길지 모른다. 그러나 또 어떤 이들은 이러한 현상을 이런 중요한 질문들로 다시 돌아가 재평가해 보라는 부름으로 여길 것이다. 이 책에서 우리는 두 번째 경로를 택하여, 생의 의미를 묻는 인간의 탐구에 초점을 맞출 것이다. 이제 그쪽으로 가 보자.

생의 의미는 무엇인가? 이는 인간에게 아주 자연스러운 질문이다. 과학은 사람들이 어떤 종류의 일을 의미 있다고 여기는지 밝히는 데 도움이 되는 게 분명하다. 하지만 이는 생의 의미가 무엇인지 말해 주는 것과는 다른 문제다. 생의 의미가 무엇이냐는 것이 꼭 과학적 질문만은 아니다. 이는 과학의 답변 역량을 넘어서는 수많은 위대한 질문들 중 하나다. 생의 요점은 무엇인가? 선한 삶이란 무엇이며, 선한 삶은 어떻게 영위하는가?

2부

생生의 의미가 궁금하다

04 '큰 그림'을 찾는 순례자
발코니와 길

우리가 경험은 있으나 의미는 놓쳤으니
의미에 접근하면 경험을 회복한다.[1]
T. S. 엘리엇

우리가 사는 세상과 우리 삶을 어떻게 이해해야 할까? 우리가 어떻게든 역사의 흐름을 내려다볼 수 있는 특권적 관찰 지점에 이르러, 우리 자신의 삶의 전 경로를 타당한 관점에서 조망할 수 있다는 망상에서 많은 이들이 피난처를 찾는다. 하지만 역사 진전 과정에 우리 삶도 포함되기 때문에 우리 관점은 제한적일 수밖에 없음을 대다수 사람들은 알고 있다. 중세 시대 작가들이 보기에 인간은 나그네 *viator*, 즉 인생길을 따라 걷는 사람, 이 낯선 세상을 순례하는 자요 체류자였다. 그 길을 가면서 우리는 질문을 한다. 어떤 질문은 실용적인 물음이다. 어디 가면 먹을 것과 물을 구할 수 있을까? 어떤 질문은 좀 더 심원하다. 우리는 애초에 왜 이 길에 있게 된 것일까? 이 길은 우리를 어디로 데려갈까? 이 여정의 의미는 무엇일까?

최근, 옥스퍼드 대학교에서 맡고 있는 강의 준비를 하던 중, 무관심 속에 방치된 생명기호학biosemiotics 분야 고전 한 권을 읽게 되었다. 생명기호학은 생명 체계들에서, 그리고 그 체계들 사이에서 발견되는 의사소통과 의미 형식을 연구하는 학문이다. 요즘에는 야콥 폰 윅스퀼Jakob von Uexküll, 1864-1944의 책을 읽는 이들이 거의 없다.[2] 하지만 동물이 어떻게 환경에 적응하는지에 관해 윅스퀼이 쓴 글은 현재 독창적 중요성을 지닌 작품으로 알려져 있다. 윅스퀼은 "동물과 인간 세계 짧은 여행"A Foray Into the Worlds of Animals and Humans이라는 소론에서 "의미망"web of meaning 개념을 소개하는데, 이는 우리 인간을 비롯해 다른 생물체들이 우리가 사는 세계를 납득하는 내부적 이해의 틀로서, 생의 여정에서 우리는 이 틀의 안내를 받는다. 거미가 거미줄을 잣듯 우리는 주변 세상과의 관계라는 실을 잣고, 이렇게 자아낸 실로 우리의 실존을 구체화하는 견고한 망을 짜낸다.[3] 윅스퀼은 이 의미망을 가리켜 **움벨트**Umwelt 라고 하는데, 이는 우리가 삶과 그 삶의 정황을 경험하고 해석하는 방식을 형성하는 지각知覺 세계를 말한다. 인간은 천성적으로 의미를 추구하는 동물로서, 자기 삶을 안내하고 관장하는 의미망을 짜낸다.

인간은 역사가 시작된 이래 줄곧 이런 질문들을 해왔으며, 이 질문들은 오늘날에도 여느 때와 다름없이 중요하다. 그러면 우리는 이 질문에 어떻게 답변할 수 있을까? 어떤 이는 동료들 사이에 널리 통용되는 지혜를 받아들이는 데 만족한다.[4] 이들은 집단에 대한 충성 행위로, 유력해 보이거나 유행으로 보이는 사회집단의 생각 및 가치와 제휴한다. 여기서는 주로 자기가 태어난, 혹은 가입하기로 선택한 집단에 대한 지적·도덕적 충성 행위가 곧 진리로 여겨진다. 그래서 진리란 "우리가 믿기 좋은 게 무엇"인지에 관한, 혹은 중요하고 영향력 있다고 여기는 사람들과 좋은 관계를 유지하려면 무엇을 믿어야 하는지에 관한 집단 사고와의 공모共謀다.

이는 깔끔하고 간단해서, 사회의 '배타적 소집단'에게 인정받느냐의 여부에 자신의 위상이 달린 사람들, 혹은 유권자나 소속 정당 공천위원회의 지지를 잃지 않으려 안달하는 정치인에게는 이상적 강령이다. 하지만 이는 생각의 독립성을 질식시킨다. 생각의 독립성이 사회집단에 대한 충성과 충돌한다는 점에서 말이다. 그러나 우리는 결국 일종의 문화적 '소집단' 안에 갇히고, 그 결과 다른 집단의 견해를 진지하게 받아들이기를 꺼리게 된다. (종교적인 것이든, 비종교적인 것이든, 정치적인 것이든, 문화적인 것이든) 온갖 종류 근본주의가 사회적·지적 고립을 조장하는 것은 바로 이런 연유다. 어떤 대안적 관점을 접할 때 이 관점을 옹호하는 이들이 악하거나 비꼬였다거나 착각에 빠져 있다고 여겨지면 우리는 그 관점을 간단히 묵살해 버리기 쉽다. 그러고는 그 옹호자들의 생각이나 개인적 진정성을 진지하게 받아들이지 않은 채 이들을 웃음거리로 삼는다. 그렇게 되면 이들을 공적인 영역에서 배제시켜야 한다고 주장하기가 쉬워진다.

좀 더 정교한 단계로 들어가면, 이런 식의 사고는 고대 그리스 도시 국가에서 사회적 응집과 일치를 이루는 데 도움이 되었으며, 이에 이 도시 국가들은 독특한 정체의 표지로서 나름의 종교와 철학을 발전시켰다. 하지만 철학자 리처드 로티Richard Rorty가 지적하는 것처럼, 이 견해는 고대 그리스 문화에서 인기를 잃어 갔는데, 이는 어떻게 바로잡을 수 없을 만큼 이 견해가 편협하게 보였기 때문이기도 하다. "자기 의지와 상관없이 어떤 집단 안에 태어났는데 그 집단의 지평에 갇혀 있고" 싶은 사람이 어디 있겠는가? 플라톤 같은 사람은 주어진 집단의 규범이나 신념과 상관없이 진리를 추구하는 일에 앞장섰다. 로티 자신은 지식이란 일정한 전통 안에 서서 그 전통의 관념과 가치를 자기 것으로 삼음으로써 습득된다는 개념을 옹호했다. "중요한 것은 무지에 맞서 단결하는 다른 인간에 대한 충성이지 세상을 바로잡겠다는 소망이 아니다."[5] 그래도 확실히 우리는 우리가 살고 있는 문화나 전통에서 독립된 지식을 시도하고 추구해야 하지 않을까?

알렉산더 포프의 『인간론』에 대해서는 앞에서 살펴봤는데, 이 작품은 잉글랜드 '문예 융성 시대'에 생산된 가장 위대한 문학작품으로 손꼽힌다. 이 풍성하고도 복잡한 시는 인간으로 존재하는 데 따르는 갈망과 한계에 대한, 그리고 우리 의지와 상관없이 처하게 된 이 우주의 의미를 납득한다는 게 얼마나 어려운 일인지에 대한 영민한 통찰이다.[6] 포프는 이 우주가 일관성 없고 도덕적으로 모호하며, 어쩌면 선보다는 악이 특징일 수 있음을 인식한다. 포프는 그래도 이런 판단에 이를 때는 연약하고 틀리기 쉬운 우리의 도덕적·지적 능력을 고려해야 한다고 말한다. 우주가 우리에게 불완전하고 일관성 없게 보이는 것은 아마 인간 지각의 한계 때문일 것이다. 생生이 우리에게 혼돈스럽고 목적 없어 보이는 것은 우리가 끊임없이 유동하는 상황 속에 잠겨 있고, 거기서 스스로 벗어날 수 없기 때문이다. 거기서 벗어나야만 우리가 일관성 있는 우주에서 의미 있는 자리를 차지하고 있음을 보여줄 수 있는 유일한 현실, 우리를 감질나게 하는 그 현실을 환히 볼 수 있을 텐데 말이다.

포프가 개진하는 이 개념에는 깊은 호소력이 있다. 이는 우리 자신과 세상을 우리 마음대로 구성한 대로 보지 말고 실제 모습 그대로 볼 것을 권한다. 이 개념은 우리 스스로 구성해 낸 우리 모습 말고 실제 모습 그대로의 우리 자신과 우리 세상을 보라고 말한다. 철학자 루트비히 비트겐슈타인Ludwig Wittgenstein은 우리가 뭔가 우리 자신보다 깊고 큰 것에 맞춰 생각하며 살아가고 있다고 믿을 때 의미와 행복감이 생겨난다는 사실을 깨달았다. "행복하게 살기 위해서는 세상에 맞춰 살아야 한다. 그게 바로 '행복하다'는 말의 의미다."[7] 그래서 우리는 우주의 '큰 그림'을, 그리고 그 그림 안에서 우리의 위치를 파악할 필요가 있다.

하지만 우리 혼자서는 이 그림을 다 파악할 능력이 없어 보인다. 인간이기 때문에 떠안게 되는 실망스러운 한계 그 너머를 보려면 도움이 필요하다. 물론 이는 기독교 신학의 고전적 테마다. 신적 계시란 우리가 창안하지 않은, 인간 이성의 능력으로는 완전히 파악할 수 없는 현실의 풍경을 우리 앞에 드러내 보여준다는 개념이다. 계시는 인간의 이성을 거스르는 것이 아니라 그 이성의 한계를 보여주고 그 한계 너머에서 우리의 애를 태우는 게 무엇인지 드러내 보여주는 것이다. 계시란 우리가 사는 세상의 풍경을 조명해서, 사물을 더 분명히 볼 수 있게 해주는 일이다.

사물을 외부에서 얼핏 보이는 대로 보는 게 아니라 진짜 모습 그대로 볼 수 있는 이 능력은 그리스도인에게 주어진 하나님의 은혜로운 선물이다. 우리의 눈이 열려야 한다. 그래야 전에 일관성 없게 보였던 것이, 이제 완전하고 올바르게 볼 수 없었던 우리의 무력함에서 벗어나 밝게 솟아오르고 있는 것으로 인식된다. "가슴 찢어지는 이 세상의 잔인함과, 역시 가슴 터질 듯한 이 세상의 아름다움"을[8] 우리는 어떻게 단언하며 어떻게 하나로 모을 수 있을까? 그리스도인들은 성령을 생각할 때 주로 **권능**을 얻는 근원으로 생각하는 경우가 많지만, 성령의 진짜 역할은 아마 **분별**하는 일에 있을 것이다. 성령의 역할은 "우리를 초자연적으로 강하게 만드는" 데 있지 않고 "우리 눈을 열어 주는" 데 있다.[9] 실로 거기에 우리가 사는 신비로운 세상의 '큰 그림'이 있다. 하지만 이는 우리 힘으로 분별해 낸 세상이 아니고 우리가 창안한 세상은 더더욱 아니다. 이 세상은 우리에게 **드러나야 하는** 세상이었다.

세상을 올바로 보는 일에 관한 C. S. 루이스의 의견

옥스퍼드의 문학비평가이자 변증학자인 C. S. 루이스는 기독교 신앙을 계몽적이고 교육적인 '큰 그림'으로 봐야 한다고 주장하는 유명 인물 중 하나로 손꼽힌다. 루이스는 누가 봐도 그의 말임을 알 수 있는 한 발언에서 이 개념을 표명했는데, 이 발언은 우선 그가 그리스도인이 된 이유와 그 후에도 여전히 그리스도인으로 사는 이유를 한마디로 요약하고 있다. "나는 태양이 떠오른 것을 믿듯 기독교를 믿는다. 그것을 보기 때문이 아니라 그것에 의해서 다른 모든 것을 보기 때문이다."[10]

　루이스 발언의 중요성을 제대로 헤아리려면 좀 더 설명이 필요하다. 이는 하나님의 실존을 주장하는 말이 아니라, 우리가 기독교 신앙 안에 살며 그 신앙으로 우리의 관찰과 경험의 틀을 짜는 과정에서, 그리고 그 과정을 통해 기독교 신앙의 이성적이고 상상력 넘치는 능력을 경험하게 된다는 관측이다. 여기에는 인간 지성에 대한 고찰과 흥미롭게 병행되는 부분이 있다. 어떤 의미에서 우리는 지성을 활용할 때에만 지성을 직접 경험한다. 인간의 지성은 관찰할 수 있는 어떤 것이 아니다. 그보다 인간 지성은 관찰을 통해 경험하는 어떤 것이다. 우리는 우리 지성의 존재를 추론한다기보다 지성을 활용해 다른 모든 것의 존재를 추론하며, 그 결과 우리가 '지성'이라 부르는 이 신기한 실체에 세상을 설명해 줄 수 있는 잠재력이 있다는 걸 알게 된다.[11]

　청년 시절 무신론자였던 루이스는 무신론이 상상력도 부족하고, 세상의 풍요로움이나 인간의 깊디깊은 갈망과 염려를 공정하게 다루지 못하는 "그럴싸하고 깊이 없는 이성주의"에 갇혀 있다는 것을 점차 깨달아 갔다.[12] 세상의 복잡함과 불확실성에서 탈피하기 위해 사람들이 종교로 돌아서는 지점에서 루이스는 우리 세계의 복잡함을 제대로 다루는 신학적 비전을 제시하여, 세상이 질서정연하면서도 기계적이지 않다는 사실을 볼 수 있게 해준다. 마르크스주의 같은 세계관의 비인격적 결정론 대신 루이스는 하나님의 인격적 실재를 우주의 중심에 배치시킨다. 그 우주는 우리의 실존을 인정할 뿐만 아니라 우주의 역사가 진전되는 방향이 재설정될 때 우리 인간이 하는 역할도 인정한다.

루이스에게 기독교는 사물을 보는 새로운 방식, 이어서 세상과 삶을 경험하는 새로운 방식을 제공했다. 이 사실은 단테Dante Alighieri의 『신곡』The Divine comedy, 1321에 대한 루이스의 논평에서 볼 수 있는데, 이 논평에서 루이스는 단테가 빛을 비유적으로 표현하는 것에서 우리는 "교리를 이해할 수 있을 뿐만 아니라 **그림도 볼 수 있다**"라고 말한다.[13] 이는 우리의 우주와 삶 자체를 보는 방식이 어느 한 방식에서 다른 방식으로 전환하는 것을 말한다. 그런데 사물을 보는 방식의 이 변화는 우리 자신을 '새로운 피조물'로 여겨야 할 만큼 크고 급진적이다. 루이스가 떠나온 옛 세상은 성취와 성공에 그의 위상이 달려 있던 그런 세상이었다. 그 세상은 이성과 과학이 보여줄 수 있는 것에 한정된, 본원적 의미와 가치가 결여된 세상이었다.

바울의 신약성경 서신들은 그리스도인들이 "그리스도의 마음"을 가졌다고 말하는데(예를 들어 고전 2:16), 이 마음에서 '새사람이 창조됨은 새 세상에 들어가고 있기 때문'이다.[14] 루이스의 강조점은 '우리 마음의 눈이 밝아진다'는(엡 1:18) 연관 개념을 생각하면 좀 더 쉽게 이해할 수 있다. 위의 개념은 치유하시고 새롭게 하시는 하나님의 은혜의 역사의 결과로, 현실을 보는 우리 시각이 변화한다는 점을 강하게 역설한다.[15] 루이스가 보기에 우리가 우리 세상 안에서 행동하는 방식은 우리가 그 세상을 보는 가상의 틀에 의해 형성된다.[16]

루이스는 철저히 시각적으로 사고하는 사람으로서, 개념 분석보다는 서사라는 상상의 세계가 관념을 탐구하고 설명하기에 더 적절한 방식이라고 여겼다. 1933년 루이스는 『순례자의 귀향』The Pilgrim's Regress을 펴냈는데, 루이스 자신의 회심을 알레고리 기법으로 그리고 있는 이 책에서 그는 특히 이 회심 때문에 주변 세상과 자기 내면 세상을 보는 방식이 어떻게 달라졌는지를 설명하고 있다. 루이스의 이 초기 작품이 읽기 어렵다고 하는 이들이 많은데, 신앙의 풍경을 특히 불신앙에서 신앙으로 변화한 데 따르는 결과에 초점을 맞춰 상상력 넘치게 그려 가는 지도로 이해하는 게 가장 좋다. 중심인물인 순례자 '존'은 강렬하지만 일시적으로 뭔가를 갈망하는 느낌을 불러일으키는 어떤 섬을 보게 된다. 존은 이 갈망하는 느낌의 정체가 뭔지 파악하려 몸부림을 치지만 때때로 그 느낌에 압도당하곤 한다. 이 느낌은 어디에서 오는 걸까? 그는 무엇을 갈망하는 것일까?

루이스가 신앙을 발견한 이야기는 자기 개인의 신앙 여정을 조명했다는 점에서나, 그것을 자기 이력의 이 초기 단계에서 드러내는 방식 면에서 매우 흥미롭긴 하지만, 이 작품에서 가장 중요한 부분은 '귀향'regress을 서술하는 부분이다. 『순례자의 귀향』은 사실상 두 가지 여정을 그리고 있다. 첫 번째는 순례자가 신비의 섬으로 가는 여정이고 두 번째는 집으로 돌아오는 여정이다. 신앙에 이른 뒤, 갈 때와 똑같은 풍경을 거쳐 집으로 돌아올 때(책의 제목에서 '귀향'이라고 표현된) 존은 그 풍경의 외관이 달라졌음을 깨닫는다. 똑같은 풍경이지만, 존은 이제 "그 땅을 실제 모습 그대로 보고" 있는 것이라는 말을 듣는다.[17] 자신이 갈구하던 대상과의 만남 덕분에 존 자신과 그가 속한 세상을 보는 능력이 변화되었다.

물론 사물을 다른 방식으로 볼 수 있게 된다는 기본 개념은 (예를 들어 아우구스티누스나 단테의 작품에서) 기독교의 전승을 풍성하게 활용해 온 역사가 있는 루이스에게 그다지 새로운 개념이 아니다. 이는 철학자 구스타프 페흐너 Gustav Fechner가 발전시킨 개념이기도 하며, 페흐너는 작곡가 구스타프 말러 Gustav Mahler에게 심대한 영향을 끼쳤다.[18] 페흐너는 근본적으로 다른 두 가지 양식으로 세상을 볼 수 있다고 주장했다. 하나는 '대낮에 세상을 보는 방식'으로, 이 방식은 세상의 활력과 깊은 내적 의미를 드러내 보여주며, 또 하나는 '밤'에 보는 방식으로, 이 방식은 물질의 측면에 한정된다. 세상을 비춰 주는 빛을 얼마나 쏠 수 있느냐에 따라 똑같은 것이 각각 다른 모양으로 보이고 얼마만큼 보이느냐도 다르다.

그러므로 세상을 납득하고자 할 때는 우리가 어떤 시점에서 그 세상을 보는지에 대해 좀 더 면밀히 생각해 볼 필요가 있다. 이제 이어지는 이야기에서 우리는 이 문제에 관한 가장 명민한 통찰 한 가지에 의지하게 될 텐데, 그것은 존 알렉산더 매케이 John Alexander Mackay, 1889-1993가 1942년에 시도한 "발코니와 길" Balcony and the Road이라는 유명한 비유다.[19]

발코니와 길

매케이는 1937년부터 1959년까지 프린스턴 신학교 총장으로 봉직한 인물이다.[20] 1915년 스페인의 수도 마드리드에 잠깐 머물던 매케이는 스페인 사람들이 저녁이면 집 안 다락방 발코니에 모여 부산한 거리를 내려다보거나 하늘의 별을 올려다보곤 한다고 회상했다. 매케이는 스페인 사람들의 이 관습을 토대로 인간의 본질과 하나님을 통찰하는 인간 관찰자의 관점을 고찰했다.

매케이에게 발코니는 '완벽한 관찰자'에 대한 은유였으며, "이 관찰자에게 생生과 우주는 영원한 연구와 숙고의 대상이었다."[21] 발코니 아래 거리의 삶은 흥미를 가지고 지켜볼 수 있었다. 그 삶은 나와는 상관없다는 느낌으로 멀찍이에서 관찰된다. 과학은 그런 관점의 궁극적 사례다. "과학 연구실은 기껏해야 발코니이고, 과학자는 이상적 관찰자다."[22] 과학자는 현미경과 망원경 같은 도구를 사용해 '사물을 보는 객관적 시각'을 배양하는 것을 목표로 하며, 이 시각에서 주관성은 다 배제된다.

매케이는, 실체를 향해 이렇게 관조적으로 접근하면 어색하지만 결정적으로 중요한 사실, 즉 관찰자 자신도 사실은 관찰하고 있는 실체의 한 부분이며 주변 세상에 영향을 받는다는 점을 깨닫지 못하게 된다고 주장한다.[23] 이는 발코니에서 얻은 통찰은 현실에 대한 부분적 설명일 뿐이며, 그 현실의 다양한 측면과 층위를 제대로 다루지 못한다는 의미일 수밖에 없다.

그러나 과학자는 생과 우주에 대한 해석을 절대 성취할 수 없다. 현실의 어느 한 영역으로 깊이 파고들어 가면 갈수록 전체에 대한 그의 지식은 빈약해진다. …… 가장 위대한 현실은, 단순한 대상으로 취급해서는 절대 우리에게 알려질 수 없는 그런 현실이다. 하나님이 바로 그런 현실이며, 하나님은 영원히 주체이시고 절대 객체로 환원될 수 없다. 인간 또한 그런 현실로서, 인간은 객관성을 추구하는 과학자의 시선 앞에서 존재의 핵심이 아무런 영향도 받지 않는 타자들이다.[24]

매케이는 발코니에서의 전망을 길에서의 삶과 대조시켰는데, 길에서의 삶은 "직접적인 현실 체험"이 특징이다.[25] 길을 돌아다니는 사람은 초연하게 뚝 떨어져 있는 관찰자가 아니라 참여자다. 설령 관찰을 한다 해도, 옆에서 함께 길을 가는 사람들과의 관계를 바탕으로, 관찰 대상인 사람들 가운데서 이뤄진다. 진리는 단순히 **생각**만 하는 게 아니라 **행해져야** 하는 어떤 일이다. 진리는 삶에 영향을 끼치고 그리하여 삶을 변화시킨다는 점에서 완전히 객관적일 수 없다. 진리는 사고자가 길에서 "걸음을 내디며" 눈앞의 여정에 전념한다는 점에서 실존적이다.

여기서 중요시해야 할 것이 또 한 가지 있는데, 이는 매케이가 직접 전개한 개념은 아니다. 발코니는 특권적 위치로서, 이 위치에서 우리는 발아래 광경을 바라본다. 말하자면 발코니는 하나님 시점을 제공한다. 길에서 보는 풍경은 보는 사람 자신이 몰두해 있는 풍경이다. 우리는 그 여정의 참여자이며, 거기에 더하여 우리의 시야는 길에서 보이는 것들로 제한되어 있다. 우리는 그 제한적 관점에서 벗어날 수 없으며, 그 관점과 함께 움직이는 법을 배워야 한다. 철학자 토머스 네이글Thomas Nagel은 세상이나 삶을 보는 모든 관점은 사실상 "어딘가에서 보는 풍경"이라고 주장했다.[26] 네이글은 우리가 "자기의 특정한 착생점着生點에서 세상을 본다는 조건을 피할 수 없다"라고 지적했다. 발코니가 제공하는, 역사적·문화적으로 초연한 위치를 제아무리 갈망하더라도 말이다. 이 부분에 대해서는 계몽주의 시대의 합리주의 형식이 처음에는 호소력을 갖다가 결국 실패한 것을 생각해 볼 때 더 자세히 다룰 것이다.

우리는 혼자 힘으로는 길에서 나올 수 없고 하나님 시점에 이를 수 없다. 그런데 만약 어찌해서든 우리가 그 관점에 이른다면 어떻게 되겠는가? 누군가가 그렇게 큰 그림을 우리에게 보여준다면 어떻게 되겠는가? 그 그림이 타락하고 유한한 인간의 능력이 미치지 않는 곳에 있어, 반은 언뜻 본 것으로 반은 상상에 의지해 인식할 수밖에 없다는 사실에도 불구하고 말이다. 기독교는 순수이성의 한계 너머에 진짜로 더 위대한 현실이 펼쳐져 있다고 단언한다. 기독교의 성육신 교리는 발코니에서 만사를 볼 수 있는 유일한 분인 하나님께서 길로 내려와 우리와 함께 행하사, 우리가 우리 여정의 더 큰 그림을 어렴풋이나마 보고 신뢰할 수 있게 해주셨다고 단언한다. 하지만 성육신은 단순히 '더 큰 그림'을 보여주는 일을 말하는 게 아니라, 우리가 길을 갈 때 그 길에 함께하시는 하나님의 임재를 말한다.

삶의 의미에 대한 인간의 여러 설명에서 현실을 보여주는 '정신적 지도'mental maps의 역할에 대해서는 이 책 후반에서 자세히 살펴보게 될 것이다.

그러면 발코니와 길에서는 어떤 종류의 지도를 그려낼 수 있을까? 발코니라는 하나님 시점은 총체적인 현실 지도를 그릴 수 있게 해주며, 이 지도에서는 모든 상호 관계가 아주 명료하게 드러난다. 모든 것을 다 관찰할 수 있고 묘사할 수 있다. 그러나 길에서는 상황이 달라진다. 길에서는 모든 걸 다 볼 수는 없다. 하지만 우리가 한 일에 대해서 이야기할 수 있고, 우리가 본 것을 대략 그릴 수도 있다. 일찍이 바다를 항해하는 이들은 이런 지혜를 모아 놓은 핸드북을 '러터'Rutter라고 불렀다.[27] 러터는 바다를 건넌 사람들의 체험의 정수만 모아 놓은 책으로, 항해 때의 방위方位, 항해 때 만난 장애물, 안전한 항구의 위치, 식량과 물을 구할 수 있는 곳 등을 기록해 두었다. 이는 여행 해설서로, 높은 파도와 싸우며 항해하는 선원의 제한된 관점을 특징으로 하지, 보이는 풍경을 총체적으로 자세히 설명해 놓지는 않았다. 발코니에 있는 사람들은 눈에 보이는 풍경을 그림으로 그릴 수 있는 반면, 길에 있는 사람들은 자기가 어떤 일을 겪었는지 이야기할 수 있다.

매케이에게 기독교 신앙은 발코니에서 보는 풍경이라기보다 길 위에서의 삶에 관한 것이다. 신앙은 생에 적극적으로 참여하는 것이지 멀리서 수동적으로 관찰하는 게 아니다. 대상과 거리를 두는 과학의 객관성은 환영할 만한 것이기는 하지만, 이 객관적 태도는 과학의 능력을 제한해 의미와 가치문제를 포함해 생의 가장 심오한 실존적 질문에 매진할 수 없게 한다. 매케이의 주장은 중요하며, 그래서 쉽게 옹호되기도 한다. 이에 대해서는 '세계선'world line 개념을 살펴봄으로써 탐구하게 될 텐데, 이 개념은 아인슈타인의 상대성이론에서 중요한 역할을 한다.

세계선과 길쭉한 분홍색 벌레

'세계선' 개념은 수학자 헤르만 민코프스키 Hermann Minkowski, 1864-1909 와 연관되어 있는데, 민코프스키는 x, y, z, t 라는 네 좌표로 사건을 판정하는 '시간과 공간의 대수'를 개발했다.[28] '세계선'은 시공간에서 일련의 점들을 연결하는 곡선으로, 한 소립자 혹은 한 관찰자의 역사를 보여준다. 세계선은 발코니 시점의 고전적 표현으로 볼 수 있으며, 우주에서 일어나는 일을 멀찍이서 객관적으로 설명한다.

그런데 세계선이 만약 한 소립자가 아니라 한 인격체를 표현한다면 어떻게 되겠는가? 페르미 입자 fermion 나 보손 boson 이 아니라 살아서 사고하며 의식 있는 개인, 자기가 속한 개별 세계선이 무슨 의미인지 이해하려고 애쓰는 사람과 관련된 것이라면? 이 개념은 생의 심오한 이슈들의 중요성을 예리하게 인식한 SF 작가 로버트 하인라인 Robert A. Heinlein, 1907-1988 의 첫 단편 「생명선」Life-Line 에서 다소 유쾌하게 탐구되었다. 하인라인은 한 개인의 역사를 "한쪽 끝은 어머니의 태에, 다른 한쪽 끝은 무덤에 둔 채 오랜 세월 존속하는 길쭉한 분홍색 벌레"로 상상해 보라고 독자들에게 말했다.[29]

하지만 이 "길쭉한 분홍색 벌레" 너머에는 무엇이 있는가? 태어나기 전에는, 그리고 죽은 후에는 무엇이 있는가? 그리고 '현재 순간',

즉 '지금'이라는 실존적으로 중요한 개념은 어떻게 이것과 조화되는가? 과거, 현재, 미래는 어떻게 분별할 수 있는가? 이 모든 것이 다 세계선을 사용해 '연대순으로', 그리고 '공간적으로' 표현될 수 있다. 하지만 이 문제들의 의미는 실존적으로 표현될 수 없다. 아인슈타인은 "과거, 현재, 미래 구분은 되풀이되는 환상이라는 의미밖에 없다"라는 입장이었다.[30] 그러나 대다수 사람들의 경우, 자기가 존재하지 않았던 과거에서부터 지금 살며 사고하고 있는 현재를 거쳐 자기가 더는 존재하지 않을 미래로 이행하는 것에 대해 중립적으로, 아무 감정 없이 생각한다는 것은 매우 어려운 일이다.

우리 대부분에게는, 과거와 현재와 미래 사이에 결정적으로 중요한 **주관적** 구별이 있고, 이는 아주 현실적인 구별로 우리에게 매우 중요한 의미가 있다. 우리 각 사람의 세계선은 우주적 시간이라는 배경에 비춰 볼 때 아주 작고 무의미해 보인다. 그러나 우리가 비록 4차원 시공간의 작디작은 조각 하나를 차지하고 있을 뿐이어도, 선하고 의미 있는 삶을 살고 싶어 한다는 사실에는 변함이 없으며, 이는 곧 세상이(우리 각 사람의 세계선을 포함해) 사실상 무슨 **의미**인지 이해하려 애쓴다는 의미다.

철학자 루돌프 카르나프 Rudolf Carnap, 1891-1970 는 1940년대에 아인슈타인과 더불어 이 주제를 논하던 끝에, 아인슈타인이 "과학적 서술은 우리 인간의 필요를 충족시킬 수 없다"라고 여긴다는 결론에 이르렀다.[31] 의미를 찾는 인간의 탐색은 물리학만으로는 충족될 수 없었다. 이 탐색에는 의미심장한 실존적 관심사, 이를테면 '지금'의 개념처럼

'과학의 영역 외부'에서 우리를 감질나게 하는 그런 문제가 개재되어 있었다. 아인슈타인의 객관적 세계선은 발코니 시점에서 우리의 우주를 본 데서 나온 결과다. 반면에 인간이 의미를 추구하는 것은 길의 시점에서 우주를 본 데서 나온 결과다. 우리는 하인라인의 "길쭉한 분홍색 벌레"의 한계 및 틀 안에서 사고하고 성찰하고 행동하며, 우리는 이 틀에서 벗어날 수 없다.

하지만 우리는 이 "길쭉한 분홍색 벌레" 안에서 사는 삶의 한계를 일부나마 극복할 수 있다. 하인라인 자신이 지적했다시피, 이 벌레들은 다른 벌레들과 상호 관계를 맺는다. 우리는 타인이 그들의 세계선 안에서 생각하고 고찰하는 것을 엿들음으로써 우리 자신의 제한적 세계선의 한계를 초월할 수 있다. C. S. 루이스는 세계선의 견지에서 신학과 문학 분야 고전 읽기의 중요성을 분석하는 틀을 짜지는 않았지만, 루이스가 하는 말의 근본 요점은 본질상 동일하다. 루이스의 평론 「옛날 책 읽기에 관하여」On the Reading of Old Books, 1944는 개별 사고자가 어떻게 자신의 개별성을 잃지 않고 타인의 눈으로 세상을 볼 수 있는가 하는 문제를 다룬다.[32] 한 사람의 구체적 관점의 한계는 어떻게 그 사람의 개별성을 손상시키는 일 없이 초월될 수 있는가?

루이스의 답변은 지금도 여전히 의미심장하다. 다른 어떤 사람의 세계선 안으로 들어가 그 사람의 시선으로 사물을 보는 일은 책을 읽음으로써 가능하다. 길을 따라 두루 다님으로써 우리는 앞서서 그 길을 간 사람들에게서 교훈을 얻을 수 있다. 앞서 간 사람들이 축적한 지혜는 한 사람에게서 또 한 사람에게로 전달될 수 있다. 다른 누군가가 그 자신의 세계선 위에서 고찰한 내용으로 들어가 봄으로써 우리는 "우리 자신과 마찬가지로 타인의 시선으로 보고, 타인의 상상력으로 상상하며, 타인의 마음으로 느껴" 볼 수 있다.[33] 이 과정은 우리로 하여금 주체적 개인으로서 자기 한계를 초월하여 새로운 상상과 성찰의 가능성을 펼칠 수 있게 한다. "나는 나 자신의 눈만으로는 충분치 않다, 나는 타인의 눈으로 볼 것이다. …… 위대한 문학서를 읽고 나는 나 아닌 수많은 사람이 되지만 나는 여전히 나다. 그리스 시詩에 등장하는 밤하늘처럼 나는 무수한 눈으로 보지만 보는 이는 여전히 나다."[34]

매케이의 발코니와 길 상징은 우리가 사는 세상과 우리의 삶을 이해하는 방법을 알아내고자 할 때 도움이 된다. 결국 우리에게는 이런 관점들도 필요하고 이 관점들이 각각 제시하는 도구도 필요하다. 냉정하게 거리를 두고 객관적으로 세상을 보는 태도에도 장점이 있다. 하지만 이런 태도는 실존적으로 부적절하다. 순전히 주관적으로 세상을 본다는 것은 착각이고 이기적이어서, 자기 자신의 편견과 예단豫斷을 반영하는 것이기 십상이다. 편견과 예단은 어떤 식으로든 더 큰 전체 속으로 통합되어야 한다. 사실만으로는 충분치 않다. 그 사실이 무슨 의미인지도 알아야 객관과 주관을 함께 엮는, 그리고 무엇보다도 생의 가치와 의미를 드러내 보여주는 현실의 '큰 그림'을 확보할 수 있다.

이 주제는 다음 장에서 탐구해 보기로 하자.

05 의미 추구하기
단순한 사실보다 더 많은 것이 필요한 이유

> 우리는 그저 먹고 자고 사냥하고 번식할 수만은 없다.
> 우리는 의미를 추구하는 피조물이다.[1]
> 재닛 윈터슨

인간은 확실히 의미를 추구하는 피조물이다. 현대 심리학은 인간에게는 의미를 필요로 하는 보편적 의식이 있음을 지적한다.[2] 모든 인간이 다 이런 경험을 공유하지는 않으며, 이런 필요를 경험하는 사람이라고 해서 모두 거기 담긴 함축적 의미를 깊이 생각하는 단계로까지 나아가지는 않는다. 그러나 대부분의 사람들에게 이 필요는 분명 존재하고, 또 중요하다. 이는 흔히 자기 존재의 정합성에 대한 갈망의 형태를 띤다.[3] 우리는 자신의 경험을 이해하고 싶어 하고, 자기 삶에 의미와 목적이 있음을 깨닫고 싶어 한다.[4] 심리학은 인생이 무슨 의미인지 말해 주지 못한다. 따지고 보면 삶의 의미는 실험이나 관찰로 해답을 구할 수 있는 문제가 아니기 때문이다. 하지만 심리학은 삶의 의미가 인간에게 얼마나 엄청나게 중요한 개념인지, 그리고 삶의 의미를 찾아내느냐의 여부에 따라 인간이 구가하는 번영과 행복이 얼마나 달라질 수 있는지를 분명히 알려 준다. 삶의 의미는 다음과 같이 정의될 수 있을 것이다. "사람이 자기 삶의 의의를 파악하고, 납득하고, 깨닫는 정도, 그리고 그에 따라 인생에서 목적이나 사명 혹은 무엇보다 중요한 목표를 스스로 인식하는 수준."[5]

심리학자들은 직업 철학자들이 의미 문제를 이야기하기를 사실상 포기한 바로 그 지점에서 인간의 이 근본적 관심사를 면밀히 서술하는 단계로 나아가, 그 관심사의 몇 가지 핵심 양상과 그것이 인생에 이뤄 내는 차이를 이해할 수 있게 돕는다. 우리는 우리가 상황을 변화시킬 수 있다고, 우리 삶을 제어할 수 있다고 느낄 필요가 있다. 살아가면서 겪는 정신적 외상과 자신의 필멸성에 대한 인식에 잘 대처하려면 정체성과 목적의식이 필요하다.[6] 근본적으로 인간은 세상에 대한 이해, 자기 개인의 중요성, 그리고 우리가 무언가 더 크고 더 위대한 것의 한 부분임을 인식함에 따라 자기 한계와 위치를 초월할 수 있는 능력을 다 포용하는 의미 체계를 적극 추구한다.

의미에 관한 연구를 보면, 이 연구가 '총체적' 의미와 '상황에 따른' 의미 사이에 구별선을 긋는 데 도움이 됨을 알 수 있다.[7] **총체적** 의미 체계는 삶의 의미나 목적에 대한 신념·목표·주관적 느낌을 함께 엮어서 현실의 '큰 그림'을 직조해 낸다. 그런데 우리는 전체를 지배하는 신념·목표·목적의식의 이 총체적 얼개를 사용해 우리 삶을 구성하고 특정 체험에 의미를 부여한다. 달리 말해, **상황에 따른** 의미를 결정하는 것이다. '큰 그림'은 이렇게 우리 체험의 뼈대를 구성하

며, 그 체험의 의미를 이해하는 데 도움을 준다.[8]

이 장에서 다룰 우리의 주제는 의미란 것이 인간의 번영에 어떤 중요성을 갖느냐는 것이다. 이유는 잘 모르겠지만 누가 가르쳐 주지 않아도 우리는 세상에서 모종의 의미가 발견될 거라 믿고, 애써서 그것을 찾아낸다. 어떤 차원에서 우리는 '총체적' 사고의 방법을, 즉 우리가 사는 세상 및 우리의 체험을 해석하고 조명해 주는 '큰 그림'을 기대한다. 하지만 이 '큰 그림'은 국소적으로 적용될 필요가 있다. 즉, 이해할 필요가 있는 상황, 해결할 필요가 있는 문제, 직시해야 할 도전에 적용되어야 한다. 의미의 이 '상황적' 측면은 태도와 가치와 행실의 영역에서 가장 잘 볼 수 있는데, 일의 본질에 대한 우리의 신념은 이 영역에서 우리의 실제 행동으로 표현된다.

마르크스주의 같은 일부 '큰 그림' 철학 체계가 이런 질문들에 관여하는 건 확실하지만,[9] 종교야말로 가장 일반적이고 강력한 의미의 근원이라는 점에 많은 이들이 널리 동의한다. 종교는 포괄적이고 통합된 의미의 틀을 제공하여 우리의 인지적·실존적 관심사를 충족시키는 방식으로 수많은 사건과 경험과 상황을 설명해 주는 한편, 우리가 나름의 관심사나 체험을 초월하여 더 큰 무언가와 관계 맺는 데 도움이 되는 길을 제공하기도 한다.

종교에는 여러 측면이 있지만, 가장 중요한 것은 우리의 경험과 삶을 해석하는 포괄적 틀을 제공하여 의미를 분별할 수 있게 해준다는 점이다.[10] 종교는 방대한 영역의 이슈들을 포용하고 그에 대한 정보를 줄 수 있으며, 세상(이를테면 인간의 본질, 인간의 사회환경과 자연

환경, 내세 등), 가능성과 예상되는 일(행동을 잘하면 상이 따르고 나쁜 짓을 하면 벌이 있을 거라는), 목표(박애와 이타주의), 행동과 태도(긍휼, 자선, 폭력 등과 같은), 감정(사랑, 기쁨, 평안 같은) 등이 다 여기 포함된다.[11] 이런 일들은 뭔가 의미 있다는 느낌을 주며, 개별 인간이 어떤 더 큰 구도의 일부임을 느낄 수 있게 해준다는 점에서 특히 그렇다. '큰 그림'이라는 말은 복잡한 체험 세계 안에서 일관성에 대한 인식이라는 이 개념을 전달해 준다는 점뿐만 아니라 개별 인간이 자기 고유의 상황을 그보다 더 큰 현실과 연관시킬 수 있도록 돕는다는 점에서 특히 유용하다.[12]

의미 있는 삶을 영위하려면 과학이 우리에게 줄 수 있는 것 말고도 더 많은 것이 필요하다. 비트겐슈타인은 이 점에 관해 확신에 차 있었다. "있을 수 있는 모든 과학적 의문에 다 답변이 된다 해도 삶의 문제는 여전히 손도 못 댄 채로 있다는 느낌이다."[13] 과학은 우리가 의미와 가치문제를 고찰할 때 제한된 지침만 줄 수 있을 뿐이다. 독일 학계에서 과학적 합리주의 경향이 점점 커지고 있는 것을 비판한 글에서 사회학자 막스 베버 Max Weber, 1864-1920 는 자연과학이 어떻게 그 과학이 연구한 세상의 의미에 관해 뭔가 중요한 것을 우리에게 가르칠 수 있는지 관찰하기 어렵다고 지적했다.

그러면 우리가 사는 세상의 복잡함은 어떻게 대해야 하는가? 뿌리치기 어려운 유혹 한 가지는, 그 복잡함을 뭔가 깔끔하고 단정하고 무엇보다도 제어하기 쉬운 것으로 축소시키자는 것이다. 19세기 '이성의 시대'의 가장 두드러진 약점 한 가지는, 우리가 사는 세상의 복잡함과 애매함을 존중하지 못했다는 것이다. "불명료하고 잡다한 것을 명료하고 뚜렷한 것으로 환원시키려는 데 집착"하다 보니[14] 현실에 대해서 아주 이해하기 쉽고 명백한 포괄적 설명을 요구하게 되었다. 하지만 다채롭고 풍성한 질감의 경험 및 관측 세계가 그런 범주로 축소되려면 단순화와 왜곡을 거치지 않을 수 없었다.

"명료하고 뚜렷한 개념"으로 간단히 축소될 수 없는 무언가의 좋은 예가 바로 자연 풍경의 아름다움이다. 자연의 아름다움을 좀 더 면밀히 들여다보면, 이 아름다움이 추함과 공존하는 것처럼 보일 때가 많다. 예를 들어 사람의 마음을 끄는 숲 풍경은 썩어 가는 동물 사체로 더럽혀진 것처럼 보인다.[15] 자연 세계는 양면적이어서, 어떤 부분은 아름다움이 흩뿌려져 있고 어떤 부분은 고통과 부패가 점점이 박혀 있다. 이것을 "명료하고 뚜렷한 개념"으로 표현하려면 사물의 복잡성을 제대로 다루지 못하게 된다.

영국 시인 토머스 트러헌Thomas Traherne, 1636-1674은 인간의 눈이 자연의 깊이를 꿰뚫어 보지 못하는 경우가 너무 많다고 했다. 인간의 눈은 현실의 표면만 대충 훑어볼 뿐, 더 깊이 꿰뚫어 보지 못하고, 몰입과 분별이 부족하다.[16] "세상은 **무한한 아름다움**을 비추는 **거울**이건만, 누구도 이를 보지 않는다."[17] 이 아름다움을 분별하려면 사물을 보는 특정한 방식이 발달되어 있어야 한다. 즉, 고도의 지각력과 잘 훈련된 각성이 요구되는데, 이런 능력은 지성과 상상력을 통해 발전시킬 필요가 있다.

그런데 여기에는 두 가지 어려움이 있다. 첫째, 우리 인간이 세상을 파악하는 능력에는 한계가 있다는 것이다. 우리에게는 사물을 완전히, 그리고 제대로 파악하는 정신적 능력이 없으며, 그래서 최선을 다해 임시변통을 해야 한다. 사물이 희미해 보인다면 이는 우리 시각에 한계가 있기 때문이다. 신약성경은 타락한 인간의 시각에 결함이 있음을 시사하는 이미지를 광범위하게 동원하고 있으며, 신적 은혜로 그 시각을 치유받으라고 권면한다. 예를 들어 바울은 우리의 시야가 수건으로 가려져 있으며, 그래서 사물을 제대로 보려면 이 수건이 벗겨져야 한다고 말한다(고후 3:13-17). 바울은 때로 다른 비유적 표현을 써서, 우리가 사물을 밝히 보지 못하는 것은 피조물이라는 우리 신분에 따른 결과이지 우리 죄의 결과만은 아님을 시사한다. 예를 들어 우리가 마침내 사물을 완전히 보게 되리라는 소망으로 지금은 마치 거울을 통해서 보듯 사물을 희미하게 본다고 하는 유명한 비유가 바로 그것이다(고전 13:12).

두 번째 어려움은, 잘못된 렌즈를 통해 세상을 보는 이들이 있을 수 있다는 것이나. '이론'은 세상을 보는 첫 번째이자 가장 주요한 방식이다. 실제로는 명료하고 상호 연관된 일들이 초점에서 벗어나 앞뒤가 안 맞게 보이는 것은 우리가 사용하는 도구에 결함이 있어 그 일을 제대로 보지 못하게 만들기 때문이다. 획기적인 과학적 발견의 순간은 흔히 앞뒤가 전혀 안 맞아 보이는 관찰 결과 사이에 논리적 연관성이 성립되는 순간이다. 예를 들어 뉴턴은 태양 주변을 도는 행성의 궤도와 지구로 떨어지는 물체(이를테면 유명한 뉴턴의 사과 같은)의 경로가 근본적으로 서로 연결되어 있으며, 동일한 법칙의 지배를

받는다는 사실을 보여주었다.[18]

우리의 세계 안에서 앞뒤가 맞지 않는다거나 의미가 없다는 지각은 우리가 관찰 중인 우주에서 생겨난다기보다 부적절한 이론에 근거해 세상은 앞뒤가 맞지 않고 의미를 찾아낼 수 없다고 착각하는 데서 생겨나기 쉽다. 리처드 도킨스는 "우리가 관찰하는 우주에는, 그 우주에 본질적으로 아무 구상도, 아무 목적도, 그 어떤 선악도 없고 오직 눈멀고 냉혹한 무관심만 있을 뿐이라고 할 때 예상되는 바로 그런 속성이 있다"[19]라고 말했는데, 이는 그저 도킨스가 '신新무신론'이라는 자신의 시각 도구를 써서 사물을 보는 방식일 뿐이다. 만약 그의 이론적 렌즈가 초점이 맞지 않는 렌즈여서, 눈먼 우주의 무관심이라는 추론 외에 아무것도 분별하지 못하게 막고 있는 것이라면 어떡하겠는가?

과학과 의미

생生의 의미는 무엇인가? 지금까지 살펴보았다시피 이는 인간에게 아주 자연스러운 질문이다. 과학은 사람들이 어떤 종류의 일을 **의미** 있다고 여기는지 밝히는 데 도움이 되는 게 분명하다. 하지만 이는 생의 의미가 무엇인지 말해 주는 것과는 다른 문제다. 생의 의미가 무엇이냐는 것이 꼭 과학적 질문만은 아니다. 이는 과학의 답변 역량을 넘어서는 수많은 위대한 질문들 중 하나다. 저명한 과학철학자 칼 포퍼 Karl Popper 는 이런 질문들을 가리켜 위대한 "실존의 수수께끼"와 관련된 "궁극적 질문"이라고 했다.[20] 이런 질문들은 사실 대다수 사람들에게 중요한 의미가 있다. 생의 요점은 무엇인가? 선한 삶이란 무엇이며, 선한 삶은 어떻게 영위하는가?

철학자들이 이런 질문들을 무의미하거나 지리멸렬한 질문으로 여기는 경향이 있다는 것은 이미 살펴봤다. 전문 철학자들이 보기에 이런 종류의 질문은 철학적으로 세련되지 못한 사람들이 하는 질문이다. 이런 입장에도 일리는 있다. 하지만 사람들이 이런 질문을 한다는 사실에는 더 큰 진실이 자리 잡고 있다. 즉, 사람들이 철학자들 세계에서 존중받을 만한 어휘로 이런 의문들을 표현한다는 게 비록 어렵긴 해도 이는 대다수 사람들에게 중요한 의미가 있는 질문이라는 점이다.

어떤 이들은 과학이 이런 질문들에 답변해 줄 수 있다고 여긴다. 비록 그 답변들이 다소 모질고 도전적이라 할지라도 말이다. 무신론자 철학자 알렉스 로젠버그Alex Rosenberg는 과학이 "우리를 현실로 안내하는 배타적 지침"이라는 견해를 보인다.[21] 하지만 이는 유지하기 어려운 입장이다. 로젠버그 자신도 인정하듯 이 입장을 지지하는 주장들은 "악순환"에 빠져드는 경향이 있기 때문이다.[22] 과학에 대한 이런 접근법을 옹호하려면 이 접근법에 담긴 핵심 신념의 정확성을 전제해야 한다. (합리주의와 관련해서도 동일한 문제가 발생한다. 합리주의의 독특한 능력을 논증하기 위해서는 이성의 타당성을 당연시해야 하기 때문이다.) 하지만 어떤 연구 방법이 정당하게 그 유효성을 인정받으려면, 그 방법을 판단할 수 있는 체제외적extrasystemic 시점이 필요하다. 그런데 만약 과학을 판단할 수 있는 과학**외적** 시점이 있다면, 과학의 배타적 권한이 궁극적으로 다른 무언가에, 즉 과학을 초월해서 존재하는 무언가에 근거한다는 점에서 그 권한은 분명 의문시될 수밖에 없다. 과학 자체는 과학적 탐구를 초월하는 문제에 호소하거나 그 문제를 전제하지 않고는 판단되거나 정당화될 수 없다. 신기하게도 과학만능주의와 합리주의와 종교적 신념은 하나같이 타당성을 절대적으로 논증할 수 없는 개념, 그렇지만 그 개념을 포용하는 사람들은 여전히 타당성 있다고 믿는 그런 개념들에 좌우된다.

로젠버그는 전통적으로 윤리적, 종교적 혹은 철학적 문제로 여겨지는 질문들에 과학만으로도 명료하고 설득력 있는 답변을 줄 수 있다고 주장한다. 로젠버그가 보기에 이런 질문들은 근본적으로 **과학적인** 질문이며, 그래서 오로지 과학으로만 답변될 수 있다. 로젠버그는 이런 식으로 쉽게 답변될 수 있는 질문들의 사례를 그에 대한 답변과 함께 제시해서 자신이 주장하는 방식의 세련된 간편성을 과시한다.

하나님이 존재하나? *아니.*
우주의 목적은 무엇인가? *목적 같은 건 없음.*
삶의 의미는 무엇인가? *위와 같음.*
옳고 그름, 선과 악의 차이는 무엇인가? *이들 사이에 도덕적 차이는 전혀 없음.*

여기서 과학은 신학과 철학의 가식 및 신비화된 주장을 폭로한다. 하지만 좀 더 면밀히 살펴보면, 이 접근법은 과학에 관한 것이 아니라 과학을 특정 철학으로 해석해서 이를 적용하는 방식에 관한 것이며, 이 방식은 뭐가 됐든 과학적 증거가 요구하는 것의 한계를 훌쩍 벗어난다. 이 접근법은 이런 식으로 생각하는 사람들에게는 자명해 보일 수도 있는 온갖 형이상학적 가설들을 은근슬쩍 다 동원하지만, 이 가설들은 과학적 증거가 요구하지도 보증하지도 않는다. 여기서 우리는 과학이나 증거에 충실한 태도가 아니라 그 증거에 선행하는, 그리고 그 증거를 제어하고 속박하곤 하는 결론에 충실한 모습을 보게 된다. 과학을 철학적으로 도용하는 게 분명한 이런 행태에 대해 많은 과학자들이 지적 불편함과 불쾌함을 느끼며 어색해할 것이다.

하지만 이런 식으로 도달한 결론은 그 결론을 도출하는 데 쓰인 방식을 스스로 논박한다고 느끼는 이들이 많을 것이다. 옳고 그름 사이에 정말 "도덕적 차이가 전혀 없"을까? 선과 악 사이에도? 나치 치하 죽음의 수용소, 고문실, 혹은 악한 부족 출신이라는 이유로 대량 학살당한 여자와 아이들의 집단 무덤 같은 '끔찍한 악'을 생각해 볼 때, 이런 단순화된 진술은 피상적이고 공허해 보인다. 로젠버그의 접근법은 악이 정말로 무엇인지 **이름** 지으려면 악에 도전해야 한다는 도덕적 기본 틀의 중요 요소를 우리에게서 빼앗는다.

로젠버그가 옳다면, 어떤 행동이나 태도를 '악하다'고 말하는 게 무의미하다. 로젠버그가 보기에 과학은 무엇이 선하거나 악한지 말해 주지 못한다. 이 입장은 도덕철학자들 사이에 널리 견지되는데, 이들은 연역적으로 타당성 있는 논증이 사실에 입각한 진술 혹은 과학적 진술 형태의 전제를 지니고 도덕적 진술이 담긴 결론을 내리는 경우는 있을 수 없다고 올바로 지적한다.[23] 로젠버그는 여기서 한 걸음 더 나아가, 그런 이유로 선과 악은 본질상 무의미한 용어라고 말한다. 그러니까 결국 선과 악 개념은 우리가 창안해 내는 것이라는 말인데, 그렇다면 의미라는 개념에 대해서도 그렇게 못 하란 법이 없지 않은가? 이 중요한 질문에 대해서는 나중에(117-144쪽) '생의 의미'는 과연 우리가 분별해 낸 것인지, 아니면 창안해 낸 것인지 생각해 볼 때 다시 다루도록 하자.

사실만으로는 충분치 않은 이유

"인생에서 우리가 원하는 것은 오직 사실뿐!" 훌륭한 소제목이다. 하지만 도대체 어떤 종류의 삶이 오로지 사실을 터득하는 일에만 토대를 둘 수 있단 말인가? 찰스 디킨스Charles Dickens가 창조해 낸 유명한 인물 중에 『어려운 시절』Hard Times, 1854에 등장하는 완고한 교장 선생님 그래드그라인드 씨가 있다. 그의 교육철학은 단순하다. "자, 내가 원하는 건 사실fact 뿐입니다. 이 아이들에게는 오직 사실만 가르치세요. 인생에서 필요한 건 오직 사실뿐입니다. 다른 건 아무것도 심지 말고, 사실 아닌 것은 모두 뿌리 뽑아 버리세요. 여러분이 할 수 있는 일은 사실에 근거해 추론하는 동물의 지성을 형성시키는 일뿐입니다. 그 외의 일은 아이들에게 아무 도움이 안 됩니다."[24] 그래드그라인드에게 인간의 감정과 상상력은 대량의 수치를 고속으로 처리할 때 쓸데없이 정신 산만하게 하는 일일 뿐이었다. 오직 사실만이 지적 확실성을 낳을 수 있었다. 하지만 우리가 정신이 나가서 정말 그래드그라인드의 철학을 따른다면, 정보의 홍수에 파묻혀 지혜는 찾아내지 못하는 결말을 맞을 것이다.

사실만으로는 충분치 않다. 사실이 지식의 소재이긴 하지만, 이 소재는 해석되고 이해되어야 한다. 과학조차도 사실에 입각한 관찰의 집합을 다룬다. 르네상스 시대의 위대한 과학철학자 프랜시스 베이컨Francis Bacon, 1561-1626은 1620년대에 이미 그렇게 주장했다. 베이컨은 어떤 사상가들은 마치 개미 같다고 말했다. 사실을 그저 축적하기만 한다는 것이다. 그리고 또 어떤 사상가들은 마치 꿀벌 같아서, '마당과 들판의 꽃'에서 자료를 모아들여 꿀로 변화시킨다고 했다. 베이컨의 요점은 간단하다. 과학은 사실의 중요성을 이해하고, 그 사실 너머에 있는 더 큰 그림을 분별하려 노력하는 작업이다. 과학은 **이론**을, 즉 우리가 사실에 입각해 관찰한 내용을 이해하는 한편 그 관찰 내용 너머로까지 가는 현실 인식 방법을 발전시키는 일이다.

항성과 대비되는 행성의 운동이 이에 대한 좋은 예다. 무엇이 이 운동에 대한 최고의 설명일까? 전통적인 설명은 해와 달과 모든 행성이 지구를 중심으로 공전한다는 것이었다. 이 '큰 그림'은 그 자체로는 관찰이 아니었고 관찰을 해석한 것이었다. 하지만 이런 관찰 활동이 점점 정확해짐에 따라 이 **해석**의 신빙성에 의문이 생기기 시작했다. 지구도 다른 행성들과 함께 태양 주변을 공전한다고 하면 행성 운동에 대한 이 관찰이 더 유효하게 여겨지지 않을까? 17세기 중반 무렵, 태양 중심으로 세상을 그리는 이 방식이 우세해졌다.

항성과 대비하여 행성의 위치를 과학적으로 관찰한 내용은 저마다 다 사실이었다. 그러나 이 사실들은 그 자체로는 중요하지만 우리 지식의 범위를 확장시키지는 못했다. 핵심 질문은 이것이다. 이런 사실들을 설명해 주는 한편 단순한 정보 축적을 벗어나 우리 지식을 확장시켜 주는 '큰 그림'이 있는가? 각 관찰에 실마리가 하나씩 있다면, 이 실마리를 모아서 의미라는 직물을 직조해 낼 수 있지 않을까? 그래드그라인드 씨는 오로지 사실에만 관심이 있었다. 우리에게 정말로 필요한 것은 사실 너머에 있다는 점을 그는 깨닫지 못한 듯싶다. 사실도 우리가 필요로 하는 것에 포함될지라도 말이다. 기쁨이라고는 없는 그래드그라인드의 합리적 세계는 인간의 상상과 감정을 완전히 배제하거나 주변으로 밀어내는 차디찬 사실들로만 구성된다.

디킨스는 사실에 입각한 이 세계의 생기 없음을 그래드그라인드의 딸 루이자의 렌즈를 통해 능란하게 폭로한다. 루이자는 "상상력이 고갈된",[25] 만사를 "이성과 계산"[26]의 관점에서 보려는 인물로 그려진다. 루이자가 사실과 숫자를 축적해 나가는 모습은 매우 인상적이다. 하지만 이것이 루이자에게 인생을 즐겁게 사는 법을 가르쳐 주지는 못한다. 루이자에게는 인생에 안정성과 기쁨을 안겨 줄 뭔가 더 심오한 것이 필요하다. 냉랭하고 딱딱한 사실만으로 만사가 충분하다는 아버지의 신념을 주입식으로 교육받은 루이자는 자신이 사랑 없는 세계에 갇혀 있고 도무지 행복과 안도감을 찾을 수 없다는 사실을 깨닫는다.

이제 이 점을 분명히 하자. 사실은 중요하다. 사실은 삶에 의미와 목적과 기쁨을 주는 '큰 그림'의 기초 요소들이다. 하지만 삶에서 진짜 중요한 것은 지루한 사실 축적이 아니라 사실 너머에 있는 더 큰 현실을 발견하는 일이다. 비트겐슈타인은 1916년 이 사실을 깨닫고 이렇게 말했다. "하나님을 믿는다는 것은 삶의 의미에 관한 질문을 이해한다는 뜻이다. 하나님을 믿는다는 것은 사실의 세계가 문제의 끝이 아님을 깨닫는다는 의미다."[27]

인간은 사실 그 이상을 필요로 한다. 인간은 의미를 추구한다. 그리고 인간은 흔히 이야기story를 활용해 이 의미를 표현한다.

의미가 담긴 이야기

인간이 의미에 관한 통찰을 보존하고 전달하는 가장 효과적 방식 중 하나는 이야기다. 이야기는 우리의 상상력에 호소하는 한편, 과거에 관한 정보와 그것이 현재에 끼치는 중요성을 전해 준다. 이야기를 하면 단순한 서술에 해석이 보완된다. 즉 어떤 일이 **일어났는지** 전해 줄 뿐만 아니라 그 일이 무슨 **의미인지**도 알려 주는 것이다. 인간 삶의 이 중요한 측면은 당연히 문화인류학자들에게 주목받고 탐구되었으며(45-48쪽), 이들은 이야기를 즐겨 하는 보편적 성향이 인간에게 뚜렷하다고 보고 그 중요성을 강조했다. "[우리는] 우리가 듣고 말하는 광범위한 서사와 메타서사 안에 자리를 잡음으로써 현실이 무엇이고, 우리가 누구이며, 어떻게 살아야 하는지를 근본적으로 이해하는 동물이며, 바로 그 이해가 우리에게 실제이자 의미 있는 것을 구성한다."[28]

우리가 이야기를 하는 것은, 개인과 집단의 경험을 이해하고 또 이 '이해'가 정치 용어나 종교 용어로 진술되든 그보다 일반적인 용어로 진술되든 한 문화 안에서 이 개념을 전달하기 위해서다.[29] 이야기는 경험을 정리하고 기억하고 해석해서 과거의 지혜가 미래로 전달되게 하는, 그리고 집단이 사회적 혹은 종교적 정체성과 역사적 위치에 대한 주관적 인식을 얻을 수 있게 하는 자연스러운 방식을 제공한다.[30] 이야기가 반항적 시인과 예술가를 도와 당대의 메타서사를 거부하는 행위를 통해 자기들 세계 고유의 미세서사 micronarrative 를 창조할 수 있게 하는 것에서 보듯, 이야기는 한 집단의 정체성을 공고히 해줄 수 있다.

하지만 우리는 이야기를 왜 이런 방식으로 하는가? 인간은 왜 이야기를 하면서 의미를 추구하는 동물인가?[31] 스토리텔링이 인간의 근본적 충동이라면, 어떤 이야기를 해야 이 사실이 설명될 수 있을까? 이 사실에 대한 이해를 돕는 어떤 해석의 틀이 있는가? 카를 융 Carl Gustav Jung 은 인간의 경험과 행동의 기저基底가 되는 어떤 "보편적 심리 구조"가 있다는 유명한 말을 했다. 조지프 헨더슨 Joseph Henderson 은 이 개념을 채용해서 이야기들의 기본 플롯(이를테면 '영웅 신화' 같은)에 대한 유명한 설명을 남겼다.[32] 하지만 J. R. R. 톨킨 J. R. R. Tolkien 은 의미가 담긴 이야기를 하려는 인간의 본능은 기독교의 창조 교리에 근거를 두었다고 봤고, 그래서 인간의 이야기 사랑을 신학적으로 설명했다.

톨킨은 인간에게 『반지의 제왕』The Lord Of The Rings, 1954 같은 대하 판타지 스토리를 창작해 낼 능력이 있는 것은 '하나님의 형상'으로 창조된 결과라고 주장한다.[33] "판타지는 여전히 인간의 권리다. 우리는 우리에게 적당하게, 우리 나름의 파생적 양식으로 이야기를 만들어 낸다. 왜냐하면 우리는 만들어진 존재이기 때문이다. 그것도 조물주의 형상으로, 조물주와 닮은꼴로 말이다."[34] 톨킨은 인간이 궁극적으로 하나님의 '장대한 스토리'Grand Story 를 본뜬 이야기를 지어낸다고 주장하는데, 그런 점에서 톨킨은 흔히 '하위창조sub-creation의 신학'을 개진한 사람으로 묘사된다. 무의식적으로 우리는 창조와 구속의 이 대스토리 라인을 쭉 본뜬, 하나님과 함께하는 것이 우리의 진짜 운명임을 반영하는 그런 이야기를 지어낸다. 톨킨이 보기에 애초 인간이 왜 의미가 담긴 이야기들을 지어내는지 그 이유를 설명할 수 있는 능력이 바로 기독교 서사가 지닌 큰 강점 중 하나였다.

스토리, 의미, 문학

많은 문학가들이 스토리의 중요성을 찬양하고 그 스토리의 좀 더 깊은 의미를 고찰하는 것은 이상한 일이 아니다. 톨킨은 북유럽 문화의 터전에서 문학 작업을 하면서 자신이 '신화'myth 라 이름 붙인 것의 중요성을 확신하게 되었다. 사람들은 대부분 신화를 '거짓된 이야기'나 '무언가에 대한 시대에 뒤떨어진 설명'이라고 이해하지만, 톨킨은 신화라는 말을 좀 더 특화된 의미로 썼다. 톨킨에게 신화란 실체에 대한 이야기체 설명으로, 주로 우리의 상상력에 호소하고 이차적으로는 이성에 호소한다. 신화는 의미를 전달하는 스토리로서, 우리의 상상력을 사로잡고 우리 이성에 정보를 전달한다. 톨킨 자신도 유명한 『반지의 제왕』 3부작에서 이 개념을 잘 활용했다.

톨킨은 또 다른 면에서 기독교의 서사가 세상을 이해하는 데 도움을 준다는 것을 알고 있었다. 즉, 기독교의 서사에는 다른 신앙 및 세계관과 기독교의 관계를 탐구할 능력이 있다. 톨킨 자신도 근사한 북유럽 이교도의 신화가 어떻게 복음과 연관되는지에 특별히 관심이 있었다. 이교도의 신화는 그 신화보다 더 심오한 진리에 대한 반응으로 생겨났으나 그 진리를 부적절하고 불완전하게 이해했음을 보여주었다는 게 톨킨의 생각이었고, 어떻게 해서 그렇게 되었는지 기독교의 '장대한 스토리'가 보여줄 수 있다는 게 그의 주장이었다. 인간의 '신화'는 그 진리를 총체적으로 보여주지 못하고 그 진리의 파편만을 일별하게 한다. 인간의 신화는 조각난 참 빛의 파편과 같다. 하지만 완전하고 참된 스토리가 발화될 때, 이는 그렇게 파편화된 장면 속에 있었던 바르고 지혜로운 것들을 성취할 수 있다.

톨킨은 기독교 '신화'가 다른 스토리들을 위해 지적이고 상상력 넘치는 공간을 창조했다고 봤다. 이교도의 신화는 톨킨이 "현실 세계의 저 먼 곳에서 어렴풋하게 보이는 **복음의 빛 혹은 메아리**"라고 이름 붙인 것을 제시함으로써 모든 진리의 근저에 있는 더욱 깊은 진리를 발견하고자 하는 욕구를 불러일으킬 뿐만 아니라 그 발견을 위한 문을 열 수 있게 했다. 그 진리가 아무리 파편화되어 있고 가림막에 가려 있을지라도 말이다.[35] 이렇게 기독교는 다른 많은 신화들과 어깨를 나란히 하는 또 하나의 신화라기보다 모든 신화의 완성, 다른 모든 신화가 가리키는 '참 신화'를 나타내는 것으로 보아야 한다. 기독교는 인간에 대해 참 스토리를 말하며, 이 스토리는 인간이 인간 자신에 대해 말하는 모든 스토리의 의미를 다 알고 있다. 독자들 중에는 톨킨이 전개하는 개념이 납득이 안 되어, 하나님을 어렴풋이 보여 줄 뿐인 것을 인간의 측면에서 너무 낙관적으로 해석하는 것은 아닐까 생각하는 이들도 있을 것이다. 하지만 톨킨은 이교도 신화를 좋아하는 것이 기독교를 발견하는 입구가 될 수 있다고 보았다.

그런 서사의 종교적 중요성은 아마도 성경에서 가장 유명한 이야기로 손꼽힐 한 이야기에서 찾아볼 수 있다. 바로 이스라엘 백성이 어떻게 애굽 땅 바로의 가혹한 속박에서 구원받아, 시내 광야를 거쳐 '약속의 땅' 가나안으로 인도되었는지에 관한 스토리다. 유월절은 출애굽 사건과 그 의의를 회상하는 의식으로, 이스라엘 사람들이 과거를 기억하고 미래를 소망할 때 그 기억과 소망의 중심점이 되었다. 유월절을 왜 지키느냐고 미래 세대가 물을 때 이 세대는 출애굽 사건의 좀 더 깊은 의미에 대해 이야기를 듣게 될 터였다(출 12:26-27). 유월절 행사는 하나님의 능하신 행위, 곧 이스라엘을 애굽의 속박에서 해방시키신 행위를 영구히 기념하는 행사가 되어야 했다. "너희는 애굽 곧 종 되었던 집에서 나온 그날을 기념하……라. 여호와께서 그 손의 권능으로 너희를 그곳에서 인도해 내셨음이니라"(출 13:3). 이스라엘

이 약속의 땅에 일단 정착하면 이 신적 구원 행위를 기억하는 한 방법으로 유월절 행사를 지속해야 했다.

하지만 광야를 헤맬 때 이스라엘 백성은 단순히 과거를 기억하기만 하지 않았다. 이들은 미래를 기대했다. 이들은 과거를 **돌아볼 때** 애굽에 속박되어 살던 일을, 그리고 모세를 통해 해방된 일을 상기했다. 그리고 거기서 그치지 않고 마침내 약속의 땅에 들어갈 날을, 그토록 기다리는 긴 여정의 목적지를 간절히 **고대했다**. 그래서 현재의 불확실성과 어려움은 과거에 있었던 일을 기억하고 미래에 있을 일을 소망함으로써 견뎌 나갔다.

우리는 어떻게 장대한 서사와 어우러지는가

나는 이미 '큰 그림'이라는 용어를 써서, 세계와 그 세계 안에서 인간의 위치를 해석해 주는 일정한 의미의 틀이(이를테면 마르크스주의나 기독교가 제공하는) 있다는 개념을 설명했다. 그런데 이는 '장대한 서사'grand narratives라는 개념, 즉 우리가 세계와 우리 자신을 보는 방식을 변화시킬 만한 상상력을 지닌 스토리 개념으로 바꿔 쓸 수 있다. '메타서사'metanarrative라는 말이 흔히 그런 스토리들을 가리키는 용어로 쓰인다. 포스트모던 작가들은 이 '메타서사'를 권위주의적이고 규범적인 것으로 여기고 아주 비판적인 태도를 보인다. 그런데 역설적이게도 이들은 메타서사라는 범주를 아예 폐지하기보다 단지 대안적인 메타서사를 만들어 내왔을 뿐이다.

그러면 우리는 마르크스주의나 기독교가 말하는 이런 장대한 스토리들을 어떻게 받아들여야 할까? 마르크스주의든 기독교든, 우리가 그 **서사에 참여함**으로써 **서사 이해**를 보완하는 데서 답변을 찾을 수 있다. 예를 들어 카를 마르크스Karl Heinrich Marx는 사회주의의 역사적 필연성을 단언하는 서사를 전개했다. 그러고 나서 추종자들을 청해, 이 서사의 일부가 되어 달라고, 그리하여 이 진행 과정에서 겪게 되는 진통을 덜어 달라고 했다. 함께 노력하면 혁명의 도래를 촉진할 수 있다고 말이다. 마르크스는 역사적으로 필연적인 일은 그 신봉자들이 이 장대한 서사에 참여할 때, 그리하여 그 서사의 진행 속도를 빠르게 할 때 좀 더 신속히 일어날 수 있다고 믿었다.

기독교 서사의 경우, 믿음은 이 스토리에 밀접하게 말려들겠다는 결단으로 이해할 수 있다. 믿음은 단순히 세상을 이해하는 수단이 아니라 세상에 연루되는 하나의 방법으로 볼 수 있다. 신약성경은 다수의 비유적 표현을 써서 개별 인간이 뭔가 더 크고 더 좋은 것의 일부가 될 때 자기 개인의 스토리가 전개되는 방향을 다시 정할 수 있다는 개념을 전개한다. 바울이 보기에 그리스도인은 "그리스도와 함께 십자가에 못 박"혔고, 그래서 이제 "하나님의 아들을 믿는 믿음"으로 산다(갈 2:20). 믿음에는 옛사람을 죽게 하고 새 생명으로 다시 살아나는 일이 수반된다. 그렇다고 해서 우리가 개별성을 잃지는 않는다. 그보다 우리는 **새로운** 개별적 존재가 된다. 우리 각 사람의 스토리는 그보다 더 큰 스토리 안으로 받아들여진다.

C. S. 루이스의 『나니아 연대기』The Chronicles of Narnia, 1950-1956는 창조·

타락·구속·구원의 최종 완성이라는 기독교의 '중요한 스토리' 혹은 '장대한 서사'를, 상상력 넘치는 다른 형식으로 바꿔 들려주는 이야기로 볼 수 있다. 루이스가 이 작품에서 강조한 것은, 개별 참여자, 이를테면 루시 페벤시 같은 인물의 스토리가 이 더 큰 스토리의 일부가 됨으로써 그 개별성을 잃는 일 없이 변화한다는 것이다. 어떤 의미에서 믿음이란 그런 장대한 서사를 받아들여 그 서사의 일부가 되는 것이다.

기독교의 성례 역시 이 점을 탐구한다. 성체성사(혹은 미사나 성찬)는 그리스도인들에게 이들 믿음의 토대가 되는 스토리를 일깨워 주고 이 스토리의 일부가 되라고 이들을 청한다. 성례는 이렇게 과거를 소환하는 동시에 그 과거에 비추어 현재를 새로운 방향으로 설정하라고 신자들을 청한다. 기독교의 스토리는 단순히 형식을 바꿔 말하거나 과거를 상기시키는 이야기가 아니라, 들어와서 살라고 우리를 부르는 스토리다. 우리가 추구하는 의미, 정체성, 목적 등 이 모든 것은 우리가 이 장대한 서사의 일부가 되어 그보다 작은 자기중심적 스토리를 뒤로함으로써 안전하게 보호된다. 따라서 의미를 추구한다는 것은 자신이 속해 있다고 여기는 스토리를 찾아 그 스토리 안에서 자신이 해야 할 역할에 힘쓰는 것을 말한다.

그런데 만약 우리가 자기 자신만의 스토리를 써 내려가면서 자기 고유의 가상의 세계를 만들어 낸다면 어떻게 되는가? 우리의 의미 탐구 행위가 환상이 아니라는 것을, 결국은 아무 요점도 없는 어떤 일이 아니라는 것을 어떻게 알 수 있는가? 좋은 질문이다. 이에 대해서는 다음 장에서 생각해 보기로 하자.

06 의미
발견인가, 창안인가?

> 이는 단지 내가 하나님을 안 믿고,
> 그래서 당연히 내 믿음이 옳기를 바란다는 말이 아니다.
> 내 말은 하나님이 없기를 바란다는 것이다!
> 나는 하나님이 존재하는 걸 원치 않는다.
> 나는 그런 우주를 원치 않는다.¹
> **토머스 네이글**

천문학자이자 우주론자인 칼 세이건Carl Sagan, 1934-1996은, 과학은 "머릿속에 대안적 가설을 지니고, 사실에 가장 잘 부합하는 것을 보라고 우리에게 조언한다"²라고 말했다. 세이건과 나는 생에 관해 아주 다르게 작용하는 일련의 가정을 지녀 온 것 같다. 하지만 우리 두 사람 모두 자기 생각이 틀릴 수도 있음을 열린 마음으로 기꺼이 인정하는 자세를 유지하는 게 중요하다는 것에 동의한다. 나는 이것을 지성의 유약함이라기보다 성품상의 장점으로 생각하고 싶다. 이런 자세는 다른 누군가의 사고방식 속으로 들어가 그 사람이 무엇을 왜 믿는지 이해하려 노력해 보고 억지로라도 그 입장을 가지려고 진지하게 애써 보기를 권유한다. 그리고 "머릿속에 대안적 가설"을 지니고자 한다면, 먼저 그 대안들을 접하고 무엇에도 구애받지 않고 이를 깊이 고찰해 볼 수 있어야 한다.

대안적 관점을 진지하게 받아들여야 하는 이유

다소 우울하리만치 무익한 대화에서 내가 알게 되었다시피, 모든 이들이 다 세이건의 견해를 좋아하지는 않는다. 독단적 무신론자와 근본주의 신자는 자기 입장 외에는 그 어떤 지적 가능성도 진지하게 받아들이려 하지 않는 것 같다. 지적으로 게으른 사람이나 자기 신념의 취약성을 의식하는 사람은 대안적 관점을 가진 사람을 망상에 빠진 바보로 취급함으로써 문제를 에둘러 간다. 그런 사람들의 생각을 진지하게 받아들이면 자신의 지적·도덕적 순결함이 더럽혀지기만 할 거라고 이들은 주장한다. 이들의 생각이 분명 틀렸다는 것을 우리는 이미 알고 있다. 그런데 왜 우리는 이들이 써낸 소름 끼치는 책들을 읽느라 시간을 허비하는가? 이 책들은 성장이 지체된 지식인들이 어린아이 옹알이하듯 종작없이 내뱉는 말에 지나지 않는데 말이다.

물론 우리들 대다수는 이런 근본주의적 확신을 포용하지 못한다고 해서 자기 자신을 덜떨어진 사람으로 여기지 않는다. 이런 확신은 대체적으로 고유의 이념적·문화적 거품 안에서만 '확실한' 것으로 판명되기 때문이다. 그 거품이 언젠가 꺼지리라는 것을 우리는 다 알고 있다. 그런 근본주의자들은 이미 자기가 옳다고 알고 있고, 그래서 '대안적 가설'을 고려하는 행위 자체를 자기 입장의 가치를 떨어뜨리는 허튼짓으로 여긴다. "그런 터무니없는 개념을 생각해 보라고 하면서 나를 모욕하지 말라"라는 것이 이들의 입장이다.

당연한 일이지만, 반反종교적 근본주의자나 종교적 근본주의자 모두 '안전한' 저자와 도서 목록을 갖고 있으며, 이외 다른 것은 다 이단이거나 망상에 빠졌거나 한마디로 그냥 멍청한 것으로 취급하는 것 같다.[3] 짐짓 으스대는 것이 느껴지는 이들의 수사修辭에는 누구든 이런 대안적 개념을 진지하게 받아들이는 사람은 배교자이거나 거짓말쟁이이거나 그냥 숙맥일 뿐이라는 뜻이 담겨 있다. 이들은 "그런 쓰레기 같은 책은 죽어도 안 읽겠어!"라고, 이런 태도가 도덕적 혹은 지적 미덕이기라도 한 것처럼 말한다. 사실은 당혹스러운 무지, 비난받아 마땅한 호기심 부족, 혹은 내 생각이 틀릴 수도 있다는 억압된 직관을 과장된 수사로 덮어 가린 것에 지나지 않는데 말이다. 하지만 이들 별스러운 근본주의자들의 거품 속에서 이런 악덕은 오히려 미덕으로 취급된다. 물론 이것이 바로 '내집단'in-groups 문화가 작동하는 방식이다. 신新무신론자들이나 종교적 근본주의자들 모두 누구든 위협으로 여겨지면 무조건 악마화하는 경향이 있다. 이들은 각각 자기들 고유의 어휘를 쓰기는 하지만 기저에는 동일한 기본 작전이 자리 잡고 있다. 즉, 반대자는 생각 없거나 미쳤거나 악한 자로 몰아가라는 것이다.

세이건의 생각이 옳았다. 지적으로 불편할지 모르지만 우리는 상대의 관점을 존중할 필요가 있고, 그 관념이나 그 관념을 지닌 사람들을 악마화하는 행동을 피해야 한다. 이렇게 하면 논증이 힘들어

지긴 한다. 하지만 대학에서는 그런 식으로 한다. 과학도 그런 식으로 작동한다. 마찬가지로 종교도 그렇게 작동해야 한다.

과학을 예로 들어 생각하면서 이 문제가 왜 그렇게 중요한지 알아보자. '과학적 정설'scientific orthodoxy이라는 말을 들으면 나는 등줄기가 서늘해진다. 왜 그럴까? 왜냐하면 이 말이 당대를 지배하는 과학적 견해를 의미하게 되었고, 이런 견해는 거만하게 스스로 옳다 믿고 대안적 관점을 배제하려 하기 때문이다. 예를 들어, 학술 저널의 힘을 빌린 고도의 관리 감독을 통해서 말이다. 그런데 이 저널들은 일반적으로 현상現狀에 유리한 논문만 선별해서 싣곤 한다. 널리 받아들여진 이론에 이의를 제기하거나 당대에 통용되는 해석의 관점에서 파격으로 보이는 데이터를 제시하는 논문은 이런 저널에 게재되기 어렵기로 악명 높다. 하지만 과학이 그렇게 잘 굴러가는 것은 바로 증거와 이론적 발전에 대응하여 생각을 바꾸기 때문이며, 이는 곧 한 세대가 '정설'로 믿었던 것을 포기한다는 뜻이다.

이에 대해서는 우리가 위안을 얻을 만한 예들이 너무 많다. 하버드의 심리학자 스티븐 핑커Steven Pinker는 "도덕적으로 진보적인" 개념에 동조하기 위해 과학의 핵심 가치를 일상적으로 배반하는 과학자들이 얼마나 많은지 모른다고 지적했다. 이렇게 함으로써 이들은 객관적이고 중립적인 체하는 모든 가식을 내던지고, "도덕적인 과시욕구자"가 되어, 이들의 사회적·도덕적 가치에 순응하지 못하는 동료 과학자들을 공공연히 비난한다.[4] 과학적 개념들은 정확성의 견지에서 평가되지 않고 인종과 성 평등이라는 유력한 진보적 개념과 조화되느냐의 견지에서 평가된다. 이 정설에 순응하지 못한다는 것은 곧 '내집단'의 일원이 아니라는 의미다.

이 문화적 편향의 좋은 예는 에드워드 윌슨의 고전적 저작 『사회생물학』Sociobiology, 1975에 대한 처음 반응에서 찾아볼 수 있다. 출간 당시 1970년대 후반의 주도적 과학자들과 문화해설가들 대부분은 이 책이 인종차별, 종족학살, 노예제도를 사실상 공개적으로 옹호하고 있거나, 그게 아니라면 적어도 그런 것들과 공모하고 있다고 해석했다.[5] 이런 입장은(그리고 윌슨이라는 사람 자체도) 대학 캠퍼스에 발을 못 붙이게 해야 한다는 압력이 높아졌다. 그런 정치적인 자세는 이제 과거의 일이다. 비록 이제는 다른 견해들이 이런 식으로 악마 취급을 받고 있긴 하지만 말이다. 그럼에도 이 일은 많은 이들이 가장 편견 없고 너그러운 학문 분야일 거라고 생각하는 과학 영역에서조차 어떻게 집단 사고가 등장할 수 있는지를 일깨워 주는 충격적 사례다.

삶의 대다수 영역에서와 마찬가지로 과학에서도 순수한 가능성으로 늘 열려 있어야 할 특정한 '대안적 가설들'이 사회적·정치적 이유로 거부당한다. 그 가설들이 문화 규범과 조화되지 않는다는 점에서 말이다. 어찌된 일인지 마치 이 규범이 진리 판정자이기라도 한 것 같다. 우리는 지적 유행의 노예가 되어, 덧없는 문화 규범이 그 순간의 문화적 덕목을 구현하는 듯한 사람들과의 긴밀한 제휴 과정을 통해 무엇이 옳은지를 판정하게 만들기가 아주 쉽다. 독일의 시인이자 작가 헤르만 헤세Hermann Hesse가 지적한 것처럼, 1920년대 독일에 바로 그런 현상이 발생했다. 만사가 최신 지적 유행과 '당대의 일시적 가

치'에 부합하도록 수정되었다.⁶

　내가 머릿속에서 거듭 생각하고 또 생각하는 '대안적 가설' 중 하나가 바로 이것이다. 의미라는 것이 그저 우리가 창안해 내는 어떤 것이라면 어떻게 될까? 다시 말해, 의미라는 것이 나 자신의 개인적 관심, 존중해야 한다고 여겨지는 강력한 목소리, 혹은 내가 속한 사회적 그룹의 입장을 반영하여 내가 혹은 우리가 꾸며 내는 것이라면 어떡하겠느냐는 것이다. 나는 그런 의미는 우리가 분별해 낼 수 있다고 믿지만, 그 의미란 게 우리가 날조해 내는 것이라는 개념을 나는 과연 완전히 배격할 수 있을까?

　이는 중요한 질문이다. 우선 이 문제는 참이라고 입증될 수 없으나 그럼에도 옳다고 여겨지는 견해를 어떤 사람이 어떻게 정직하게 견지할 수 있느냐는 의문을 제기한다. 사람들은 대개 모종의 도덕적 혹은 사회적 직관을 근거로 도덕적·사회적·정치적 신념을 채택하며, 그런 후에야 그 견해가 정당함을 입증한다. 신념이 먼저 오고, 그 다음에야 그 신념을 방어하는 합리적 논증 작업이 이뤄지는 것이다.⁷

　이는 신뢰성 있는 인간의 지식과 인간의 추론 능력의 한계에 관해 깊은 의문을 제기한다. 옳다고 입증될 수 있는 개념만 받아들인다고 믿는 완고한 합리주의자들은 인간이 의미 문제에 몰두하는 모습에 좌절하기도 하고 화를 내기도 한다. 의미 문제는 부득이하고 불가피하게 이성과 증거의 한계를 넘기 때문이다. 프랑스 철학자 모리스 메를로퐁티 Maurice Merleau-Ponty, 1908-1961가 한번은 말하기를, 인간은 세계 안에 존재하기 때문에 "의미를 지닐 수밖에 없다"라고 했다.⁸ 메를로퐁티는 이런 생각 때문에 다소 우울했던 것 같다. 하지만 우리는 꼭 그렇지만은 않다.

삶에 의미를 부여하는 일의 중요성을 전제할 때, 우리가 좀 더 기분이 좋아지려고, 혹은 어떤 조직, 이를테면 정당이나 교회나 신新무신론 혹은 유명인 모임 등에 등장하는 '집단 사고'에 부응하려고 의미 개념들을 꾸며 낼지도 모른다는 확실한 위험이 상존한다. 어떻게 하면 그 개념들을 따져 보고 우리가 잘못 생각하고 있는 게 아님을 확실히 할 수 있을까? 오늘날에도 '이성의 시대' 체제를 옹호하는 이들이 있는데, 니콜라 드 콩도르세Nicolas de Condorcet의 예에서 보는 것처럼 문화 엘리트가 타인에게 위세를 휘두르는 것을 정당화하려 한다는 점에서 합리주의가 노골적으로 이념의 역할을 할 수 있다는 사실에 정면대응하지 못하는 이들의 쩨쩨함에 나는 당혹스러움을 느낀다.[9] 이는 일종의 나르시시즘이 되기 쉬우며, 나르시시즘에 빠진 자칭 합리주의자는 "누구든 정직하고 명료하게 사고할 줄 아는 사람이 나하고 생각이 다를 거라고는 믿기 어렵다"라고 한다.[10] 이런 형태의 합리주의는 유명인의 주장에 순응하는 집단 사고로 퇴보하기 쉬우며, 여기서 개인이 어떤 문화를 수용하는 것은 어떤 힘 있는 사람의 생각을 따르겠다고 공개적으로 선언한 데 따른 결과다.

요즘은 하워드 마골리스Howard Margolis의 『패턴, 사고, 인지』Patterns, Thinking, and Cognition, 1987를 읽는 사람이 거의 없다.[11] 하지만 인간의 본질, 특히 인간의 판단에 대해 고민하는 사람이라면, 그리고 특히 '이성의 시대'라는 낡고 의심스러운 합리주의적 확신에 여전히 갇혀 있는 사람이라면 이 책의 기본 논지에 주목해야 한다. 마골리스는 사람들이 정치적 판단을 할 때나 정치적 신념을 가질 때 대체적으로 빈약한 혹은 아주 선별적으로 파악되는 증거에 근거해 그렇게 한다는 점에 주목했다. 인간은 합리적 근거를 대며 자기 신념을 정당화하지만 그 신념은 사실 다른 근거에서 형성된 경우가 많은 것 같다. 무엇보다도 인간은 이성적 사고가 아니라 직관에 의해 어떤 판단이나 신념에 도달해 놓고 사후에 이를 합리화하는 데 능하다.[12] 인간의 감정과 이성의 작용에는 복잡한 상호연관성이 있으며, 특히 이는 인간의 의사결정 과정에 신경계의 여러 가지 하위 과정이 연관되기 때문이다.[13] 어떤 신념이 '합리적'으로 보이려면 '이성의 시대' 철학자들이 평가한 것보다 훨씬 더 미묘한 차이를 많이 덧붙여야 한다.

그러면 이 사실은 인생에 과연 의미란 것이 정말 있느냐는 질문과 어떻게 연관되는가? 루트비히 포이어바흐Ludwig Feuerbach, 1804-1872의 사상을 살펴봄으로써 이야기를 시작해 보자. 독일 철학자인 포이어바흐의 사상은 마르크스와 프로이트(이 두 사람에 대해서도 뒤에서 다룰 것이다)에게 심대한 영향을 끼쳤다.

원하는 대로 믿는다고? 포이어바흐의 견해

사람들은 왜 하나님을 믿는가? 대답은 전혀 간단하지 않다. 리처드 도킨스를 비롯해 신新무신론자들은 하나님을 세계 안에 있는 모종의 대상으로, 이성이나 과학적 증거로 그 실존이 증명되어야 할 존재로 취급한다. 그런데 그런 증거가 나오지 않으므로 하나님을 존재하지 않는 것으로 선언한다. 신자들은 어느 정도 과장된 반응을 보이며 이 지각없는 접근법에 대응하면서 자신들은 하나님을 세계 안에 있는 어떤 '사물'이나 '대상'으로 생각하지 않는다고 지적한다. 그보다, 우리가 실제로 관찰하는 우주를 이해하고자 한다면 외부의 그 어떤 것에도 제약받지 않는 근본적 작인作因이나 에너지가 있는 것으로 봐야 한다는 게 자신들의 입장이라는 것이다.[14] 훗날 런던 세인트 폴 성당의 수석 사제를 지낸 잉글랜드의 신학자 윌리엄 랄프 잉William Ralph Inge은 이 점을 다음과 같이 비교적 잘 정리했다.

> 합리주의 혹은 배타적 주지주의의 진짜 결함은 신앙Faith을 증명하려 한다는 데 있다. 아니 그보다는, 증명될 수 없는 것을 증명하는 데 성공했다고 믿는 게 진짜 문제라고 해야 할 것이다. 합리주의는 합리주의가 그리는 세상에서 하나님의 위치를 찾으려고 애쓴다. 하지만 하나님은 "그 중심이 어디에나 있고 그 경계는 어디에도 없는" 분으로서, 어떤 도식에 끼워 맞출 수 없다. 그보다 하나님은 그림이 그려지는 캔버스 혹은 그림을 끼워 넣는 틀이다.[15]

도킨스와 잉은 신앙 체계의 합리성rationality이 중요하다는 점에서 의견이 일치한다. 하지만 이들은 이 개념을 서로 다른 식으로 이해한다. 도킨스의 경우, 합리적인 믿음은 증명될 수 있는 믿음이다. 이는 이제 진지하게 받아들여야 할 중요한 견해다. 하지만 이 견해는 이성이 입증할 수 있는 것으로 현실이 제한되거나 규정된다는 입장으로 변질되기 쉽다. 이런 세계는 좀 편협하고 옹색한 세계임이 드러난다. 잉이 보기에 기독교 신앙은 합리성에 대해 인간 이성의 수용 능력을 (그리고 한계를) 일단 인정하고 설명하는 비교적 깊은 이해를 제공함으로써 우리가 사는 세상이 이해 가능한 명료함과 일관성을 지닌 세계임을 납득하게 해주는 '큰 그림'을 보여준다. 이 그림은 바늘귀와 같아서, 세상을 구성하는 실들은 이 귀를 통과해야 한다.

합리성 문제에 대해서는 뒤에서 다시 생각해 볼 것이다. 그 전에 먼저 사람들은 왜 하나님을 믿는가 하는 문제로 돌아가 보자. 우리가 하나님을 믿는 것은 그렇게 할 **필요**가 있기 때문이라면 어떻겠는가? 세상이 아무 의미 없다 생각하면 견딜 수 없기 때문이라면? 무의미한 우주에서 무의미한 삶을 산다는 실존적 긴장에 대처할 수 없기 때문이라면? 신앙 깊은 사람들은 이런 '대안적 가설'에 마음이 심란할 것이다. 하지만 이는 직면해서 따져 봐야 할 문제다.

어떤 사람이 하나님을 믿는 믿음의 근거를 우리에게 설명하고 있다고 가정해 보자. "나는 하나님이 존재하기를 바랍니다! 하나님이 없는 건 싫습니다. 하나님 없는 세상을 원하지 않는다고요." 이 말에는 우리가 그저 자기가 살고 싶은 우주를 창안해 낼 뿐이라는 위험이 뚜렷이 드러난다. 하나님을 믿는 믿음에 이런 식으로 이의를 제기하는 것이 포이어바흐의 글에서 일정하게 볼 수 있는 전형적 공식이었다. 하나님은 인간의 가장 깊은 갈망을 객체화한 것, 우리 마음의 소원을 구체화한 것, 우리의 기분과 열망을 가상의 초월적 스크린에 투사한 것에 지나지 않는다고 말이다. 세상에 하나님 따위는 없다. 그러므로 우리의 하나님 개념은 우리 안에서 발생하며, 이 개념은 우리 내면에 있는 것들 말고는 그 무엇에도 부합하지 않는다. 포이어바흐는 흔히 무신론자로 여겨지지만, 어떤 의미에서 그는 사실상 인신주의자anthropotheist, 즉 인간의 신성을 믿는 사람이었다. 우리의 하나님 개념은 어떤 외부 존재에게서가 아니라 우리 내면에서 생겨난다. 우리는 우리 고유의 신을 창조하는 자요 그 신성의 근원이라는 것이다.[16]

포이어바흐의 말이 옳다면, 우리 자신이 우리의 하나님 개념을 창조해 낸다. 하나님이 없다고 전제한다면(그러면 이 전제가 포이어바흐의 분석의 내적 논리에 필수적임을 강조해야 한다), 하나님 인식은 인간의 상상 깊숙한 곳에서만 나올 수 있다. 이는 신앙을 가진 사람에게는 하나의 도발적인 '대안적 가설'로서, 마르크스와 프로이트가 이 가설을 각각 다른 방식으로 전개했다.

그러면 이 사실을 가지고 나는 무엇을 하려는 것인가? 글쎄, 우선은 진지하게 받아들여야 할 것이다. 이 견해를 진지하게 고찰해 보기를 거부한다면 결국 내 세계관이 이를 극복할 수 없음을 암묵적으로 시인하는 셈이 될 테니. (그것이 바로 신新무신론이 종교 사상을 진지하게 고찰하기보다 그냥 웃음거리로 삼는 편을 택하는 이유 중 하나다.) 이제 이 주장을 파헤쳐 논의를 시작해 보자.

먼저, 우리가 무언가를 참이라 느낀다 해서, 혹은 참이기를 원한다고 해서 그 무언가가 존재하거나 반드시 참인 것은 아니라는 포이어바흐에 말에 나는 전적으로 동의한다. 무언가가 참임이 입증되었다면 어색하더라도 그것을 진실로 받아들이는 법을 우리는 배워야 한다. 하지만 어떤 이들은 이를 무시하는 쪽을 택하고 어떤 이들은 그냥 부인하는 쪽을 택한다. 대학 신입생 시절 "노老 철학 교수 한 분이 우리에게 말한 것처럼, 무언가가 참이라고 **입증**되었으면 그 무언가에 함축된 의미가 마음에 들든 들지 않든 그저 받아들여야 한다. '그런 주장을 들으면 기분이 나빠, 그러니까 그건 틀린 거야'라는 말은 논거가 못 된다."[17] 세상에는 하나님이 존재하기를 바라는 이들이 분명 있고, 이런 바람이 이들의 사상 속으로 녹아들어 가는 것도 분명하다. 하지만 세상에는 하나님이 존재하지 않는 우주에 살고 싶어 하는 이들도 있음을 알고 인정하는 게 중요하다. 나는 철학자 토머스 네이글의 뜻 깊은 고백의 말로 이 장을 열었다. "나는 하나님이 없기를 바란다. 나는 하나님이 존재하는 걸 원치 않는다. 나는 그런 우주를 원치 않는다."[18] 네이글의 철학은 감정을 바탕으로 이미 결정된 믿음을 지적으로 소급해서 정당화한 것이라고 웃음거리로 삼기 쉽다. 이는 심리학자 조너선 하이트Jonathan Haidt가 말한 "합리주의자 개"를 흔드는 "정서적 꼬리"의 좋은 예다.[19] 네이글은 단순히 자기가 참이었으면 하는 것을 표현해 놓고 나중에 그 믿음을 지적으로 정당화한다. 게다가 이는 네이글 고유의 태도도 아니다.

하나님이 존재하는 걸 원치 않는 이들이 많다. 그래야 신의 간섭을 염려할 필요 없이 자기가 자기 운명의 주인이 될 수 있기 때문이다. 대표적인 예가 젊은 시절의 C. S. 루이스로, 그는 "위대한 간섭자"Great Interferer 때문에 고민할 염려가 없는 자율성을 바랐고, 그 바람이 반영된 무신론을 지녔었다.²⁰ 역사가들이 흔히 지적하는 것처럼, 근대 무신론의 기원은 신이 허락한 도덕적 틀 안에서 움직이기보다 무엇이든 자기가 원하는 대로 행할 수 있기를 바라는 인간의 갈망을 반영한다.²¹ 완전한 자율에 대한 인간의 욕구는 그런 자유에 걸림돌로 여겨지는 것들을 다 제거하고자 하는 욕구로 확장되었다. 하나님 개념까지 포함해서 말이다.

포이어바흐의 '소여'所與, given(추론이나 연구의 출발점으로 주어지거나 가정되는 사실—옮긴이)는 하나님이 존재하지 않는다는 것이다. 포이어바흐는 이 핵심 신념을 검증하지도 않고, 그 신념이 옳다고 믿을 만한 어떤 근거를 제시하지도 않는다. 하지만 이 핵심 가정은 그가 신앙 문제에 매진하게 되는 동력이 된다. 세상에 하나님 같은 것은 없기에(포이어바흐의 근본 원리), 많은 이들이 하나님을 믿는다는 것은 이들이 오도誤導되고 있거나 망상에 빠져 있음을 의미한다는 관찰이 뒤따른다.

반대로 기독교의 '소여'는 하나님이 존재한다는 것, 인간의 실존은 하나님에게서 기원하고 하나님 안에서 완성을 본다는 것이다. 아우구스티누스는 하나님께 드리는 기도의 형식을 빌려 이 사실을 이렇게 표현한다. "당신은 당신 자신을 위해 우리를 만드셨으며, 우리 마음은 당신 안에서 안식을 찾을 때까지 편히 쉴 수 없습니다."²² 이 신학적 구조는 곧 우리의 욕구와 합리적 분별이 서로 뒤얽혀 있음을 시사하며, 이 뒤얽힘은 먼저 우리가 왜 뭔가를 갈망하는지, 이어서 우리가 진정으로 갈망하는 게 무엇인지 설명하는 틀을 제공한다. 포이어바흐의 접근 방식과 마찬가지로, 이 틀은 틀 자체의 내부적 일관성 외에 그 무엇도 입증하지 못한다.

아우구스티누스와 포이어바흐 두 사람 모두 사실상 '욕망의 논리'를 제시한다. 즉, 갈망에 대한 우리의 인식, 갈망이 어떻게 생겨나며 갈망이 무엇을 암시하는지를 논리적으로 설명하는 것이다. 하지만 이 두 사람은 이 욕망의 본질과 기원과 목표를 아주 다른 방식으로 이해하고 있다. 아우구스티누스의 경우, 하나님은 우리가 발견하고 만나야 할 분으로 거기 존재한다. 포이어바흐의 경우, 하나님은 존재하지 않으며, 일부 사람들은 자기의 기대나 욕망을 채워 줄 존재를 창안해 냄으로써 이 명백한 결핍을 상쇄한다.

포이어바흐의 생각이 맞는다면 어떻게 되는가? 그런 초월적 영역 같은 것은 없고 오직 우리 자신이 축조해 온, 그리고 초월적인 것인 양 취급하기로 한 일련의 관념이나 가치만 있을 뿐이라면 어떻게 되는가?

그런 세상에 산다는 건 어떤 기분일까?

의미를 꾸며 내기

포이어바흐는 종교·도덕·의미에 관한 사고에서 초월적 영역을 제거했는데, 이렇게 되면 이런 개념들의 기원에 관해 의문이 생긴다. 포이어바흐의 입장이 옳다면, 그로 인해 '~라면'이라는 가정이 대량으로 발생한다면, 가치와 의미에 관한 우리의 생각은 그 어떤 초월적 근거나 이유도 없는, 순전히 인간이 날조해 낸 개념으로 인식되어야 한다. 인간이 자기 나름의 가치와 사상을 창조해 내고 그런 행위에 대해 외부의 그 어떤 대상에게도 해명의 책임을 지지 않음은, 존재를 인정하거나 참조해야 할 그런 초월적 실재가 없기 때문이다.

그것이 바로 독일 철학자 프리드리히 니체의 입장이었음이 확실하다. 니체는 세상에 본래적 의미 같은 것은 없다고 믿는 사람이었다. 인간은 의미 없음meaninglessness과 더불어 사는 법을 배우든지, 아니면 자기 나름의 의미를 창안하여 세상과 자신의 삶에 그 의미를 떠안기든지 할 수 있었다. 니체는 세계에 관한 객관적 진실이 존재한다는 믿음이 붕괴한 것은 인간이 의미와 가치에 관해 자유로이 자기 나름의 생각을 창안할 수 있게 했다는 점에서 해방의 의미가 있다고 주장했다.[23] 니체가 보기에 세상에 객관적 사실 같은 것은 없다. 그저 주관적 의견이 있을 뿐이다.

최신 유행의 (그러나 심히 미심쩍은) 이 견해는 포스트모던 철학에서 널리 지지되고 있다. 자크 데리다 Jacques Derrida에게 **차연** la différance (데리다가 '차이' différence와 '연기하다, 미루다' différer를 조합해 독자적으로 사용한 신조어—옮긴이)이라는 개념은 그 모든 의미의 궁극적 결정불가능성을 나타낸다. 의미 문제 해결은 무한히 지연되고, 그래서 절대 확정되지 않는다.[24] 철학자 리처드 로티도 비슷한 견해를 표명하는데, 로티는 이 견해에 필연적으로 함축되는 의미를 다음과 같이 캐낸다. "우리 내면 깊은 곳에는 우리 스스로 거기 집어넣은 것 말고는 아무것도 없고, 어떤 기준치고 하나의 관습을 만들어 내는 과정에서 우리가 창조해 내지 않은 기준은 없으며, 합리성의 표준치고 그런 기준에 호소하지 않는 표준은 없으며, 엄밀한 논증치고 인간 고유의 합의에 대한 복종 아닌 논증은 없다."[25] 우리는 의미를 **창안**해 낸다. 정체성과 목적과 가치에 대한 개념을 포함해서 말이다.

어떤 이들은 이 개념을 생각하며 불안해할 테지만, 또 어떤 이들은 이를 생각하며 해방감을 느낄 수도 있다. 하지만 이 개념은 지적인 가능성일 뿐이다. 이 개념에 대한 우리의 정서적 반응은 이 개념이 참인지 거짓인지를 나타내지 않는다. 참인지 거짓인지에 따라 그 수납 태도가 필연적으로 구체화되긴 하겠지만 말이다. 우리는 포이어바흐와 같은 생각일 수 있으며, 그래서 주관적인 감정의 공명을 진리 여부를 결정짓는 기준으로 삼을 수 있다. "난 이게 마음에 들어. 그러니까 이게 옳은 거야." 이는 자기 자신을 진리와 양식樣式의 결정자로 보는 이들에게 호소력을 갖는 아주 자기중심적인 견해다. 그러나 대다수 사람들은 그런 이기적이고 자기 자신을 정당화하는 견해는 결코 옳을 리 없다고 느낄 가능성이 높다. 그러면 우리가 우리 자신의 기대와 염원에 부응하는 의미와 도덕을 창안한다고 하는 로티의 제언에 우리는 어떤 반응을 전개해 갈 수 있을까? 여러 가지 증거로 볼 때 사람들은 사실 늘 이 작업을 하고 있다.

다양한 주장을 펼칠 수 있겠지만, 먼저 로티의 입장은 사회적 관습을 구체화하는 것에 지나지 않아 보이며 이 관습들을 '진리', '선' 혹은 '정의'와 동의어로 취급한다는 점에서 이 입장에 취약성이 있음을 주목할 수 있다.[26] 로티가 생각하기에 옳거나 선하거나 의미 있는 것은 우리가 개인이나 집단으로서 **행하는** 일에 따라 결정된다. 그런데 분명하게도 사람들이 하는 일은 시간이 흐름에 따라 달라진다. 사회 규범은 변덕스럽고 예측 불가능하기로 악명 높으며, 마르크스주의 이론가 안토니오 그람시Antonio Gramsci가 아주 명쾌하게 논증하는 것처럼 권력자나 기득권자에 의해 조작되기 쉽다.[27] 로티는 이렇게 변하기 쉽고 불안정한 세계 속으로 자신을 가둬 넣으며, 그 세계에서 의미 문제에 대한 궁극적 해답을 얻기란 전적으로 불가능하다. 의문이 해결된 것처럼 **보일 수도** 있으나 사실 이는 문화 권력과 권한을 가진 사람들이 만들어 내고 조종하는 사회적 합의일 뿐이다.

근본 문제는 로티의 접근 방식이 인간의 관습보다 **우위**에 있는 기준을 제시할 능력이 없다는 점인 것 같다. 그런 기준이 있어야 의미나 도덕을 보는 여러 경쟁적 시각들을 판단할 수 있을 텐데 말이다.[28] 만일 의미라는 것이 우리 인간이 창안해 내는 것이라면, 이를 위해 인생의 진리·선·목적에 대한 경쟁적 개념들을 평가할 필요가 있다. 하지만 그런 평가 작업을 할 수 있는 외부의 시점이나 객관적 시점이 없다면, 우리는 주관적 인식이나 집단 안에서 우리가 규범으로 여겨야 할 주요한 사회적 합의를 근거로 그런 판단을 내릴 수밖에 없다.

사실상 이는 포스트모더니티가 하나의 미덕으로 포용하는 딜레마로서, 포스트모더니즘은 어떤 사상을 판단할 수 있는 규범적 입장이나 객관적 관점 개념을 인정하지 않는다. 하지만 이런 접근법의 부정적인 면을 우리는 도무지 간과할 수 없다. 포스트모더니즘의 이 접근법은 사회의 권력 집단과 기득권층의 망상과 지적 조작 및 개인의 부정직을 경계하기 위해 어떤 방어기제를 내세우는가? 알래스데어 매킨타이어Alasdair C. MacIntyr가 지적하는 것처럼, "자칭 객관적 근거가 있는 주장이라는 것이 실제로는 독단적인, 그러나 그 독단성을 감춘 의지와 기호嗜好로 작용하는 경우"가 너무 많다.29 포스트모더니즘이 이런 문제들에 설득력 있는 답변을 주지 못하자 많은 이들이 포스트모더니즘은 "자체의 잠정성과 판독불가성에 따른 결과를 스스로 추궁할 능력이 없다는 사실 앞에서 일종의 **세기말적** fin de siècle 절망으로 죽었다"라고 믿게 되었다.30

의미 개념을 우리 인간이 창안해 낸다 해도, 그 개념은 여전히 평가를 필요로 한다. 그런 모든 개념이 동일한 가치나 타당성을 지닌다는 말은 본질적으로 정치적인 판단이며, 이 판단을 지적으로 설명해야 할 책임을 근거로 이의가 제기되면 심각한 곤란을 겪게 된다. 이 곤란함은 흔히 준거criteria를, 즉 신념을 판단할 수 있는 규칙의 형식을 창안함으로써 타개된다. 하지만 그런 준거는 궁극적으로 한 사회집단의 합의와 관행을 반영한다. 이 준거는 사회적으로 고안되는 것이지, 사고자와 관계없이 객관성과 유효성을 가질 수 있게 하는 어떤 깊이 있는 자연 질서 안에 내장된 게 아니다.31 평가의 준거는 한 사회집단 안에서 생겨나는 협약이다. 이 준거는 '자연의 거울'mirror of nature이라는 유리에 새겨져 있지 않다. 때로 그 준거는 어떤 의도된 결과를 확보하려고 고안되기도 한다. 중요한 것은 어떤 특정한 결과를 확보하는 것이며, 바로 이 목표를 염두에 두고 준거가 창안된다.

이 사실은 우리를 다소 당황스럽게 만든다. 이런 사고 노선을 좇아 억지 결말에 이르면(그렇게 하기로 선택하는 사람이 거의 없다 해도 이해할 만한), 우리가 만들어 낸 준거를 이용해 우리가 만들어 낸 의미를 평가해야 할 지적 곤경에 빠진 우리 모습을 발견하게 된다. 대다수 사람들은 이성보다는 사실상 직관이나 감정을 이유로 여기서 뒷걸음질 친다. 우리는 상황이 이렇게 되는 걸 **원하지** 않는다. 아니, 이것이 옳을 리 없다고 **여긴다**. 그런데 개인이나 집단의 주관성에 기원과 근거를 둔 의미 이론에서 빚어지는 결과를 피할 길은 없다. 물론 이런 상황에 대응하는 방법은 있다. 하지만 이는 의미에 대한 이 접근법 전반의 근본적 전제에 의문을 제기하는 방법이다. 즉, 의미에 대한 모종의 객관적 근거가 어딘가에 있을지 모른다고 생각해 보자는 것이다. 예를 들어 가치와 목적에 대한 질문에 말이다.

  이것이 바로 아이리스 머독이 자신의 철학적 글과 소설 전반에서 펼친 주장이었다. 머독이 생각하기에 의미와 선함 개념은 어떤 초월적 영역이나 틀에 근거를 둠으로써만 안정적으로 자리 잡을 수 있었다.[32] 선함은 우리가 **창안**해 내는 어떤 것이 아니다. 선함은 **발견**하는 것이다. 이 초월적 선에 비추어서 우리는 우리 자신이 절충해 낸 도덕관념의 결함을, 즉 그 개념이 자기 본위적일 때가 많다는 것을 인식하게 된다. 어떤 의미에서 참된 도덕의 토대는 '이기심 버리기', 자아에 대해 죽기로서, 그렇게 해서 우리는 '선'이 필요하고 요구된다는 사실, 그 '선'은 우리를 초월한 곳에, 우리 위에 있다는 사실에 주목하게 된다.[33] 우리가 지닌 의미 개념이 우리의 통제 아래 있지 않고 우리를 초월해서 있는 어떤 것, 의미에 대한 우리의 이해의 토대로 작용하기도 하고 그 이해가 과연 옳은지 판단하기도 하는 무언가에 근거를 두고 있다는 점에서 우리는 이렇게 우리가 지닌 의미 개념에 책임을 진다.

머독은 도덕관념을 견고하게 할 때 초월성이 중요함을 이렇게 강조했는데, 이런 입장은 러시아의 위대한 소설가 표도르 도스토옙스키Fyodor Dostoyevsky가 자신의 작품 『악령』The Devils, 1871-1872에서 이미 표명했다. 『악령』은 허무주의를 문학적으로 비판한 가장 중요한 작품 중 하나로 널리 인정되고 있다. 이 작품에서 가장 중요한 인물은 키릴로프로서, 그는 하나님의 비실존은 모든 형태의 행동을 합법화한다고 주장한다. "하나님이 존재한다면, 만사가 다 하나님의 뜻이고 하나님의 뜻과 별개로는 나는 그 무엇도 내 마음대로 할 수 없다. 하나님 같은 것은 없다면, 만사가 다 내 뜻이고 나는 나 자신의 의지를 표현하지 않을 수 없다."³⁴ 하나님 개념은 순전히 인간의 발명이거나 추정이기에 키릴로프는 자신이 무엇에도 구애받지 않고 하고 싶은 대로 할 수 있다고 추론한다. 마지막에 자신에게 해명의 책임을 묻는, 혹은 자신의 전체주의적인 도덕적 자기주장을 무효화할 수 있는 더 높은 권위 따위는 없다고. 자기실현의 윤리에 대한, 옹호 가능한 대안은 없다고.

도스토옙스키는 플라톤의 『국가론』Republic에 등장하는 냉소가 글라우콘이 표명한 유명한 입장에 거의 근접해 있는데, 글라우콘은 소크라테스에게 말하기를, 사람들은 누가 지켜보고 있다고 생각해야만 윤리적으로 처신한다고 했다. 도스토옙스키는 1878년에 니콜라이 오즈미도프에게 보낸 편지에서 이와 동일한 입장을 보이고 있으며, 편지에서 그는 무신론이 도덕과 관련해 어떤 함축적 의미를 지니는지 논리정연하게 설명한다.

> 이제 하나님은, 혹은 영혼의 불멸은 없는 것으로 가정하시오. 그리고 말해 보시오. 이 땅에서 죽는 게 전부라면 내가 왜 의롭게 살며 선을 행해야 하지요? ……그게 그렇다면, (내 명민함과 민첩함을 의지해 법에 걸리는 일을 피할 수 있는 한) 왜 타인의 목을 따고 강도짓과 도적질을 해서는 안 되는 거요?[35]

나를 지켜보는, 다른 이들이 간과하는 것을 보는 하나님 개념은 우리의 책임 의식과 밀접한 관련이 있음이 분명하다!

그러면 우리는 여기서 선택을 해야 하는가? 주변 세상에서 식별되거나 직관으로 알게 되는 객관적 의미 개념이냐, 아니면 우리 안에서 생겨나는 주관적 의미 개념이냐 사이에서? 아니면 이 둘을 통일성 있게 연결시키는 어떤 방식이 있을 수도 있는가?

의미에 대한 객관적 접근 방식과 주관적 접근 방식

나는 의미란 **객관적 근거가 있되 적용은 주관적**으로 하는 거라고 말하고 싶다. 우리가 의미를 구성해 낼 수는 없다고 하는 머독의 말에 나도 동의한다. 우리 외부에 존재한다고 믿는 무언가에 우리가 부응하고 있음을 우리는 지각하고 싶어 한다. 그런데 **객관적 진실**

은 주관적으로 전유될 필요가 있다. 우리는 의미에 대한 우리의 이해를 기꺼이 받아들여서 적용할 필요가 있으며, 그렇게 해서 그 이해가 우리의 주관적 체험에 영향을 끼칠 수 있도록 해야 한다. 이 점과 관련해 가장 영향력 있는 논의를 한 사람이 철학자 쇠렌 키르케고르Søren Kierkegaard인데, 그는 진리란 무언가 우리에게 깊고도 **내적인** 영향을 끼치는 것이라고 주장한다. 멀리서 초연한 태도로 뭔가 참되고 의미 있는 것을 받아들이는 것만으로는 충분하지 않다. 이 의미 혹은 진리는 우리의 실제 삶과 주관적 체험으로 구체화되어야 한다. 간단히 말해 키르케고르는 진리나 의미가 한 개인의 삶에서 현실이 되려면 "가장 강렬한 자기 성찰이라는 전유 과정"이 요구된다고 선언한다.[36]

철학자 수전 울프의 견해에 대해서는 이미 살펴보았다. 울프는 "이론 철학자들은 삶의 의미에 대한 이야기는 많이 하지 않는다"라고 지적한다.[37] 울프는 삶의 의미를 확보하는 두 가지 대안적 방식을 지목한다.

첫 번째 견해는, 의미를 확보하려면 "무언가 자기 자신보다 더 큰 일에 몰두할" 필요가 있다는 것이다.[38] 이 견해는 "자기 자신과 관계없는 가치를 지닌 어떤 일에 참여 혹은 기여하는 행위"의 중요성을 단언 혹은 추정한다.[39] 이 객관적 접근법에는 개별 사고자를 초월하는 어떤 것, 그 자체로서 의미 있다고 여겨지는 무언가의 중요성에 대한 인식이 수반된다.

두 번째 견해는, "내가 좋아하는 일인 한 내 인생을 가지고 무슨 일을 하든 괜찮다"라는 주장이다.[40] 이 주관적 견해는 자기가 의미 있다 여기는 일을 추구하라고 권하며, 이 방침을 따르는 사람의 "내면의 삶"의 "주관적 품질"로써 그 일의 타당성을 판단한다.[41]

어떤 이들은 이 두 번째 방식이 C. S. 루이스가 말하는 "주관주의의 폐해"로 무너져 내릴 위험이 있다고 여긴다.[42] 루이스는 인간이 가치를 창조하는 일을 마치 옷을 고르는 것처럼 단순히 취향의 문제로 여기는 것은 "치명적 미신"이라고 말한다.[43] 그런데 루이스는 경험이라는 수렁에서 제멋대로 뒹구는 것에 대해 심히 비판적이면서도, 의미를 추구하는 행위가 무언가에, 즉 우리를 초월해 있으나 그럼에도 불구하고 우리 안에 강력하고 적절한 주관적 반응을 불러일으키는 무언가에 주의를 촉구한다고 믿었다. 키르케고르처럼[44] 루이스도 진리와의 만남은 필연적으로 우리 내면의 실존적 세계를 변화시킨다고 주장했다.

하지만 울프가 말하는 두 가지 견해는 경쟁 관계에 있다기보다 서로를 보완해 주는 것으로 볼 수 있다. 내가 무언가를 볼 때 그 자체로 본래적 가치를 지닌 것으로 본다고 해보자. 그렇다면 내가 이것을 사랑하는 일에 주관적으로 몰두하고 이것을 추구하는 일을 인생의 목적으로 삼지 못할 이유가 무엇인가? 무신론에서 벗어나 기독교 쪽을 향해 갈 때 나에게 바로 그런 일이 일어나고 있음을 나는 깨달았다. 내가 애초에 기독교에서 느낀 매력은 지적인 매력이었다. 무신론에 비해 기독교가 세상을 더 완전하고 더 풍성하고 더 만족스럽게 설명해 준다고 느낀 것이다. 당시 내 눈에 무신론은 정서적으로 메말라 보였지만, 나는 그 메마름을 하나의 덕목으로 짜 맞추기로 하고 무신론의 그 황폐함과 엄격함을 무신론에 담긴 진리의 표시자로 보았다. 인생의 그 단계에서 내 관심은 오로지 지적인 일에만 초점이 맞춰져 있었다. 기독교가 무신론에 비해 인생을 더 의미 있게 해준다는 결론에 이르렀을 때, 나는 기독교에 정서적 차원이나 상상력의 차원 혹은 미적인 차원이 있을 수 있다는 생각은 전혀 하지 못했다. 혹은 그런 차원이 중요할 수도 있다는 생각은 하지 못했다.

나보다 앞서 도로시 세이어즈Dorothy L. Sayers가 그랬던 것처럼, 나는 하나님이라는 인격체와 사랑에 빠진 게 아니라 기독교 진리의 패턴과 사랑에 빠졌다. 이는 지성의 갈망이었지 마음의 갈망이 아니었다. 세이어즈는 자신이 "지적 패턴과 사랑에 빠진" 게 아닌가 의심했는데,[45] 나도 기독교 신앙이 그 신앙을 무궁무진 설명해 줄 수 있다는 점을 깨닫고 그 점에 점점 마음이 끌리고 있었다.

신앙을 향해 가는 나의 여정은 신앙의 지적 가치에 대한 객관적 인식에서 시작되었지만, 이 여정은 거기서 멈추지 않았던 게 확실하다. 내가 받아들인 내용들을 탐구하기 시작하면서 나는 신앙에 관계적 측면, 미적 측면, 정서적 측면, 상상력 측면이 있다는 것을 깨닫고 서서히 그 진가를 알아 가게 되었다. 나의 무신론 세계관에는 이런 것들이 부재했고, 그래서 자연히 나는 기독교에도 이런 것들이 부재할 것이라 짐작했었다. 그러나 천천히 퍼즐 조각들이 맞춰지기 시작했다. 지금과 마찬가지로 그 당시에도 하나님은 나에게 많은 것을 설명해 주는 원리였다. 그런데 나는 기독교 특유의 **인격적** 하나님 개념의 중요성을 점차 깨달아 갔다. 즉, 그리스도인은 단순히 하나님에 대해 아는 게 아니라 하나님을 알 수 있었고, 하나님과 나는 단순히 지적 조명을 받는 관계가 아니라 사랑을 특징으로 하는 관계였다. 내 신앙의 객관적 측면과 주관적 측면은 더 큰 전체로 합체되어 들어가기 시작했다.

이는 나에게는 새로운 경험이었을지 몰라도 많은 기독교 신학자들에게는 하나의 표준이요 아무 문제의 소지가 없는 입장이었다. 후에 나는 이런 방식이 C. S. 루이스의 『순례자의 귀향』에서 상상력 넘치게 탐구되었다는 것을 알게 되었는데, 이 작품은 신앙의 주관적 측면과 객관적 측면을 결합시킬 필요성을 단언해, 신앙을 순전히 지적으로 설명하거나 순전히 정서적으로 설명하는 일을 피하고 있다. 균형을 잡는 행위가 요구되는 것은 확실하다. 루이스 자신도 **중용** via media, 즉 의미의 객관적 측면과 주관적 측면을 다 포용하고 감싸는 '중도'를 구축하는 게 가능하다고 믿었다.

관계와 의미

최근의 심리학 연구는 인생에 의미가 있다는 인식을 갖게 되면서 이를 유지하는 데 인격적 관계가 중요하다는 점을 증명해 왔다. '사랑', '신뢰', '헌신' 같은 결정적으로 중요한 용어들은 인격적 관계의 맥락에서 쓰이는 말들이다. 사람들은 자기가 어떤 사람이고 자기가 왜 중요한 사람인지를 흔히 관계의 견지에서 규정한다. 인간에게는 누군가를 사랑해야 할 필요뿐만 아니라 자신이 사랑받고 있음을 알고 싶다는 깊은 욕구가 있으며, 이 욕구는 다양한 관계를 통해 자연스럽게 모습을 드러낸다. 영향력 있는 작품 『네 가지 사랑』에서[46] C. S. 루이스는 인간의 삶에 의미와 가치를 부여해 주는 인격적 헌신에는 네 가지 큰 범주, 즉 애정·우정·에로스·자비가 있다는 사실에 주목한다. 관계의 이 네 범주는 아무런 '생존가'survival value가 없는 것으로 드러날 수도 있지만, 그보다 루이스는 이 범주들이 다른 무엇에 '생존가'를 부여하는 어떤 것이라고 일갈한다.[47] 누군가를 사랑하면, 그리고 그 보답으로 사랑을 받으면 인생이 의미 있고 살 만한 것이 된다.

관계는 객관적 세계와 주관적 세계 사이에 다리를 놓아 준다. 이 점은 흔히 유대인 철학자 마르틴 부버Martin Buber의 표현을 사용해 전개된다. 고전적 저작 『나와 너』I and Thou, 1922에서 부버는 두 가지 전혀 다른 관계 사이에 구분선을 긋는데, 하나는 '나-그것'I-It 관계이고, 또 하나는 '나-너'I-Thou 관계다. '나-그것' 관계는 능동적 주체와 수동적 객체 사이의 관계다. 이는 우리가 펜이나 돌, 혹은 종이하고나 맺을 수 있는 관계다. 우리는 펜이나 돌, 종이를 일정한 색깔이나 무게나 크기를 지닌 수동적 객체로 대한다. 우리는 종이에 **대해** 알되 비인격적이고 객관적 방식으로 안다.

'나-너' 관계는 완전히 다르다. 여기엔 두 능동적 주체가 얽혀 있으며, 이들은 거리낌 없이 하나의 관계로 돌입한다. 두 연인은 서로에 대해 많이 알 것이다. 확실히 이들은 서로를 인격적으로, 주체적으로 **안다**. 이들의 관계는 두 사람 사이의 보이지 않는 유대紐帶이며, 이 유대는 이들이 서로를 보며 주변 세상을 보는 방식을 극적으로 변화시킨다.

부버의 이론은 우리가 관계라는 것을 이해할 수 있도록 돕는 하나의 방식 그 이상이다. 부버는 1차 세계대전 후 발생해서 1930년대에 특히 뚜렷해진 몰개인화depersonalizing 경향에 비판적이었다. 소련The Soviet Union은 집단주의 방식으로 삶에 접근했으며, 이 방식은 국가의 필요에 복무하기 위해 개인의 정체성을 제거하는 것으로 보였다.[48] 부버의 방식은, 처음에 소련에서 그리고 뒤이어 나치 독일에서 진행된 인간성 말살 과정에서 어떤 일이 벌어졌는지 명료히 볼 수 있게 해주었다. 서양에서 자본주의는 인간을 상품화하여 개별 인간의 중요성과 가치에 의문을 제기했다.[49] 개별 인간은 '너'Thou가 아니라 '그것'It으로 취급되었다. 개인의 정체성이 말살된 하나의 몸뚱이, 국가를 위해 일할 수 있는 능력에서만 의미를 찾을 수 있는 존재가 된 것이다. 이 당시 인간의 중요성은 기능적인 데 있었지 관계적인 데 있지 않았다. 이 사실로 우리는 죄의 신학theology of sin을 통찰할 수 있게 되는데, 죄는 하나의 관계 개념으로 이해할 수 있으며, 타인과 환경과 하나님과의 역기능적 관계로 표현된다.

하지만 부버 자신은 자신의 방식이 인간의 정체성을 보호하는 일 그 이상을 한다고 확신했다. 즉, 부버가 보기에 그 방식은 인간 본질의 가장 중요한 차원인 하나님과의 관계를 조명해 주기도 했다. 부버에게 하나님은 '영원한 너'eternal Thou로서, 한 인간 '너'와 더불어 변화가 수반되는 관계를 맺는다. 하나님은 추상적이고 비인격적인 힘이 아니라 우리가 알 수 있고 신뢰할 수 있고 사랑할 수 있는, 살아 있는 실제實際로 생각해야 했다. 하나님과 관계를 맺는다는 것은 사랑받고 인정받는 것이며 이 새 관계 안에서, 그리고 이 관계를 통해 변화되는 것이다. 그리고 이 과정에서 우리가 점점 더 하나님을 닮게 되는 것은 바로 우리가 하나님과 관계를 맺기 때문이다. 루이스가 보기에 우리는 '거울'이며, 이 거울의 선명성은 "전적으로 우리 위에 비추는 태양에서 나온다."[50]

의미·목적·가치는 강력한 주관적 개념으로, 사람들에게 심히 중요한 문제이며, 아마도 상호 관계 면에서 가장 잘 표현될 것이다. 하지만 의미·목적·가치는 주관적이기만 한 게 아니라 취약성이 있기도 하다. 우리가 만약 의미나 목적의식을 잃으면 어떻게 되는가? 이 도전적 주제는 다음 장에서 탐구해 보기로 하자.

07 의미가 작동하지 않을 때
의심, 트라우마, 불신앙

> 내 모든 이상理想들을 다 내려놓지 않은 것은 정말 기적이다. 그 이상들은 다 터무니없고 현실성 없어 실현 불가능해 보이기 때문이다. 하지만 나는 그 이상들을 끝까지 놓지 않는다. 그 모든 상황에도 불구하고 여전히 나는 사람들이 사실은 선한 마음을 지녔다고 믿기 때문이다. 혼란과 비참함과 죽음으로 이뤄진 토대에 내 소망을 세워 나갈 수는 없다.[1]
> 안네 프랑크

여느 학자와 마찬가지로 나는 진리를 추구하는 일에 열정적으로 몰두한다. 내가 발견해 낸 사실들이 마음에 들든 들지 않든 상관없이 말이다. 잉글랜드의 위대한 철학자 존 로크John Locke는 인생에서 진리를 탐색할 때 따르는 성취감, 심지어 기쁨에 대해 이렇게 말했다.[2] "나는 알고 있다, 거짓의 반대편에 진리가 있다는 것을. 사람들이 찾으려고 한다면 진리는 발견될 것이며, 이는 추구해 볼 만한 가치가 있고, 세상에서 가장 귀중할 뿐만 아니라 가장 유쾌한 일이라는 것을." 나도 존 로크와 같은 생각이다. 하지만 누구든 진리를 추구하는 사람이라면 곧 알게 된다. 진리는 우리 손이 닿지 않는 곳에 있고, 잡힐 듯 잡힐 듯 잡히지 않아 우리를 좌절하게 만든다는 것을. 물론 논리와 수학 영역의 진리는 증명할 수 있다. 이를테면 참인 모든 명제는 참으로 증명될 수 있다는 개념을 깔끔하게 전복시키는, 쿠르트 괴델Kurt Gödel의 불완전성 정리incompleteness theorem처럼 말이다. 하지만 인생에 의미와 목적을 주는 진리는 합리적으로나 경험적으로 증명할 수 있는 영역 너머에 있다.

계몽주의 시대의 좀 더 열정적인 사상가들은 진리란 사고자의 문화적·역사적 상황과 별개로 불변하고도 명료하게 확립될 수 있다고 주장했다. 벤저민 프랭클린Benjamin Franklin은 증명이나 설명의 필요 없이 '자명한'self-evident 진리도 있다는 믿음을 선언했다. 가장 유명한 사례는 '독립선언서'에 등장하는 다음과 같은 진술이다. "모든 인간은 평등하게 창조되었고, 양도할 수 없는 일정한 권리를 창조주에게 부여받았으며, 생명과 자유 그리고 행복 추구권이 그런 권리에 속한다." (프랭클린의 편집을 거치기 전 토머스 제퍼슨Thomas Jefferson의 '독립선언서' 원안에는 "이는 신성하고 부인할 수 없는 진리"라고 표현되어 있다.) 하지만 이는 입증된 주장이 아니다. "자명한" 진리는 기본적으로 하나의 직관으로서, 이 직관으로 어떤 이들은 무언가를 볼 때 증거나 논증의 필요가 없이 그것을 그저 옳다고 '본다.'³ 그런데 이런 '직관' 중 상당수는 우리의 문화적 위치에 따라 형성된 것으로 드러난다.

『황금나침반』His Dark Materials, 1995-2000 3부작에서 필립 풀먼Philip Pullman은 진실측정기alethiometer라는 개념을 소개하는데, 진실측정기는 일정한 알고리즘에 따라 진실을 객관적으로 판정하는 기계장치다. 이는 역사와 인간의 인지 편향 가능성 너머에 있는 객관적 진실이라고 하는 계몽주의 시대의 이상을 문학적으로 표현한 훌륭한 개념이다. 하지만 『황금나침반』 3부작에서 풀먼의 서사는, 진실측정기가 내놓는 결과 **해석**이 문제가 되고 있음을 보여준다. 3부작의 중심인물인 리라의 경우만 빼고 말이다. 리라는 이 장치의 상징들이 무얼 의미하는지 직관적으로 파악하는 것 같다.

진실측정기는 모든 이성적 존재에게 구속력을 갖는 객관적 진리를 추구한다는 계몽주의 시대의 희망 없는 탐색을 상징한다. 여기서 이 객관적 진리는 역사 및 문화와 상관없는 기계 처리 과정을 통해 확립될 수 있었다. 그런데 이제 우리가 아는 것처럼 데카르트René Descartes와 스피노자Baruch de Spinoza의 합리적 설명 알고리즘은 인생 최대의 의문들에 답변해 주지 않았고, 답변해 줄 수도 없었다. 이 접근법의 문제점은 출발 때부터 훤히 보였지만, 1차 세계대전 직후가 되어서야 이 방법의 타당성을 진지하게 비판하는 내용이 비트겐슈타인과 하이데거의 글에 등장하기 시작했다.[4] 이제 우리는 인간 인식론의 한계를 전에 비해 좀 더 기꺼이 인정하고자 하며, 그 한계 안에서 우리의 핵심 신념을 입증하기를 기대하기보다는 그 신념을 그저 신뢰해야 함을 깨닫는다.

버트런드 러셀Bertrand Russell의 말처럼, 철학은 우리에게 "확신 없이 살되 망설임 때문에 무력해지지 않는 법"을 가르치려 한다.[5] 종교는 인간의 합리성을 정제된 표현을 써 현실적으로 설명하는 최고의 문화적 표본이지 그 반대가 아니다. 종교는 이성의 중요성을 긍정하면서도 이성의 한계를 인식하며, 이렇게 해서 이전 세대들이 이성을 이상화하고 이성을 인간의 감정과 기분에서 격리시켜 결국 이성이 얼마나 잘못되기 쉬운지를 판단하지 못하곤 했던 망상적 경향을 피해 간다. 이 시대에 아우구스티누스나 토마스 아퀴나스Thomas Aquinas 같은 고대 철학신학자들에 대한 관심이 다시 일고 있는 현상은 여러 가지 생각해야 할 사항을 반영하고 있다. 그중 하나는 인간의 이성과 경험과 상상력에 접근할 때 기품이나 유용성 면에서 계몽주의의 빈약한 기계적 철학보다 훨씬 뛰어난 방식을 이들이 대표적으로 보여준다는 점이다.

리처드 도킨스와 나는 신념은 상이하지만, 그럼에도 자신의 믿음을 증명할 수 없다는 인간 조건에 발목 잡혀 있는 것은 똑같다. 나는 하나님이 존재한다고 믿고, 도킨스는 하나님이 없다고 믿는다. 이는 도킨스와 내가 인위적 믿음을 가졌다는 뜻이 아니다. 다만 우리 두 사람 모두 자기의 믿음이 옳다는 걸 증명할 수 없으며, 이 긴장과 더불어 사는 법을 익혀야 한다는 뜻일 뿐이다. 이는 그렇게 하는 게 재미있다거나 저 멀리서 우리를 애태우는 진리의 경계를 맴돌며 거기서 모종의 기이한 실존적 만족감을 느끼기 때문이 아니라, 진리를 분별하고자 하는 인간에게 애초에 부과된 한계 때문이다. 우리는 심오한 진리를 깨닫는 걸 중요하게 여기지만, 그렇게 하기 어렵다는 점을 곧 알게 된다.

여기엔 새롭거나 논쟁의 여지가 될 만한 게 하나도 없다. 지식사가 智識史家 이사야 벌린 경 Sir Isaiah Berlin, 1909-1997 은 이데올로기를 다루는 저작으로 유명한데, 인간의 신념은 세 가지 기본 범주로 나뉜다고 지적했다.[6] 첫째는 경험적 관측으로 확립될 수 있는 신념이고, 둘째는 논리적 추론으로 확립될 수 있는 신념, 셋째는 둘 중 어느 방식으로도 입증될 수 없는 신념이다. 처음 두 범주는 한편으로 자연과학을 통해 신뢰할 만하게 인식할 수 있고 다른 한편으로는 논리와 수학을 통해 입증될 수 있는 사실들과 관련 있다. 세 번째 범주는 인간의 문화를 형성하고 인간 실존의 방향과 목적을 부여해 온 가치 및 관념과 관계 있지만, 이 가치 및 관념은 이성이나 과학으로 입증될 수 없다.[7] 예를 들어 도덕적 신념과 정치적 신념, 종교적 신념이 여기 해당되지만, 꼭 이 세 가지에 국한되지는 않는다.

심지어 과학적 진실도 지금 이 순간 과학계에서 가장 신뢰성 있는 판단을 나타낸다는 점에서 잠정적인 진실이다. 시간이 흘러 새로운 증거가 등장하면 진실은 달라진다. 1900년으로 돌아가 보면, 우주가 언제나 존재해 왔다는 것이 전통적 물리학에 기반을 둔 과학적 합의였다. 여기서 특히 두 가지 이유를 주목해 봐야 한다. 첫째, 뉴턴의 물리학은 시간이 양방향으로 무한하다고 주장하여 '시간의 시작' 개념을 배제했다. 둘째, 에너지 보존의 원리상 우주의 나이는 무한해야 했다. 우주에 시작점이 있다는 개념은 이 원리에 어긋난다는 점에서 말이다.

오늘날 우리는 우주가 '빅뱅'이라고 하는 단일한 사건으로 존재하게 되었다고 믿는다. 그러나 서기 2300년의 과학계는 무엇을 믿을까? 우리로서는 알 수 없고, 알 방법도 없다. 오늘날의 핵심적인 과학적 신념 중 일부는 틀림없이 보존될 테지만, 또 어떤 부분은 이제 입수 가능한 증거의 의미를 파악하는 최선의 길로 받아들일 수 없다고 여겨져 폐기될 것이다. 문제는 과연 어떤 신념은 유지되고 어떤 신념은 길가에 버려져 말라비틀어질지 알 수 없다는 데 있다.

여기서 과학은 불확실성과 더불어 살아가야 할 필요성을 인간이 더 널리 자각한다는 점을 비춰 준다. 세상은 복잡해서 어떤 철학이나 신학의 확신으로 쉽게 환원되지 않는다. 세상의 불투명성에 대한 파스칼의 고찰은 회의주의의 표지가 아니다. 파스칼은 자애롭고 호의적인 하나님을 믿는 믿음에 단호히 몰두하긴 했지만, 자연이 그런 신의 존재를 입증한다 해도 양면적으로 불확실하게 입증한다는 점에 전혀 의심이 없었다.

> 사방을 둘러보니 온통 어둠뿐이다. 자연이 내게 보여주는 것 중에는 의심하고 염려해야 할 일 아닌 게 없다. 신을 계시하는 것을 자연에서 전혀 볼 수 없다면 나는 부정적 결론에 이를 것이다. 사방에서 창조주의 표지標識를 본다면 나는 평화로이 믿음 가운데 머물 것이다. 그러나 부인할 것은 너무 많고 확신할 것은 너무 적어 나는 가련한 상태에 있다.[8]

파스칼의 통찰에 타당성이 있다면, 이 통찰은 우리 시대의 지혜를 전복시킨다. 이 시대는 세계의 복잡성을 제대로 다뤄 보려는 섬세한 시도는 물론, 그 복잡성을 이해해 보려고 하는 인간의 시도도 단순한 슬로건 하나로 다 평정되는 시대이니 말이다. 법정 비유를 써서 말하자면, 요즘 철학자들 중에는 왜 진실에 대해 계시적으로 판결을 내리는 판사보다 다양한 기술적 논증으로 승소하려 애쓰는 변호사를 닮은 이들이 그렇게 많은가? 파스칼의 요점은, 단순한 세계관은 이 세계관 옹호자들 측에 맹목성을 배양할 것을 요구한다는 것이다. 우주의 어떤 측면을 짐짓 모르는 척하기만 해도 우리는 마르크스주의 같은 세속신앙이나 '신新무신론'의 합리주의적 상투어에서 볼 수 있는 일종의 전체주의 '대서사'를 구축할 수 있다.

인생에는 틀림없이 의심과 불확실성의 여지가 있다. 이는 우리를 에워싼 우주도, 또한 우리 안의 지성도, 종교적인 것이든 반종교적인 것이든 근본주의가 요구하는 어떤 구원을 낳지 않기 때문이다. 칼 포퍼가 말하는 '궁극적 의문'은 우리의 지적 이해 범위를 빠져나가 엄밀한 논리적 검증 영역 너머에 존재한다. 문제가 되는 것은, 인간 삶의 자연스럽고도 필수적 부분인 신앙이 아니라, 인간이 신앙을 필요로 한다는 점을 애초에 인정하지 않으려 하는 얄팍하고 그럴싸한 독단론이다.

우리 삶에서 의심은 지적이고 정서적인 일상의 한 부분일 뿐이다. 어떤 의미에서 우리는 어느 정도 다 불가지론자다. 물론 피상적 진리는 입증할 수 있겠지만, 인생에서 정말로 중요한 믿음은 입증 범위를 초월한다. 어떤 믿음이 옳다고 생각하는 데에는 그럴 법한 이유가 있을 수 있다. 그러나 궁극적으로 우리 믿음이 그런 경우라는 것은 논증할 수 없다. 러셀이 지적하는 것처럼, 일이라는 건 늘 그렇기 마련이고, 그래서 우리는 확신을 갈망하면서도 그 확신 없이 사는 법을 익혀야 한다.[9]

이 점에는 논쟁의 여지가 없다. 하지만 이런저런 세계관이 자신에게 확신을 준다고 믿는 사람들에게 이는 매우 심란한 요소다. 어떤 이들은 이런 이유로 해서 종교의 독단적 형식에 강하게 이끌리기도 하고, 또 어떤 이들은 얄팍하지만 종교 못지않게 교조적인 신新무신론의 상투어에 매력을 느끼기도 한다. 하지만 우리들 대다수는, 최고로 의미 있는 삶은 이성의 안전한 평결 너머로 발걸음을 내딛기를 요구한다는 사실에 적응해 왔다. 그렇게 함으로써 일종의 비합리주의로 퇴보하는 일 없이 말이다.

삶에 대처해 나가려면(단순히 삶의 의미를 깨닫는 게 아니라), '어떻게'라는 질문만이 아니라 '왜'라는 질문에도 답변할 필요가 있다. 이 점을 좀 더 자세히 살펴보자.

상황을 납득하기 - 상황에 대처하기

우리는 삶에 어떻게 대처하는가? "쇠망치로 철학하는 법"이라는 부제가 붙은 주목할 만한 저서 『우상의 황혼』 The Twilight of the Idols, 1889에서 철학자 니체는 강력한 말 한마디로 이 질문에 답변했다. "인생의 '왜'를 안다면, '어떻게'는 저절로 해결될 수 있다."[10] 니체의 말에 따르면, 인생의 '왜'를 알면 그 어떤 '어떻게'에 대해서든 다 대처해 나갈 수 있다. 니체의 책은 당대의 학문적 철학에 니체가 깊은 환멸을 느꼈음을 반영하고 있다. 왜 그렇게 많은 철학자들이 삶을 무가치하다고 여겼는가? 니체의 소크라테스 비판은 표적을 많이 빗나갔지만, 그 비판의 요점은 진지하게 고려할 필요가 있다. 우리에게 필요한 것은 일상생활의 현실에 적극적이고 실천적으로 적용할 수 있는 삶의 철학이지, 추상적 관념 속으로 은둔하거나 천국 생각에 몰두해 이 책에서 말하는 걱정거리나 염려에서 멀어지는 게 아니다.

니체의 금언은 이 시대 심리학 연구의 핵심 주제를 상당수 교묘히 예견하고 있다. 즉, 자신에게 일어나는 사건들에서 목적과 의미를 분별해 낼 수 있으면, 설령 그 사건이 나에게 정신적 외상을 남기는 일이라 해도 그 일에 대처해 나가기가 훨씬 쉽다는 것이다. 스트레스의 주요인, 예를 들어 자연재해·질병·사랑하는 사람을 잃는 것 등을 다루는 여러 연구 집단의 실험 관찰 연구를 보면, 종교와 신앙은 사람들이 이런 상황에 대처해 나가려 애쓸 때 대개 도움이 된다는 것을 알 수 있다. 이는 빅터 프랭클 Viktor Frankl, 1905-1997 의 탐구 주제였는데, 2차 세계대전 당시 나치 강제 수용소에 있으면서 그는 정신적 외상을 남기는 상황에 대처할 때 그 과정에서 의미를 분별해 내는 게 얼마나 중요한지 인식할 수 있었다.[11] 프랭클은 강제 수용소에서의 생존은 살려는 의지를 유지하느냐에 달려 있었다면서, 더할 수 없이 낙심되는 상황에서도 의미와 목적을 분별해 내는 일이 그런 생존 의지의 한 부분이었다고 주장했다. 이 소름끼치는 환경에 가장 잘 대처한 이들은 자신이 지닌 의미의 틀을 가지고 자기 경험을 자신이 만든 정신적 의미 지도에 끼워 맞출 수 있는 사람들이었다.

좀 더 최근에는 심리학자 케네스 파거먼트 Kenneth Pargament 가 신앙은 위기에 대응하는 자세를 발전시킬 수 있는 하나의 틀을 제공한다고 주장했다. 신앙은 가르침과 예전 禮典 과 서사를 통해 "보존을 통한 신앙적 대처"(즉, 이 위기 상황을 당사자의 신앙의 관점에 동화시켜 이 관점을 풍요롭게 하는 것)와 "변화를 통한 신앙적 대처"(즉, 당사자의 신앙의 관점이 해당 상황에 적응되어서, 상황에 비추어 이 관점이 도전받고 교정되는 것)를 위한 자원을 제공한다.[12]

종교와 영적 활동은 자연재해 같은 스트레스 상황에 대처하는 데 아주 중요하다는 합의가 점점 커지고 있다. 예를 들어 개인과 집단이 그 상황을 주관적으로 인식하는 방향을 재조정할 수 있게 하는 의미 지도를 제공함으로써 말이다.[13] 이러한 의미의 틀은 개인과 집단이 자기 앞에 벌어진 일을 파악하고 그 일 때문에 생기는 스트레스에 대처하며 그 상황에서 앞으로 나아갈 수 있게 도와준다.

상황을 파악하는 일과 그 상황에 대처하는 일 사이에 구분선을 긋는 게 중요하다. 앞에서 말했던 발코니와 길 비유로 돌아가 보자. 정신적 외상이 남을 만한 사건이 길에서 벌어지고 있는데 어떤 사람이 멀찍이 떨어진 발코니에 안전하게 서서 아래를 내려다보고 있다 하자. 그 사람은 길에서 무슨 일이 벌어지고 있는지 알려고 할 것이고, 알게 될 것이다. 이는 지적으로는 흥미로운 일이지만, 이 관찰자는 사건에서 떨어져 전혀 개입하지 않고 있다. 길에서 사람들이 접하는 상황은 매우 다르다. 이 사람들은 관찰자일 뿐만 아니라 참여자로서, 자신이 겪고 있는 사건에 얽혀 있다. 이들에게 필요한 것은 단지 상황을 파악하는 게 아니라 이에 대처하는 것이다. 그 상황에서 살아남아야 하고, 어쩌면 그 경험의 결과로 더 강하고 더 나은 사람이 되어야 한다. 발코니는 사건을 객관적으로 설명해 주고, 그리하여 이해에 이르게 한다. 길은 그 경험에 주관적으로 얽혀들게 하고, 얽혀든 사람은 회복이 필요하며 회복을 바라게 된다.

신앙은 우리가 정신적 외상에 대처할 수 있게 돕는다. 하지만 여기엔 또 하나의 측면이 있다. 그 외상이 신앙 자체를 의문시하면 어떻게 되는가? 사건과 경험이 엄청나서 신앙이 제공한 의미 지도가 그 사건과 경험에 압도당하면 어떻게 되는가? 물론 의미 지도가 손상되거나 손실되는 경우는 비단 신앙 문제에 국한되지 않는다. 작가 아서 쾨슬러Arthur Koestler는 1931년 마르크스레닌주의를 열정적으로 받아들였는데, 스탈린주의의 발흥으로 그의 정치적 믿음은 엄청난 스트레스 상황에 놓이게 되었다. 그는 지금껏 자신이 품고 있던 핵심 전제들 다수를 의심의 눈으로 바라보게 되었고, 마침내 자신의 입장을 더는 정직하게 유지할 수 없다는 점을 깨달았다. 그리하여 1938년 쾨슬러는 공산당을 탈당했다.

자서전에서 쾨슬러는 젊은 시절엔 마르크스주의 이론이 세상을 완벽하게 파악하고 있다고 확신했으나 점차 이 이론의 모호함을 별수 없이 인정하게 되었고 결정적 해석에 저항하게 되었다고 밝히고 있다. "젊었을 때 나는 우주를 펼쳐져 있는 책으로, 물리 방정식과 사회적 결정요소라는 언어로 인쇄된 책으로 여겼는데, 이제 내게 우주는 보이지 않는 잉크로 기록된 텍스트로 보이며, 우리는 드문드문 있는 은혜의 순간에 그 텍스트의 작은 파편들을 간신히 해독할 수 있다."[14] 그러면 정신적 외상 앞에서 이런 식으로 의미 붕괴가 일어나게 하는 요인은 무엇인가? 정신적 외상의 영향에 대해서는 수많은 심리학적 연구가 진행되어 왔는데, 이 연구들은 정신적 외상이 개인의 육체적 생존만 위협하는 게 아니라 세상이나 자아에 관한 가장 중요한 긍정적 신념에도 위협을 가할 수 있음을 강조하고 있다. 특히 삶의 의미나 자기 가치와 관련된 중요한 개인적 전제들을 산산조각 내거나, 역으로 부정적 전제들을 확증함으로써 말이다.[15]

흔히 사람들은 어느 정도 순박해 보이는 전제들에 의지해 삶에 대처해 나가려고 한다. 이 점과 관련해서는 안네 프랑크Anne Frank의 경우가 특히 의미심장하다. 안네 프랑크는 나치 점령 기간에 가족들과 함께 암스테르담에 은신해 살던 유대인이었다. 1944년 은신처가 발각된 후 안네는 베르겐벨젠 집단수용소로 이송되었고, 1945년 2월 열다섯 나이로 그곳에서 사망한 것으로 추정된다. 1944년 6월 어느 날의 일기에서[16] 안네는 인간 본성의 선함에 대한 변치 않는 믿음을 표현하고 있는데, 사방을 둘러봐도 이는 "터무니없고 실현 불가능한" 믿음이라고 의구심을 불러일으킬 뿐이지만, 그럼에도 이 믿음을 버릴 수 없다고 여겼다. 이 믿음을 버린다는 것은 결국 삶이 "혼란과 비참함과 죽음"에 기초를 두고 있다고 인정하는 셈이 될 터였다. 안네로서는 도저히 감당할 수 없는 결론이었음이 분명하다. 베르겐벨젠 집단수용소에서의 경험이 "인간은 사실 선량하다"라고 계속 믿기로 한 안네의 결단에 영향을 끼쳤는지 우리로서는 알 길이 없다. 안네가 겪은 일이 정신적 외상을 남겼을 것이라 굳이 말하는 것은 정말 공허하고 부적절한 일일 것이다. 인간의 악은 신앙에 대격변에 가까운 의심을 불러일으키는 가장 중요한 원인으로 손꼽힌다. 또 한 가지 원인은 의미 없어 보이는 극심한 고난의 경험이다. 그런 정신적 외상이 신앙에 어떤 영향을 끼치는지 아주 인상적이고도 도전적으로 설명하는 글을 C. S. 루이스의 한 후기 작품에서 볼 수 있다. 다음 단락에서는 고난을 보는 루이스의 시각이 어떻게 달라지는지 알아보고, 그 시각들이 우리가 지금 고찰하고 있는 문제를 어떻게 조명하는지 생각해 보도록 하자.

고통을 보는 C. S. 루이스의 시각

루이스가 얼마나 '큰 그림'을 보는 사고자인지는 이미 살펴보았다. 처음에 무신론자였던 루이스는 기독교 신앙이 무신론에 비해 현실을 더욱 상상력 넘치게 해석한다 생각해 이 입장을 분명히 했다. 루이스는 독특하게도 이성과 상상력이라는 두 가지 방법으로 기독교에 접근하고 있는데, 이 접근법을 가장 잘 이해하려면 신앙은 우리가 주변에서 관찰하는 것과 우리 내면의 경험을 수용할 역량이 있다는 인식이 있어야 한다.[17] 그러면 루이스의 사고방식은 고통 문제에 어떻게 딱 들어맞게 '적용'되는가?

루이스의 첫 기독교 변증서 『고통의 문제』 *The Problem of Pain*는 1940년 세상에 선보여 좋은 반응을 얻었다. 이 책은 기독교의 사고방식 안에서 고난의 존재가 어떻게 설득력 있게 수용될 수 있는지를 보여주려는 시도였다. 이 책에서 가장 유명한 문장은, 고통이 "귀머거리 세상을 깨우는 하나님의 확성기"라는 루이스의 일갈이다.[18] 이 작품은 메시지가 명료하고 이해하기 쉬워 많은 이들에게 사랑받았고, 루이스가 BBC의 초청을 받아 '방송 토크' 시리즈에 출연할 수 있는 토대가 되었으며, 이 방송 원고는 나중에 약간의 수정을 거친 뒤 『순전한 기독교』Mere Christianity, 1952라는 책으로 출간되어 경이적인 성공을 거두었다.

『고통의 문제』는 지금도 고난과 고통이 제기하는 지적 이슈들을 탐구하는 소중한 책이며, 많은 이들이 이 책의 접근법을 여전히 유익하고도 타당성 있게 여기고 있다. 하지만 루이스가 신앙과 경험을 조화시킨 것은 합리적인 방식이었지 실존적인 방식이 아니다. 이 작품은 추상적 개념들을 상호 연결시키는 데 초점을 맞추고 있지, 고난과 죽음이라는 가혹하고 가차 없는 현실이 사람들에게 초래하는 불안과 염려를 다루지는 않는다.

『고통의 문제』를 읽어 본 사람들은 루이스의 지성과 감정이 거의 전적으로 단절되어 있는 게 아닌지 궁금해하는 경우가 많았다. 루이스 자신도 이 점을 깨닫고 있었던 것 같다. 이 책을 집필하던 시기에 형 워렌에게 보낸 편지를 읽어 보면, 루이스는 '실생활' 경험이 지금 논의 중인 본질상 지적인 문제와 아무 관계가 없음을 시사하고 있는 것으로 보인다. 고통의 경험은 그 경험이 신앙의 관점에 어떻게 딱 들어맞는지를 설명하는 일과 어떤 관계가 있는가?[19] 여기서 루이스는 지적 성찰이 경험 세계와 유리되어 있으며, 경험 세계는 그런 추상적 논의와 별 관련이 없다고 암시하는 것 같다. 그렇다면 루이스 자신이 자기 내면의 고통이든 사랑하는 사람의 고통을 자기 고통인 양 느낌으로써든 고통 앞에서 압도적 비탄을 경험해야 했다면 어땠을까?

1961년, N. W. 클러크N. W. Clerk의 짤막한 작품 하나가 『헤아려 본 슬픔』A Grief Observed이라는 제목을 달고 세상에 등장했다. 이 책에는 암에 걸린 아내가 고통 가운데 천천히 죽어 가는 것을 지켜본 한 남자의 고통스럽고 잔혹할 만큼 솔직한 감상이 담겨 있었다. 그 감상에는 아내의 죽음을 대하는 자신의 태도에 대한 생생한 묘사뿐만 아니라 하나님의 선하심에 대한 약간의 신학적 고찰도 담겨 있다. 하나님이 선하시고 자애로운 분이라면 나에게 일어난 일은 어떻게 납득해야 하는가? 클러크는 자신의 합리적이고 지적인 신앙이, 자신을 압도한 정서적 위기에서 뭔가 타격을 받았음을 깨달았다고 쓰고 있다. 한때 자신의 삶에 지적인 닻이었던 관념들이 아내의 죽음이라는 그런 큰 재난 앞에서는 자신을 지탱해 주기에 적절치 않은 것으로 드러났다.

이제 우리는 알고 있다. 'N. W. 클러크'가 사실은 C. S. 루이스의 필명이었다는 것을. 어떤 의미에서 『고통의 문제』는 『헤아려 본 슬픔』에서 볼 수 있는 정서적 폭발의 기초를 놓았다. 비평가들이 보기에 『고통의 문제』에서 루이스가 고통에 접근하는 태도는 실제 경험한 현실로서의 고통과 고난을 회피(심지어 부정)하는 데까지 이른다. 고통과 고난은 추상적 관념으로, 신앙의 합리적 조각 그림 속으로 짜 맞춰 넣어야 할 퍼즐 조각들로 의미가 축소되는 것 같다. 그런데 『헤아려 본 슬픔』을 읽어 보면, 논리적 신앙이 고난을 만날 때 이를 불편한 이론적 방해물이 아니라 개인적 현실로 맞닥뜨릴 경우 그 신앙이 얼마나 쉽게 산산조각 날 수 있는지 실감할 수 있다. 『헤아려 본 슬픔』에는 절망과 당혹감에서 나오는 통절하고 가슴 찢어질 듯한 부르짖음이 흠뻑 배어 있으며, 이 순간 가차 없는 상실의 고통 앞에서 루이스가 그린 의미 지도는 산산조각 나는 것 같다. "하나님은 어디 계신가? 절박할 만큼 도움이 필요할 때, 다른 모든 도움이 다 소용없을 때 하나님을 찾아가 보라. 어떤 광경이 기다리고 있는가? 코앞에서 문이 꽝 닫히고, 안에서 빗장을 걸고 이중 빗장을 또 거는 소리가 들린다. 그러고는 침묵."[20]

루이스가 자신의 경험을 이렇게 힘 있게, 숨김없이, 솔직하게 털어놓은 이야기는 사별의 충격에 대한 확실하고도 감동적인 설명으로 평가되어야 한다. 사랑하는 사람의 죽음에서 비롯된 정서적 소용돌이를 빈틈없이 묘사했다는 것을 고려하면 이 작품이 그렇게 폭넓은 독자들을 확보한 것은 조금도 이상한 일이 아니다. 하지만 이 책은 또 다른 차원에서, 즉 오로지 지성에만 뿌리를 내린 이성적 신앙의 취약함과 허약성을 가감 없이 드러냈다는 점에서도 의미심장하다.

루이스가 만년에 주고받은 서신들을 보면, 지금은 일반적으로 '외상 후 성장'post-traumatic growth이라고 알려진 패턴에 적응해 가고 있음을 알 수 있다. 즉, 외상을 남긴 그 사건 전 신앙의 기준선으로 단순히 회귀하는 게 아니라 그보다 한 걸음 진보 혹은 향상되어, 사건 전보다 더 깊이 있는 의미의 차원, 더 깊이 있는 개인적 의의意義의 차원을 발견하게 되는 것이다.[21] 앞에서 우리는 케네스 파거먼트가 '보존을 통한 신앙적 대처'(즉, 경험을 당사자의 신앙의 관점에 동화시켜 이 관점을 풍요롭게 하는 것)와 '변화를 통한 신앙적 대처'(즉, 경험을 통해 당사자의 신앙의 관점이 해당 상황에 적응되어서, 상황에 비추어 이 관점이 도전받고 교정되는 것)를 의미 있게 구별한 것을 살펴보았다. 그러면 이 둘 중 어느 것이 루이스의 상황을 비교적 더 잘 설명해 주는가?

확실히 말할 수는 없다. 루이스가 『헤아려 본 슬픔』이 발간된 뒤로 그리 오래 살지 못했고, 우리가 위의 질문에 명확히 답변할 수 있을 만큼 루이스 자신의 고난 체험에 대해 충분히 고찰하여 상세히 기록하지 않았다는 게 부분적인 이유다. 하지만 루이스의 체험은 우리가 **고난의 의미를 파악하는 일**과 **고난에 대처하는 일**의 중요한 차이점을 좀 더 상세히 탐구하는 데 도움이 된다. 이 점에 대해 더 깊이 생각해 보자.

의미를 파악하고 회복력을 만들어 낼 때 신앙의 역할

나는 옥스퍼드 대학교에서 여러 해 동안 신학을 가르치고 있고, 정기적으로 학생들과 다양한 논제로 토론을 진행한다. 전통적으로 '신정론'으로 알려진 이론에 초점을 맞춰 토론을 벌이기도 했는데, 신정론이란 기독교의 관점에서 고난의 의미를 파악하는 방식을 말한다. 대개 이는 세상에 고통이 존재한다는 사실이 어째서 선하신 하나님에 대한 믿음을 무너뜨리지 못하는지에 관한 고도로 추상적이고 지적인 설명이다. 학생들은 즐거이 이런저런 개념을 두루 살피고, 아우구스티누스나 라이프니츠 Gottfried Wilhelm Leibnitz, 존 힉 John Hick 같은 작가들의 사상과 친해진다.[22] 내 말이 냉소적으로 들리지는 않기를 바라지만, 내가 보기에 이는 때로 섀도복싱 shadow-boxing 같아 보인다. 논리적으로는 재미있지만 토론자들에게 사실상 아무 변화도 일으키지 못하는 개념들을 토론하는 일 말이다.

　내가 지도한 또 다른 토론에서는 기독교 신앙에서의 고난이라는 이슈에 초점을 맞추었다. 이 토론에서는 의제가 아주 달랐다. 우리는 기독교 전통의 위대한 영성작가들이 고난 체험을 어떻게 다루었는지를 살펴보았다. 우리가 고난당할 때 신앙은 우리를 어떻게 지탱시켜 줄 수 있는가? 신앙은 어떻게 우리가 더 나은 사람이 되게 도와줄 수 있는가? 이런 영적 개념과 그 개념에 접근하는 방식들은 어떻게 우리 삶을 수습해 고난에 대처할 수 있게 하며 그와 동시에 그 경험에서 교훈 얻기를 소망하게 만들 수 있는가? 학생들은 도움과 안내를 기대했고, 고찰 중인 저자들을 자신의 삶을 더 낫게 변화시킬 지혜의 원천으로 여겼다.

　이 두 세미나의 두드러진 차이점은 이론적인 신학과 기독교의 경건 사이의 근본적 상이점을 반영한다. 기독교 신앙에 대한 명료하고 올바르고 객관적인 설명을 원하는 사고 경향과, 스트레스와 정신적 외상 앞에서 그것을 딛고 더 크게 도약할 수 있게 하는 내밀한 인격적 변화를 추구하는 사고 경향 사이의 상이점 말이다. 물론 이 두 입장 사이에 유익하고 중요한 방식들로 다리가 놓일 수도 있으나,[23] 기독교의 사고방식에서 이 두 입장은 물샐 틈 없이 격리된 별개의 구획으로 취급되는 경우가 너무 많은 것 같다. 물론 역사가들은 신학과 경건이 이렇게 나뉘는 건 아주 최근의 일이고 그래서 앞으로 반전될 수 있다고 지적할 것이며, 이는 옳은 말이다. 하지만 그렇게 되려면 더 많은 일들이 이뤄질 필요가 있다.

이론적 신학가들은 고난에서 생겨나는 인지적 긴장을 객관적이고 초연한 태도로 탐구하지만, 바로 그 지점에서 대다수 경건서적 저자들은 사람들이 자신의 주관적 세계 안에서 그런 고통과 당혹스러움을 어떻게 처리해 나갈 수 있는지에 초점을 맞춘다. 고난을 지혜와 성숙에 이르는 디딤돌 삼아서 말이다. 중세 시대에는 이런 종류의 접근법이 기독교의 경건을 지배했으며, 그 시대에는 고난을 그저 아무런 설명도 필요로 하지 않는 우리네 삶의 한 현실이라고 받아들이는 자세가 널리 퍼져 있었다. 맞부딪쳐서 감당해 나가야 했던 것이다. 그 시대의 작가들은 어떤 사람이 어떻게 고난을 통해 더 지혜로워지고 더 성숙해질 수 있는지 고찰했으며, 흔히 십자가에 달리신 그리스도 이미지를 그런 고찰로 들어가는 가상의 입구로 활용하는 경우가 많았다.[24]

루이스의 개인사는 이 일이 왜 그렇게 중요한지 깨닫는 데 도움이 된다. 약간 복잡한 문제를 단순화해서 말한다면, 『고통의 문제』는 발코니 시점을 보여주는 반면 『헤아려 본 슬픔』은 길거리 시점을 보여준다. 타인에게서 관찰되는 고통을 초연하게 바라보는 루이스의 시각은 루이스 자신이 길거리에서 직접 겪은 일을 다루기에는 부적절하다는 게 입증되었다. 그 고통이라는 게 루이스가 사랑하는 사람의 삶에서 끔찍한 현실이 되었고, 루이스 자신의 정서와 삶에 직접적 영향을 끼쳤을 때 말이다. 루이스는 『고통의 문제』에서 자신이 전개한 지적 틀을 거부하지 않았다. 그보다는 그 틀이 길거리에서는 사실상 아무 쓸모가 없다는 것을 깨달았다. 그때까지 그가 고통에 접근하던 방식은 이론적으로는 적절했지만 실존적으로는 결함이 있었다.

그 방식이 사망의 음침한 골짜기를(시 23편) 지나는 사람들에게 조금이라도 쓸모가 있으려면 재구성과 상황화가 필요했다. 1963년 여름에 루이스가 쓴 편지는(이 무렵 그는 자신의 죽음이 가까웠음을 알고 있었다) 그가 이 변화를 이뤄 냈음을 암시하고 있다.

지난 몇 개 장에서 우리는 인간이 생의 의미를 탐색하는 일에 대해 중점적으로 살펴보았다. 그 의미 탐색 행위는 우리가 살고 있는 세계로까지 확대된다. 세계의 의미는 무엇인가? 이 세계 안에서 우리의 위치는 어디인가? 다음 두 장에서는 훨씬 폭이 넓어진 이 의미 탐색 작업에 대해 알아보고 그 탐색 과정에서 제기되는 질문들을 살펴보기로 하자. 먼저, 우리의 우주를 파악하려고 우리가 어떤 시도를 하는지, 그리고 그 시도가 어떻게 자연과학을 발생시키는지 알아보자.

08　자연을 궁금해하기
과학의 뿌리를 상상해 보다

> 나는 해변에서 놀고 있는 작은 아이 같아서,
> 조금 더 매끄러운 자갈이나
> 조금 더 예쁜 조개껍데기를 찾으며 이따금 기분전환을 할 뿐,
> 내 앞에 진리의 대양이 완전한 미지의 상태로 펼쳐져 있다는 사실은
> 알지 못했던 것 같다.[1]
> 아이작 뉴턴

　　인간의 경이 체험은 우리가 사는 신기한 세상을 이해하는 통로다. 미국의 진화인류학자 로렌 아이슬리 Loren Eiseley, 1907-1977 는 "두 문화의 환상" The Illusion of the Two Cultures 이라는 아주 통찰력 있는 평론에서 주장하기를, 예술·인문학·과학 분야에서 인간의 여러 가지 시도와 성취는 모두 상상력이라는 저항할 수 없는 힘으로 추진된다고 했다.[2] 과학과 예술은(나라면 여기에 종교도 추가하겠다) 동일한 정신에서 태어나며, 따라서 분리할 수 없다. 아이슬리는 당대의 학계가 학문 간 경계를 엄격히 강화하고 '전문성'을 종교처럼 숭배하는 바람에 과학 분야에서 생명력 있는 상상의 힘이 고갈되고 있다고 염려했다.

[그런 관료적 사고는] 우리 몸을 구성할 뿐만 아니라 이제 살아 있는 영 같은 성질을 지니는 분자들의 발생처인 그 소우주 세계 아래에 무엇이 있는지 궁금히 여기거나 물어보려고 하는 시도에 대해 거의 본능적이라 할 만한 적대감을 보인다. 거기엔 우리가 두려워 직면하지 못하는 뭔가가 있는가? 안전하게 처리한 전문 언어로 표현될 때만 마음 놓고 대면할 수 있는? 권력의 시대에 우리는 신비와 아름다움을 우리 생각 속으로 받아들이기를 점점 꺼려하고 있는가?[3]

아이슬리는 과학이 보여주는 객관적 진실과 자기들 자신이 구축한 인위적 세계만을 사람들이 현실로 신뢰하게 되었다고 걱정했다. 신비의 영역은 그래서 추방되거나, 기껏해야 현재로서는 과학으로 이해할 수 없는 무언가를 의미하는 불필요한 것으로 선언되었다. 하지만 신비의 영역에 이것 말고도 무언가가 더 있다면 어떡하겠는가?

아이슬리는 제3자의 시선으로 초연하게 과학에 접근하는 태도, 즉 자연을 우리가 존중하고 사랑하고 찬탄해야 할 어떤 것으로 대하기보다 비인격적인 연구 대상으로 대하는 태도에 비판적이었다. 자연에 대한 이 경이감을 회복하고, 자연이 그보다 더 큰 무언가의 일부라는 의식과 이 경이감을 연결시킬 어떤 길이 있어야 했다. 인간은 단순히 세계가 어떻게 작동하는지만을 이해하는 게 아니라 세계 안에서 의미를 분별해 낼 수 있다는 점에서 입체적 시각을 가질 잠재력이 있다. 아이슬리의 염려 가운데 하나는, 기술의 진보가 우리를 눈 하나 달린 동물로 만들어 축소된 세계만 볼 수 있게 했고, 그 세계에서 만물은 오직 기능의 관점에서만 정의된다는 것이었다. 오늘날 세속 사회에서 "예술의 창조적 측면과 과학의 창조적 측면 사이의 분열"은 불필요한, 그래서 원상회복이 가능한 균열을 나타내며, 이 균열이 가상적으로 타당성을 갖게 된 것은 "의도적으로 경이감을 둔화시키는 행태" 때문이다.[4]

가장 잘 알려진 평론 "별을 던지는 아이"The Star Thrower에서[5] 아이슬리는 해변을 따라 걷던 중 한 아이가 물결에 쓸려 나온 불가사리를 바다로 다시 던져 넣고 있는 광경을 보게 되었다고 이야기한다. 처음에 아이슬리는 이를 무의미한 행동으로 여겼다. 과학자로서 아이슬리는 너무도 잘 알고 있었다. 불가사리들이 마치 생각이라는 걸 할 줄 알아서 자기들이 살거나 죽는 걸 신경 쓰는 존재이기라도 한 양 그 불가사리들을 측은히 여기는 마음이 자신에게는 전혀 없다는 것을. 다윈의 이론에 따르면 진화가 진행될 때는 죽음이 요구된다. 그렇다면 무엇하러 그 자연스러운 과정을 훼방한단 말인가? 하지만 한 인간으로서 아이슬리는 자기도 모르게 깨달았다. 과학자로서의 자신이 뭔가를 놓쳤다는 것을. 그는 "어느 순간, 초자연이 망설이듯 자연에 잠시 스친 것 같았다"라고 말한다.[6] 다음 날 아이슬리는 어제 그 해변으로 나가 그 소년처럼 불가사리를 바다로 던져 넣어 주었다. 그리고 생각했다. 이는 자신의 과학적 유산을 부인하는 행위이지만, 사물을 보는 좀 더 큰 시각을 포용하는 행위이기도 하다고.

가장 중요한 사실은 아마도 진화인류학자인 아이슬리가 인간 본질과 관련해 생물학적 기원을 초월하는 무언가가 있다고 주장했다는 점일 것이다. 인간이 느끼는 경이감은 생의 가장 깊은 의문들에 대한 열쇠를 쥐고 있었다.

> 인간은 그 궁극적 경이와 창조성을 함께 나눈다. 은하계에서 눈을 돌려 우리 존재를 빼곡히 채우고 있는 세포들, 뭔가를 위해, 우리의 이해 범위 너머에 있는 어떤 실체를 위해 수고하고 있는 그 세포들을 볼 때는 인간을 기억하도록 하자. 거울과 과학의 마법을 들여다보려고 빙하 시대를 건너온 자가생성자self-fabricator를 말이다. 설마 인간이 자기 자신이나 자신의 거친 얼굴만을 보려고 오지는 않았을 것이다. 그가 온 것은 내심 귀 기울여 듣는 자이기 때문이요, 자신 너머 뭔가 초월적인 영역을 추구하고 있기 때문이다.

우리는 그토록 아름답고 신비롭게 보이는 것을 이해할 수 있기를 갈망한다. 혹시 그것이 현실을 보여주는 더 크고 더 심오한 광경에 이르는 길을 열어 주지 않을까 생각하면서 말이다. 일부만 흘긋 본 세계의 입구에 서 있는 듯한 느낌을 많은 이들이 경험한다. 그 세계는 우리가 사는 일상의 현실 너머에 있는 것 같지만, 우리가 주변에서 관찰하고 우리 내면에서 겪는 일들이 어떤 식으로든 그 세계를 암시한다. 우리가 경험하는 경이감은 여하튼 그 세계에 대한 우리의 단순한 이해를 초월한다. 그 세계는 우리가 사는 세상과의 더 깊은 관계 안에서, 그리고 그 세상 뒤나 그 세상 너머에 무엇이 있든, 우리를 감싸고 있는 것 같다.[7]

과학의 뿌리는 결국 우리 세상의 아름다움과 장엄함을 보고 느끼는 경이감에 있지 그 세상을 이해하려는 욕구에 있지 않다. 더욱이 세상을 정복하고 우리 목적에 맞게 세상의 방향을 고치려는 욕구는 더더욱 과학의 뿌리가 아니다. 물론 과학 활동의 이 세 요소를 분리하기란 불가능하다. 처음에는 세상을 경이로워하다가 그 경이를 파악하고 싶어 하고, 그러다가 이를 조작하고 착취하는 하강 궤적을 보는 이들도 불가피하게 있을 것이다. 반면 이를 단순한 지적 사색 단계에서 인간의 생존을 보장하는 좀 더 진지한 기획 단계로 가는 필연적 변화로 보는 이들도 있다.

하지만 자연에 대한 경이감은 여전히 많은 일들의 근본 요소로서, 이 경이감은 지적 호기심과 경외감으로 이어지게 되며, 이 호기심과 경외감이 주된 동기가 되어 인간이 자연과학을 발전시켜 왔다는 게 많은 이들의 생각이다. 그런데 우리는 지나친 익숙함과 과학적 설명에 대한 그릇된 이해 때문에 이 경이감을 너무도 쉽게 잃어버린다. 이 점에 대해서는 좀 더 연구가 필요하다.

매혹에서 벗어나기: 경이감을 잃다

천문학이 직업인 이들은 취미로 천문학을 하는 사람들이 부럽다고 자주 말한다. 천문학을 취미로 하면 천공天空의 아름다움에 대해 계속 경이감을 느낄 수 있고, 이 경이감을 추동력 삼아 하늘을 관찰하는 일을 계속 사랑할 수 있을 것 같다고 말이다. 자신들은 지나친 익숙함에 물려서 그런 경이감을 잃어버린 지 오래라고 대다수 직업 천문학자들은 고백한다.

경이감이 일상화된 가장 유명한 사례를 문학 영역에서 찾아본다면 요한나 슈피리Johanna Spyri의 고전적 동화『알프스의 소녀 하이디』Heidi, 1880를 들 수 있다. 한 소녀가 장엄하고 아름다운 스위스 알프스의 자연과 처음 만나는 이야기를 들려주는 이 작품에서 소녀는 대개 염소치기 소년 페터와 함께 어울려 다니는데, 페터는 이 산의 목초지를 훤히 꿰뚫고 있다. 한 번은 하이디가 알펜글뤼엔Alpenglühen, 즉 고산의 대기 상태 때문에 일출이나 일몰 때 산 정상이 붉은 빛으로 찬란하게 달아오르는 현상을 보고 경이감에 빠져들었다. 그런데 이런 광경을 수없이 보아온 페터에게 이는 그저 심드렁한 일상일 뿐이었다. 경이로워하는 하이디 앞에서 페터는 어깨를 한 번 들썩해 보이며 김이 새게 만든다. "산은 언제나 그래"라면서.[8]

하지만 사람이 이렇게 경이감을 잃는 데에는 다른 이유가 있을 수 있다. 사회학자 막스 베버는 자연과학이 "세계를 철저히 합리적으로 보는 시각"을 탄생시킴으로써 모든 신비감이나 경이감을 다 제거하는 과정을 가리켜 "매혹에서 벗어나기"disenchantment(보통 '탈주술화'라고 번역된다—옮긴이)라고 표현했다.[9] 여기서 특별한 언급 대상으로 자주 지목되는 자연현상은 대개 무지개인데, 무지개는 경외감이나 경이감을 불러일으키기는 하지만 광물리학으로 쉽게 설명되는 현상이다.[10] 물론 여기서 문제 삼는 것은, 아름다움을 과학으로 설명하면 아름다움 체험의 가치가 손상된다는 점이다.

어떤 이들, 이를테면 낭만주의 시인 존 키츠John Keats 같은 사람이 보기에 과학은 자연 세계에 대한 감상을 빈곤하게 만들어 모든 것을 일반 원리로 환원시키고 만다.

> 매혹은 다 날아가 버리지 않는가,
> 그저 냉랭한 철학의 손길 한 번에?
> 하늘에 장엄한 무지개 한 번 떴었지.
> 우리는 안다네, 그 바탕, 그 질감,
> 평범한 세상의 지루한 일람표에 무지개가 남긴.
> 철학은 천사의 날개를 오려 낼 것이고
> 자와 선을 들이대 모든 신비를 정복할 테지.[11]

키츠는 무지개 앞에서 우리가 느끼는 경외감이 '자연철학'의 냉랭하고 비인격적 물리법칙으로 환원되었다는 견해를 보였다. 키츠 시대의 자연과학이 대개 그렇게 알려졌듯이 말이다.

일부 콧대 높은 합리주의자들은 키츠의 염려 따위는 콧바람으로 날려 버린다. 그런 염려는 대체적으로 이해력 부족한 시인들이 보이는 반과학적 태도의 전형으로, 두서없는 허튼소리일 뿐이라면서 말이다.[12] 하지만 또 어떤 이들은 바로 여기에 진짜 쟁점이 있다는 사실을 깨닫는다. 무지개가 어떻게 해서 뜨는지, 대기 효과가 어떻게 해서 그토록 아름다운 일몰 풍경을 만들어 내는지 과학으로 충분히 객관적 설명을 할 수 있다. 하지만 사람이 자연현상에 대해 보이는 주관적 반응은 많은 이들에게 여전히 중요한 문제다. 과학적 분석은 3인칭 관점을 바탕으로 하며, 그래서 비인격적 태도를 취할 수밖에 없다. 그런데 아름다움에 대한 인간의 체험은 지극히 주관적이다. 따라서 과학적 분석은 인간의 아름다움 체험을 다루기 어렵다.

그렇다면 우리가 자연을 느끼는 방식에 대한 염려를 왜 과학의 적으로 여겨야 한단 말인가? 자연계의 어떤 측면에 대한 객관적이고 과학적인 설명과 자연계의 아름다움이나 경이에 대한 주관적 체험 사이에 균형을 유지하는 게 중요하다. 무지개가 어떻게 뜨는지 안다고 해서 무지개의 아름다움을 감상하는 데 방해가 되지는 않는다. 무지개가 어떻게 뜨는지 안다고 해서 그 아름다움이 무슨 의미인지 물을 수 없는 것도 아니다. 아마도 그 질문은 냉철하고 포괄적인 명료함으로 답변될 수 없을 것이다. 그런 답변을 기대하는 이들이 많을 수도 있지만 말이다. 하지만 무지개의 아름다움이 무슨 의미인지는 물을 필요도 없는 게 확실하다! 우리가 찾아야 할 어떤 답변이 정말 있다면, 그 답변으로 모든 것이 달라질 것이다. 많은 이들의 경우, 이 주관적 경이 체험은 연구와 발견의 동인動因 역할을 한다. 그 지점이 바로 우리가 더 깊이 탐구해야 할 부분이다.

경이감이 이룬 한 가지 성과: 자연과학

자연의 아름다움 앞에서 느끼는 경외감과 경이감은 우리가 사는 세계의 광대함을 제한적으로나마 일별했음을 깨닫는 데서 비롯되기도 한다. 우리의 이해 범위 너머에서 우리 애를 태우는 일들이 많지만, 그래도 우리는 타고난 한계와 지평 너머로 손을 뻗쳐, 거기 있다고 직감되는 일들을 손에 쥐어 보고 이해할 수 있기를 갈망한다. 과학 분야에서, 우리의 영역이 이렇게 확장되는 일은 주로 기술 증대라는 형식을 취한다. 망원경과 현미경의 발전은 자연계에 인간의 시각이 가 닿을 수 있는 범위를 확장시켰고, 탐험하고 설명해야 할 새로운 세상을 열어 보였다.

망원경은 1590년경 이탈리아에서 발명된 것으로 보인다.[13] 처음에 망원경은 일종의 시각 장난감으로 여겨졌다. 이 장난감은 멀리 있는 물체를 확대해서 훨씬 가깝게 있는 것처럼 보여주는 능력으로 17세기 초 유럽 전역 사람들을 놀라게 했다. 당시의 군비 확장 경쟁에서 망원경이 지니는 잠재적 가치를 재빨리 알아챈 것은 유럽의 해군과 육군이었다. 하지만 망원경의 기능이 가장 중요하게 적용된 것은 과학 분야였다. 망원경은 하늘의 별이 우리의 예상보다 훨씬 많다는 것을, 달에 산맥이 있다는 것을, 목성을 중심으로 궤도를 도는 위성들이 있다는 것을, 그리고 태양에 반점들이 있다는 것을 알려 주었다.[14] 이 시대 과학혁명의 요구에 따라 인간의 관찰 능력에 기술적 발전이 있었을지 몰라도, 궁극적으로 그 발전은 우리 인간이 본래 우리가 사는 세상과 그 세상에서 우리의 위치를 궁금히 여기는 소질이 있기에 가능했다.

세계를 궁금히 여기는 일에는 상상력과 이성이 모두 동원된다. 경이 체험은 깊은 사고 과정의 시발점이 되고, 이 과정을 통해 우리는 현실을 어떤 '큰 그림'으로 이해해야 세상이 가장 그럴듯하게 납득되는지 알아내고자 애쓴다. 과학적 발견을 지나치게 합리주의적으로 설명하는 행태에 지배되던 시대가 지나자, 이제 과학철학은 과학 이론을 전개할 때 상상력이 중요하다는 점을 인식하게 되었다.[15] 하나의 과학 이론은 '사물을 보는 방식'이다. 그리스어 **테오리아**theoria가 암시하는 것처럼, 이는 우리의 세상을 보는 방식으로서, 사물이 어떻게 앞뒤가 맞고 서로 연관되는지 파악할 수 있게 해준다. 과학 이론은 하나의 상상 행위다. 뭔가를 만들어 낸다는 의미에서가 아니라 세계 안에서의 관계 패턴을 시각화해 우리가 관찰하는 사실들을 설명하도록 돕는다는 의미에서 말이다. 미국의 이론 물리학자 리처드 파인만 Richard Feynman, 1918-1988이 지적한 것처럼, 과학 활동은 인간의 상상력에 의존하는데 대개 이 상상력이 "최대한 발휘되는 시점은, 소설에서처럼 실제로는 존재하지 않는 일들을 상상할 때가 아니라 실제로 존재하는 일들을 파악할 때다."[16]

베르너 하이젠베르크Werner Heisenberg는 훌륭한 과학 이론이라면 "모든 새로운 체험을, 세상에서 인간이 다가갈 수 있는 모든 영역을 공정하게 다룰 것"이라고 주장했다.[17] 그러나 탐구 중인 현실 영역에 어울리는 언어를 개발하려고 과학 이론은 늘 최선을 다할 테지만, 한편 "언어를 계통적으로 만들어 내는 걸 허용하지 않는 현상들도 있다"는 느낌을 피할 수가 없다. 모든 과학적 진보는 단지 새로운 의문을 불러일으킬 뿐이라는 점에서 볼 때, 어떤 의미에서 우리가 사는 우주에 관한 신비는 우리가 우주라 이름 붙인 외부 현실에 대처해 나가는 인간의 지성과 언어 역량을 의문시할 때가 많다. 하지만 인간의 이해력에 한계가 있다고 가정할 때, 과학적 사고는 "바닥을 알 수 없는 심연 위를 늘 맴돈다." "새로운 현실에 대한 이해가 생길 때마다 그 타당성의 범위는 언어가 표현할 수 있는 개념 이면의, 앞을 내다볼 수 없는 어둠 속으로 한 걸음 더 깊이 밀고 들어가는 것 같다."[18]

과학과 기독교 신학 사이의 유사점

누구든 기독교 신앙에 정통한 사람이라면 현실에 대한 과학적 이해와 기독교 신앙 사이에 명백히 병행되는 점이 있음을 알 것이다.[19] 자신의 신앙이 과학 자체와 마찬가지로 경이감에서, 경이감을 통해 시작된다는 것을 많은 이들이 깨닫는다. 그 경이감은 세상에서 자신의 위치에 관해, 그리고 경험 세계 이면이나 그 너머에 있을지 모르는 더 심오한 현실에 관해 질문을 제기한다. 철학자 윌리엄 제임스는 과학과 종교를 모두, "자연 질서의 수수께끼가 발견되고 설명될 수 있는 모종의 보이지 않는 질서"를 탐구한다는 견지에서 보았다.[20] 상상력으로 이 '큰 그림'을 일단 파악하면, 우리가 보고 경험하는 것을 훨씬 더 많이 납득할 수 있다고 말이다. 좋은 지적이다. 자연 현상이 진행되는 과정을 과학적으로 설명한다는 것은 기본적으로 이미 사물의 본질 안에 함축되어 있는 질서를 펼쳐 보이는 일이다. 비록 그 질서가 불투명하거나 숨겨진 방식으로 함축된 경우가 많긴 하지만 말이다.

하지만 인간인 우리가 우리 힘으로 이 현실에서 분별해 낼 수 있는 것에는 한계가 있다. 과학의 영역에서는, 타고난 기능을 통해 분별할 수 있는 것을 더 확장시킬 필요가 있다. 예를 들어, 망원경이나 현미경을 이용해서 눈으로 볼 수 있는 범위를 확장하는 것처럼 말이다. 기독교 신앙의 영역에서는 계시에 의해 우리의 이성이 보완될 필요가 있다. 계시란, 우리 스스로는 완전히 볼 수 없는 '큰 그림', 그러나 일단 한 번 주어지면 우리가 알고 보는 많은 것들이 비로소 납득되는 그 그림을 드러내 보여주는 것을 말한다.

성장기에 나는 작은 망원경을 설치해 놓고 그걸로 밤하늘을 바라보기를 아주 좋아했다. 망원경을 통해 목성의 위성들도 볼 수 있었고, 항성을 배경으로 한 행성의 움직임도 추적할 수 있었다. 열두 살 때, 화성의 움직임을 보면서 당혹스러웠던 기억이 난다. 내가 보기에 화성은 몇 주週를 주기로 후진 운동과 전진 운동을 하는 것 같았다.[21] 학교에 가서 내가 관찰한 것을 과학 선생님께 이야기했더니, 선생님은 몇 가지 도형을 그려 가며 지구와 화성의 상대적 움직임을 보여주면서 기술적인 명칭으로 항성과 대비되는 화성의 '역행 운동'retrograde motion이라고 하는 것을 설명해 주셨다. 지구는 태양 주변을 화성보다 빠르게 움직이기 때문에 태양을 중심으로 한 궤도에서 지구가 화성의 위치를 따라잡고 추월한다. 화성이 그렇게 기이하게 움직이는 것처럼 보인 것은 바로 그 때문이라고 말이다.

5분쯤 지나서야 나는 선생님의 말뜻을 알아들었다. 하늘에서 무슨 일이 벌어지고 있는 건지 비로소 이해할 수 있었다. 선생님은 내가 관찰한 것을 이해할 수 있는 하나의 틀을 주셨다. 그리고 이는 **내가 관찰한 현상**을 납득하게 된 것만큼 **그 자체로도** 의미가 있었다. 나는 내가 관찰한 것을 혼자 힘으로는 이해할 수 없었다. 누군가가 내게 알려 주어야 했다. 그런데 이렇게 현상을 보는 방법, 나 자신의 역량으로는 얻을 수 없었던 그 방법이 주어지자 내가 관찰한 내용을 그 방법이 환히 조명해 주었다. 계시란 현실에 대해 이렇게 우리 힘으로는 전혀 알아낼 수 없는, 그러나 우리의 경험을 납득하는 데 도움이 되는 믿을 만한 '큰 그림'이 주어지는 것을 말한다.

마지막으로, 과학과 신앙 모두 인간의 언어가 자연 세계의 복잡성을 제대로 다룰 수 없다는 점을 인식한다. 앞에서(174쪽) 말했다시피, 위대한 물리학자 베르너 하이젠베르크는 우주와 관련해 "바닥을 알 수 없는 심연"과 "앞을 내다볼 수 없는 어둠"에 대해, 그리고 이런 현실에 관여하며 이를 표현하기에 적합한 언어를 찾아내려고 하는 인간의 몸부림에 대해 이야기했다.[22] 과학이 우주의 아름다움과 광대함에 대한 인간의 주관적 반응 또한 제대로 다루지 못한다는 말은 과학을 비판하는 말이 아니다. 그 말은 과학이 어떤 제한 조건 아래 작동하는지를 알려 줄 뿐이다.

마찬가지로, 기독교 신학도 인간의 언어를 적절히 활용해 하나님을 표현하거나 묘사하는 게 전적으로 불가능하다는 점을 인식한다. 신학은 '신비'라는 말로 하나님의 광대하심을 나타내는데, 이 때문에 인간이 사용하는 이미지와 말은 하나님을 완전하고도 충실히 묘사하려 애쓰다가 불가피하게 완전히 무너져 내리든지 그렇지 않으면 이도

저도 아닌 채 더듬거린다. 신비는 무언가 터무니없는 것을 말하지 않는다. 그보다 신비는 이성의 능력으로 분별하고 묘사할 수 없는, 그래서 이성과 충돌한다기보다 이성을 초월하는 무언가를 말한다. 자연이나 하나님의 어떤 측면을 가리켜 '신비'라고 하는 것은 그 측면에 대해 깊이 생각하는 과정을 차단하려는 시도가 아니라, 오히려 너무 깊고 넓어서 우리 인간의 유한한 시각에 다 담을 수 없는 지적 전망을 향해 우리 마음을 열어젖혀 그 생각 과정을 자극하려는 시도다.

삼위일체는 그리스도인들도 아주 어려워하는 교리로서, 하나님을 보는 우리의 시각이 이성에 좌우되는 어떤 것으로 축소되지 못하게 막으려는 원칙적 시도로 보는 게 가장 좋다. 우리의 신앙을 합리적 설명이 가능한 것으로 만들 수 있다고 생각한다면 이는 하나님을 왜곡하고 하나님의 존재를 축소시킬 뿐이다. 우리가 이성의 능력을 전개하는 것은 하나님의 실재에 잘 대처하기 위해서지 하나님을 우리 지성知性이 임의대로 생각할 수 있는 분으로 제한하기 위해서가 아니다! 신학자 에밀 브루너Emil Brunner의 지적처럼 삼위일체 교리는 '방어 교리'defensive doctrine로서,[23] 우리가 변변치 않은 합리주의의 건조한 용어로 하나님을 재정의하여 기독교의 하나님 이해를 허약하게 만들거나 아름다움과 영광 같은 개념들이 이 빈약한 사고방식과 조화될 수 없음이 드러남에 따라 임의로 이 개념들을 걸러 내는 일을 막기 위해 만들어졌다.

하지만 자연 세계의 아름다움과 광대함 앞에서 인간이 느끼는 경이감이 낳은 가장 흥미로운 성과 중 하나는 아마 전통적으로 '자연

신학'natural theology이라고 알려진 신학일 것이다.[24] (비록 이 명칭이 약간 오해를 불러일으킬 수도 있지만.) 이제 이에 대해 알아보도록 하자.

경이감이 낳은 또 하나의 성과: 자연신학

구약성경을 건성으로 읽어도 눈에 띄는 점이 있다. 구약성경이 자연 세계에 관심을 보이고, 자연 세계와 하나님을 연관시키고 있다는 점이다. 욥기에서 하나님의 발언이 장엄하게 마무리되는 부분은 장대한 창조 질서의 아름다움·우아함·복잡함을 당당하게 묘사하고 있다. 이 질서는 인간 지성의 이해 역량을 훨씬 넘어선다.[25] 우주를 찬찬히 관찰하다 보면 신의 지혜가 얼마나 깊은지, 그리고 우리가 살고 있는 세계의 복잡함을 파악하기에 인간이 얼마나 무능한지 깨닫지 않을 수 없다.

자연 세계에는 하나님을 창조주로 가리킬 수 있는 능력이 있는데, 이 능력을 언급하는 가장 유명한 성경 구절로 시편 19:1을 들 수 있을 것이다.

하늘이 하나님의 영광을 선포하고
궁창이 그의 손으로 하신 일을 나타내는도다.[26]

이 구절은 18세기의 가장 주목할 만한 음악 작품에 영감을 주었는데, 요한 제바스티안 바흐의 칸타타「저 하늘은 주의 영광 나타내고」Die Himmel erzählen die Ehre Gottes, 1723와 요제프 하이든의 오라토리오 「천지창조」The Creation, 1798가 대표적인 예다. 이 작품들의 기본 테마는 하늘이 그 창조주 하나님의 아름다움과 영광을 선언하거나, 증명하거나, 보여줄 수 있다는 것이다.[27]

그렇다면 위 시편은 창조 질서의 아름다움을 바라봄으로써 하나님의 실존을 증명할 수 있음을 암시하는가? 물론 그건 아니다. 이스라엘은 자기 하나님의 실존에 대해 이미 알고 있었다. 하나님께서 창조하신 세계가 하나님의 영광을 선포한다는 인식은 이 시편에서 하늘을 바라봄으로써 하나님의 실존과 성품을 추론하기 위한 명령으로 제시되지 않는다. 시편 19편이 단언하는 것은, 하나님의 실존과 본질이 이스라엘에게 이미 알려져 있으며, 이 하나님은 자신이 창조하신 것, 이를테면 밤하늘의 아름다움 같은 것을 감상함으로써 미학적으로나 상상력 측면에서 더욱 자세한 방식으로 우리에게 알려질 수도 있다는 것이다.

'자연신학'이라는 말은 적어도 여섯 가지의 서로 다른 방식으로 이해할 수 있는데, 하나님의 실존이 자연 세계의 아름다움이나 배열을 깊이 고찰하는 데서 추론될 수 있다는 개념도 그중 하나다.[28] 하지만 기독교에서 말하는 자연신학의 주요 테마는 자연 세계와 그 창조자 사이에 연결 고리가 있다는 것이다. 하나님께서 창조하신 것의 아름다움을 파악하면 하나님 자신의 더 큰 아름다움까지 살펴 아는 데 도움이 된다. 이는 고전적인 개념이다. 이 개념을 고찰하는 방식 중 내가 좋아하는 한 가지는 중세 신학자 토마스 아퀴나스의 저작에서 찾아볼 수 있다. 아퀴나스는 자연의 아름다움은 하나님에게서 발견되는 아름다움의 근원과 비교해 볼 때 똑똑 떨어지는 물방울 하나와 같다고 했다.

그렇다면 자연신학은 기독교의 자연 세계 이식에 왜 그렇게 중요한가? 나는 이 문제를 자주 고찰하는데, 이는 특히 리처드 도킨스와의 논쟁이 낳은 한 결과이기도 하다. 도킨스는 하나님을 믿는 믿음은 자연 질서의 아름다움에 대한 우리의 이해를 빈약하게 만든다고 주장한다. 그러나 내가 생각하기에 하나님을 믿는 믿음은 자연 질서의 아름다움에 대한 우리의 이해를 오히려 고양시킨다.[29] 그 이유가 뭔지 설명해 보겠다.

기독교 신앙과 자연 이해

도킨스는 신앙을 갖지 않고도, 혹은 하나님을 믿지 않고도 자연에 대해 '경외감'을 갖거나 자연을 존중할 수 있다고 주장한다. 내가 보기엔 맞는 말이다. 그러나 불행하게도 도킨스는 하나님을 믿는 믿음이 이 경외감을 사실상 **축소시킨다**고 근거 없는 주장을 함으로써 이 완벽하리만큼 훌륭한 논점을 망쳐 놓는다. 우주가 실제 존재하는 방식과 비교해 볼 때 "하잘것없고, 불충분하고, 하찮은",[30] 미학적으로 결함 있는 우주관을 제시하면서 말이다. 도킨스가 보기에 "조직화된 종교가 제시하는 우주는 활기 없고 변변찮은 중세의 우주로서, 지극히 제한된 우주"였다. 이 주장의 논리는 솔직히 다소 혼란스럽고, 이 주장의 실제 근거는 실망스러울 만큼 빈약하다. 나는 '중세'의 우주관이 현대의 우주 개념에 비해 아주 제한적이고 한정되어 있었다는 점에서는 도킨스에게 동의한다. 하지만 이 사실은 신앙과는 아무 관계가 없다. 우주관 문제는 당대의 과학적 합의일 뿐이라는 점에서 말이다. 사람들이 중세 시대의 '변변찮은' 우주를 믿었다면 이는 중세 시대의 과학 교과서가 하는 말을 옳다고 신뢰했기 때문이다.

도킨스는 역사가로서는 신뢰할 수 없는 사람임이 확실하다. 하나님을 믿는 신앙이 생기면 우리가 자연 세계를 보고 감상하는 방식도 달라지는데, 도킨스는 그 변화 또한 이해하지 못하고 있는 게 아닌가 싶다. 기독교는 상상력 넘치고 합리적인 렌즈를 제공하여 우리가 자연을 좀 더 선명하게 보고 자연을 더욱 풍성히 이해할 수 있게 한다. 내가 아는 한, 기독교가 자연을 이해하고 감상하는 방식에는 세 가지 주요 요소가 있다.

첫째, 우리는 자연의 아름다움, 예를 들어 찬란한 일몰, 눈 쌓인 봉우리들이 위풍당당하게 늘어선 산맥, 따뜻한 청록색 바닷물이 부드럽게 휘감겨 드는 흰 모래톱을 따라 푸릇한 열대 풍경이 이어지는 것을 보며 엄청난 기쁨이나 경이감을 경험한다. 이런 경험은 하나님을 믿는 선험적 믿음에 근거하지도 않고 그런 믿음의 부재에 근거하지도 않는다. 이 경험은 관찰자의 인식 지도에서 독자적으로 생겨 나온다.

둘째, 과학의 최대 업적 중 하나는 자연의 '수학화'mathematisation다. 달리 말해, 수학 방정식을 이용해 자연의 관계와 구조를 표현한 것이다. 이론물리학자 유진 위그너Eugene Wigner를 비롯해 여러 사람들이 지적했다시피, 사실 이는 다소 기이하다. 자연 세계와 수학 사이에 도대체 어떤 대응점이 있다는 것인가? 사실 수학은 인간의 발명품이다! 위그너 자신도 "수학 언어를 써서 물리법칙을 공식화한 기적은 우리가 이해할 수도 없고 받을 자격도 없는 놀라운 선물"이라고 일갈했다.[31] 우리 세계의 복잡성을 파악하러 나설 때 과학자들은 '수학을 횃불로' 이용한다. 이유가 뭔가?

위그너에게 이는 거의 신비에 가까운 일로서, 이 일에는 설명이 요구되었다. 세상에는 어떤 '궁극적 진리'가 있는가? "자연의 다양한 양상 위에 형성된, 작은 그림들의 단일한 단위 속으로 끊임없이 융합되는 하나의 그림"으로 알려진 진리? 물론 기독교 신학은 우리에게 그런 '그림'을 제공해서, 수학과 창조 질서 구조 사이에 왜 그런 일치점이 있는지 깨닫는 데 도움을 준다.[32]

이것도 중요한 부분이지만, 여기엔 우리가 주목해야 할 다른 무언가가 있다. 이렇게 수학적으로 표현된 자연은 그 자체로 우아하고 아름답다. 실제로 이는 너무도 의미심장한 관찰이어서, 위대한 물리학자 폴 디랙 Paul Dirac 은 아름다움이 진리의 척도일지 모른다고 말할 정도였다. 디랙은 아인슈타인의 상대성이론을 참고하여 이를 설명했다.

> 상대성이론이 단순성 원리 principle of simplicity 를 거스름에도 불구하고 물리학자들에게 그렇게 용인되는 것은 이 이론이 지닌 엄청난 수학적 아름다움 때문이다. 예술 작품의 아름다움이 쉽게 규정될 수 없는 것처럼 이 아름다움 또한 정의될 수 없는 특질이지만, 수학을 공부하는 사람들은

대개 아무 어려움 없이 이 특질의 진가를 인정한다. 상대성이론은 자연을 서술하는 일에 수학적 아름다움을 전례 없을 만큼 도입했다.[33]

자연을 이론적으로 표현한 것(예를 들어 수학 방정식처럼)의 아름다움을 음미하는 데에는 하나님을 믿는 신앙이 요구되지도 않고 그런 신앙의 부재가 요구되지도 않는다. 이는 중립적인 일이다. 하지만 기독교 신앙이 제공하는 의미의 틀은 그 방정식의 아름다움이 어떻게 하나님의 아름다움 안에서 발생해 하나님의 아름다움과 상응하는지 이해하는 데 도움이 된다. 예를 들어 위대한 천문학자 요한 케플러는 주장하기를, 기하학은 하나님의 생각에 기원을 두고 있으므로 창조 질서는 당연히 기하학의 패턴과 일치할 것이라고 했다. 기하학은 "하나님 생각의 일부"이므로 기하학이 "하나님께는 세계 창조의 패턴이 되고 인간에게는 하나님의 형상을 전달해 왔다" 해도 놀라울 게 없지 않은가?[34]

하지만 가장 중요한 것은 아마 세 번째일 것이다. 그리스도인이 보기에 자연 세계에는 그 세계 너머의 창조주를 가리키는 표지들이 새겨져 있다. 그리스도인의 관점에서 자연을 감상하다 보면 크게 애쓰지 않고 자연스럽게 하나님을 창조주로 인식하게 되어 있다. 물론 무신론자의 의미 체계에는 이런 상관관계가 완전히 부재한다. 무신론자의 의미 체계에는 자연 세계가 이정표를 세워 줄 초월적 영역이 없다.

그러나 그리스도인이 보기에 자연 세계에는 하나님의 지문指紋이 찍혀 있다. 우리가 세상의 아름다움을 보고 기쁨을 느끼는 경험은 하나님, 곧 애초에 그 아름다움을 허락하신 분을 보고서 느낄 더 큰 기쁨을 암시할 뿐이다. 그러므로 자연의 아름다움을 알고 음미한다는 것은 장차 하나님의 압도적 아름다움을 체험하게 될 것을 예견한다. 도킨스는 그리스도인이 자연의 아름다움을 놓친다 혹은 빈약하게 만든다고 말했지만, 사실은 정반대다. 그리스도인은 그 장엄함을 분별해 알 수 있는 예비지식을 갖추고 있으며, 그 장엄함을 보는 순간 얼굴과 얼굴을 맞대어 하나님을 보고자 하는 격한 갈망이 생겨나리라는 것을 알고 있다.

자연을 이런 식으로 인식하는 것은 순전히 주관적이라는 반론이 있을지 모른다. 이 방식에는 엄격한 과학적 분석의 대상이 될 만한 객관적 사실 자체가 없다고 말이다. 이 반론에도 분명 일리가 있다. 하지만 이 반론은 더 큰 진실을 놓치고 있다. 즉, 주관적 체험 세계는 인간에게 아주 중요하며, 그래서 인간의 주관성을 개입시키지 못하는 철학이나 세계관은 인간의 헌신을 유발하는 깊은 매력을 확보하지 못하리라는 것이다. 철학자 루돌프 카르나프가 주목했다시피, 아인슈타인의 상대성원리처럼 사물을 철저히 객관적 과학의 견지에서 설명하면 "우리 인간의 필요를 충족시킬 수 없다." 인간이 실존적으로 만족스럽고 의미 있는 삶을 영위하는 데 필요한 것은 "과학의 영역 밖에" 있다.[35]

하지만 주관성에 관한 이런 관심에도 이의가 제기될 필요가 있다. 정신적인 틀은 얼마나 훌륭한 객관적 증거들로 뒷받침이 되든 **모두 '주관적'**이다. 정신적인 틀은 우리 안에 존재하지 우리 밖에 있지 않으며, 우리 안에서 우리가 무엇을 어떻게 이해하고 행동할지 체계를 세워 준다. 하나의 객관적 현실을 서로 다른 두 사람이 관찰하면 이 두 사람은 그 현실을 각각 다르게 체험하고 각각 다르게 '볼' 수 있다. 이 점에 대해서는 인간이 이 우주에서 '안락함'을 느낄 수 있는지를 묻는 부분에서 더 자세히 알아보도록 하자. 이 질문은 많은 이들이 아주 중요하게 여기는 주관적 감각의 고전적 예다.

09   우주에서 편안한가?
우주에서 우리의 자리는 어디인가

> 내 앞뒤의 영원 세월에 삼켜진 내 짧은 인생, 내가 차지하고 있고 심지어 눈으로 볼 수도 있는 작은 공간, 내가 모르는, 그리고 나를 모르는 광대한 공간에 에워싸인 그 공간을 생각하면 나는 두렵다. 그리고 내가 거기 아닌 여기 있다는 사실에 깜짝 놀란다. 거기보다 여기일 아무런 이유가, 그때보다 지금일 아무런 이유가 없기 때문이다. 누가 나를 여기 있게 했는가? 누구의 명령과 지시가 이곳과 이때를 나에게 할당했는가?[1]
> 블레즈 파스칼

한 번 들으면 쉽게 잊히지 않는 파스칼의 이 말은 인간이 지닌 어떤 깊디깊은 두려움을 보여준다. 즉, 우리는 광대하고 의미 없는 우주의 하찮은 요소로서, 그 우주는 우리에게 눈곱만큼의 관심도 없다는 것이다. 우리는 우리가 선택하지 않은 때에 우리가 선택하지 않은 곳으로 우주 가운데 끼워 넣어진 것 같고, 마지막에는 우리가 알지 못하는 때에 우리가 알지 못하는 곳으로 떠나갈 것이다. 우리의 '세계선'은(좌표 x^1, y^1, z^1, t^1에서) 우리가 태어나면서 시작되었고, 장래의 어느 불확실한 시점에(좌표 x^2, y^2, z^2, t^2에서) 죽음으로써 끝날 것이다. 그렇다면 우리는 왜 **그때 거기로** 이 우주의 진행 과정에 들어온 것일까? 우리가 바랄 수 있는 것이라고는 '어떻게'라는 좀 다른 질문에 대한 답변일 뿐인데, 그 상황에서 '왜'를 묻는 것은 아무 의미 없는 일일까? 무엇보다 골치 아프고 심란한 질문이 또 있다. "그래서 뭐가 어쨌다는 것인가?"

우리가 이 낯설고 당혹스러운 세상으로 우연히 들어왔다고 결론 내리는 이들이 많은 것도 이상할 게 없다. 생물학자 자크 모노 Jacques Monod 는 자신의 저서 『우연과 필연』 Chance and Necessity, 1970 에서 이런 입장을 취했다. 모노는 우발적이고 의미 없는 우주에서 인간 역시 우발적이고 의미 없는 존재라고 선언했다. 인간은 자신이 "이질적 세상의 경계 위에 마치 집시처럼 살고 있음을 깨달아야 한다. 그리고 그 세상은 인간의 음악에 귀 기울이지 않고 인간의 고난과 범죄에 무관심할 뿐만 아니라 인간의 소망에도 무관심한 세상"이라고 했다.[2] 여기는 원래 우리가 **있어야 할 곳**이 아니다. 우리는 우리가 만들지도 않고 선택하지도 않은 세상에 자기도 모르게 들어와 있다. 사실 우리가 딱히 **어딘가에** 있어야 하는 것도 아니다. 우리는 그저 존재할 뿐이다.

그래서 자연은 우리가 갇혀 있는 감옥, 닿을 곳 없는 여정 중에 **통과하는** 풍경일 뿐이다. 우주는 우리가 존재한다는 것도 모른다. 신경 쓰지도 않는다. 우리와 마찬가지로 우주도 그냥 존재할 뿐이다. 그리고 이제 우리는 어느 날 우주가 죽으리라는 것을 알고 있다. 우리 또한 죽어야 하는 것처럼 말이다. 이것이 12세기 페르시아 수학자 오마르 하이얌 Omar Khayyám 이 한 시詩에서 서정적으로 표현한 사상이다.

사람들이 하늘이라고 부르는 그 뒤집힌 사발
그 아래서 우리는 우리coop에 갇힌 채 기어 다니며 살다 죽는다.

손을 들어 하늘에 도움을 청하지 말라—하늘은
그대와 나처럼 무기력하게 지나가나니.[3]

그렇다면 왜 그렇게 많은 사람들이 이런 식으로 우주와 단절감을 느끼는가? 따지고 보면 인간은 다 우주 먼지, 곧 우주의 기본 물질로 만들어졌다. 탄소·질소·산소 같은 요소들이 모두 별의 중심부에서 단조鍛造되었다.[4] 근본적인 기초 요소 단계에서 볼 때 우리는 바로 우주의 일부다. 그런데 왜 그렇게 많은 사람들이 우주와 소원해졌다 여기면서, 우주 메커니즘 안에서 고독과 고립을 느끼는가? 우리는 인생에 우주가 줄 수 있는 것보다 더 많은 것이 있다고, **있어야 한다**고 생각한다. 우리 인간에게는 궁금히 여길 수 있는 능력이 있어서, 우리 눈으로 보는 현실보다 더 큰 현실이 있음을 직관으로 아는 것 같다. 그 현실을 알면 우주 안에서 우리의 존재와 위치의 의미를 이해하게 될 수도 있다고 말이다. 이는 마치 과학자가 눈앞에 관찰 결과를 산더미같이 쌓아 두고 있는 것과 같다. 이 과학자는 수많은 점들을 연결하는 어떤 방식이 있어야 한다는 것을 잘 알고 있다. 그래야 사물을 의미 있게 하는 하나의 패턴, 즉 우리 손이 닿지 않는 곳에서 자꾸 출몰하는 장대한 이론이 밝혀진다는 것을 말이다.

그런 궁금증 경험은 아마 거기 정말로 우주가 있다는, 우리가 여기서 그 우주를 관찰한다는 단순하되 놀라운 사실에서 시작될 것이다. 비트겐슈타인은 이를 가리켜 "실존적 경이"existential wonder라고 했으며, 이 궁금증은 상상력을 품고 우리 주변 세상에 눈을 뜸으로써 생겨난다.5 잉글랜드 국교회 사제 마이클 메인 Michael Mayne 은 스위스 알프스에서 지내면서 그 더 큰 세계의 실존을 향한 이렇게 정교한 감수성에 대한 인식이 자기 안에 있음을 포착했다.

> 내 연구 주제는 경이 wonder 인데, 내 출발점은 너무 당연해서 종종 우리 시야에서 벗어난다. 그건 바로 나, 탁자에 앉아 세상을 내다보는 나다. 내가 존재한다는 것, 여하튼 거기 뭔가가 있다는 것은 사실이다. 놀라운 건 이미 **주어진** 사실이다. 산이, 낙엽송이, 용담이, 어치가 **존재한다는**, 그리고 **나를** 부른 누군가가 여기서 그것들을 관찰한다는 사실.6

현상에 대한 그렇게 조금 낯선 느낌은 우리들 대부분이 경험한다. 우리 각 사람이 여기 있고, 우리 자신 너머에 있는 한 현실을 볼 수 있다는 아주 이상한 느낌 말이다. 체스터턴은 "우리 자신의 실존에 대한 경이감"이 억압되어 있거나 무의식 속에 잠겨 있거나 잊혀 있다가 어느 순간 갑자기 "확 타오르거나 폭발"하는 현상에 대해 감동적이고 통찰력 있는 글을 썼다. 그 경이감은 우리 생각의 이면에 있다가 문득 나타나 우리의 "예술적·영적 생명"에 생기를 불어넣어 주고 풍요롭게 한다.7 사람들의 무딘 상상력은 날마다 반복되는 일밖에는 볼 수 없는데 어떻게 "살아 있다는 사실의 경이로움과 찬란함을 깨닫게" 될 수 있을까?8

하지만 그 놀라운 느낌이 이 지점에서 끝나는 경우는 드물다. 우리 각 사람의 실존이 얼마나 독특하고 놀라운 일인지 인식하게 되면 우리가 사는 세상과 그 세상에서 우리의 위치에 대해 궁금히 여기지 않을 수가 없다. 이 우주는 우리의 집인가? 비록 엄청나게 광대한 우주 역사에 비하면 놀라울 정도로 짧은 순간뿐일지라도 말이다. 아니면 우리는 일시 체류자처럼 이 우주를 지나 다른 어딘가로 가고 있는 것일까? 우리는 정말 이 우주에 속한 존재들일까?

우주에서 편안함을 느낀다는 것은 차가운 논리나 수학적 계산의 문제가 아니다. 이 편안함은 우리 마음속 깊이 자리 잡은 소속감이다. 그런데 이 우주에서 그런 편안함을 느끼는 사람이 별로 없다. 어떤 이는 그냥 체념하고 우주 공간에서 자신이 잠시 점유하고 있는 곳에 몸을 맡긴다. 또 어떤 이는 자신이 전혀 이 세상 소속이 아니라고 생각하면서도 어디에서 진정한 자기 자리를 찾을지 몰라 극심한 소외감을 느낀다. 이 논점에 대해 좀 더 자세히 고찰해 보도록 하자.

실존적 블랙홀에 대하여

'블랙홀'이라는 과학 용어는 물리학자 존 휠러 John Wheeler 가 도입한 것으로, 빛을 포함해 내부의 그 무엇도 빠져나갈 수 없을 만큼 강력한 중력장을 지닌 시공간 안의 물체 혹은 구역을 말한다.[9] 이는 새로운 개념이 아니었다. 1783년 잉글랜드의 사제이자 자연철학자인 존 미첼 John Michell 은 빛도 빠져나갈 수 없을 만큼 강한 중력장을 지닌 거대하고 촘촘한 '검은 별들' dark stars 의 실존 가능성을 주장했다. 이 별들의 표면에서 방출되는 빛은 별의 중력장에 의해 다시 뒤로 끌려

들어 간다고 했다. 이 주장에 담긴 함축적 의미는 멀리까지 파장을 미쳤다. 첫 번째로, 외부에서는 이 별들 안쪽에 뭐가 있는지 알 수 없다. 안쪽을 들여다볼 수도 없다. 이 별들의 실존은 이 별들이 주변에 있는 것들과 중력상호작용을 하는 데서 간접 추론해야 한다. 이는 보이는 것을 근거로 보이지 않는 무언가의 실존을 추론하는 고전적 사례다.

하지만 '블랙홀'이라는 용어가 실존적 의미에서 쓰인 것은 프랑스의 위대한 소설가 귀스타브 플로베르Gustave Flaubert가 1861년 인간 실존의 중심에 있는 '검은 구멍'trou noir을 가리키는 말로 사용했을 때였다. 친구인 주네트의 마담 로제Madame Roger des Genettes에게 보내는 편지에서 플로베르는 신神 없는 세상의 중심에 있는 실존적 공허에 대해 이야기했다.

> 옛날 사람들의 우울감은 우리 시대 사람들의 우울감보다 더 깊었던 것 같소. 우리 시대 사람들은 블랙홀 너머에 불멸이 있다는 식으로 말들 하는데, 옛날 사람들에게는 블랙홀이 무한 그 자체라오. 옛날 사람들의 꿈은 불변의 흑단黑檀이라는 토대에서 구체화되기도 하고 소멸하기도 하지. 울부짖음도 없고 큰 소리로 웃음을 터뜨리는 일도 없이 한결같이 생각에 잠긴 얼굴뿐이오. 신들도 더는 없고 그리스도는 아직 오지 않은, 키케로와 마르쿠스 아우렐리우스 사이에 인간이 혼자였던 독특한 순간이 있었다오.[10]

플로베르는 무슨 말을 하려는 것일까? 플로베르의 요지는, 신이 부재할 때 인간은 우주에서 홀로 불멸에 대한 아무런 소망도 없이 무의미한 공허를 부단히 바라보고 있었다는 것이다. 플로베르는 그런 체념적 자세를 숭고하게 여겼다. 인간이 행복을 찾아야 한다면 그 행복은 인간이 익명의 우주 안에 고립되어 있음을 받아들이고, 의미에 대한 우리의 믿음은 그 무엇에도 관심 없는 무無라는 '블랙홀' 안에서 생겨났다 사라지는 꿈일 뿐임을 깨닫는 데서 찾을 수 있다는 것이다.

독일 철학자 마르틴 하이데거도 비슷한 생각이었다. 하이데거는 실존주의 철학이 등장하는 데 많은 공을 세운 사람으로, 이 철학은 인간 주관성의 중요 역할을 인정했다. 하이데거가 생각하기에 우리 인간은 이 세상에 '던져져서', 우리 자신의 정체와 목적을 포함해 이 수수께끼를 풀려고 애쓴다. 우리는 존재의 '본래성'authenticity 혹은 '본래적 실존'을 추구한다. 그것이 어떤 형태를 취하는지 다 알지는 못해도, 최선의 선택지라 여기는 것을 선택할 자유는 보유하면서 말이다.[11] 하이데거 자신은 '본래적 실존'이 인간의 필멸성을 인정하고 어떤 형태든 내세나 초월적 영역 개념은 격퇴하는 데 있다고 믿었던 것 같다.

하지만 만약 하나님이 있다면, 그리고 이 하나님이 우리가 사는 세상에 들어와 거하시기로 한다면 어떻게 되는가? 그리고 그렇게 함으로써 이 '블랙홀'에 위엄을 부여하고, 가치와 의미를 주며, 영원과 불멸에 대한 암시가 흠뻑 배어들게 만든다면? 플로베르는 이 가능성을 암시한다. 어쩌면 그는 그리스도께서 오심으로 모든 게 달라진다는 사실을 깨달았는지 모른다. 이는 이 세상과 우리의 관계에 관한 기독교적 사고방식의 중심 주제이며, 이에 대해서는 이 장 후반에서 살펴볼 것이다. 이 개념에 대해 생각해 보기 전, 먼저 "우주에서 편안함을 느낀다"는 게 무슨 뜻인지 알아보도록 하자.

집: 어딘가에 소속되기

'집'home이라는 말은 어떤 언어에서든 가장 풍성하고 가장 감동을 자아내는 단어로 손꼽힌다. 집은 특별한 어떤 곳, 다른 무엇보다도 우리가 **소속감**을 느끼는 곳이다. 집은 우리 생각 속에서 공간 지도를 그리는 하나의 방식이며, 이 방식은 우리가 서 있는 어느 특별한 지점을 강조한다. 집을 떠올리면 우리는 깊은 친족 관계, 연고緣故의 식을 느끼게 된다. 우리 마음은 집에 속해 있고, 집이 아닌 다른 어떤 곳에서 죽게 되면 단절감과 소외감을 느낀다. 우리는 자기도 모르게 실존적 부동성浮動性을 경험하게 되는데, 이 불쾌한 불안정감은 여기가 사실은 우리가 있을 곳이 아님을 암시한다.

아는 사람도 많고 추억도 많은 특정한 장소에 마음이 매이는 게 인지상정이다. 흔히 하는 말처럼 집은 마음이 가는 곳이다. 하지만 '집'과 관련해 무엇이 독특한지, 그리고 집과 '거주지'habitat의 구별점이 무엇인지 개념화하기는 어렵다. 그 이유는 사실 '집'이 생각의 범주이기보다 마음의 범주이기 때문일 것이다. 집이란 어떤 장소에 대해 우리가 **감정**을 갖는 방식, 즉 그 장소의 실존적 자력磁力을 경험하고, 그 장소에서 연상되는 평안함과 안도감에서 기쁨을 느끼며, 그 장소에서 멀리 있을 때 불편함을 느끼는 것을 말한다. 인간은 뿌리를 가진 동물로서, '집'을 자기 개인의 역사적 과거가 보관된 곳, 자신이 어디에서 왔는지의 관점에서 자기 자신을 부분적으로 규정해 주는 추억을 모아 두는 곳이다.[12]

어떤 이들의 경우에는 집이라는 개념이 불확실하다. 글로벌 시대인 우리 시대 문화의 영원한 유목민, 즉 한 대륙에서 또 한 대륙으로 이동해 다니며 사실상 어느 곳에도 정착하지 못한 채 국제 무대에서 활동하는 사람들의 경우를 생각해 보라. 고향과 가족을 뒤로하고 더 나은 삶, 혹은 압제에서의 자유를 찾아 떠나는 이주자들의 경우는 어떤가? 이들은 추억만을 가지고 새로운 환경으로 간다. 하지만 타향 땅에서 새로운 언어와 사회에 적응하면서 또 한편으로는 두고 온 고향의 자취를 그 땅에서 재창조하는 놀라운 재주를 보여주는 이주자들도 많다. 고향의 추억은 새롭게 적응해 나가는 나라에 대한 이해를 알게 모르게 형성하여, 소외감과 단절감에 대처해 나갈 수 있게 해준다.

물리학이 시간과 공간에 대해 말할 때 우리는 대개 이런 개념을 인간의 관심사와 동떨어진 추상적 개념이라 생각한다. 우리는 장소와 역사 이야기를 더 좋아한다. 물론 그 구분은 주관적이다. 하지만 주관성은 인간에게 정말 중요하며, 절대 무시될 수 없다. 이 점은 구약학자 월터 브루그만 Walter Brueggemann이 강조했는데, 브루그만은 고대 이스라엘의 신학적 관심사를 이해하려면 '공간'과 '장소' 사이에 근본적 구별이 이뤄져야 한다고 주장했다. "장소는 역사적 의미가 있는 공간으로서, 지금 사람들에게 기억되는 어떤 일, 세대를 넘어 연속성과 정체성을 제공하는 일이 일어난 곳이다. 장소는 정체성을 확립하고 소명을 규정하며 운명을 상상하는 중요한 말이 발화發話되어 온 공간이다."[13]

브루그만이 분석한 이스라엘 역사 덕분에 우리의 논의는 공간과 시간이라는 추상적 개념에서 벗어나 인간의 실존이라는 경험적 현실에 확고히 닻을 내렸으며, 그 현실은 장소와 역사의 범주를 활용하면 훨씬 더 자연스럽게 표현된다. 우리는 그저 공간과 시간 속에 존재한다. 우리는 장소와 역사 속에 살며 행동한다. 모든 공간이 다 우리 눈에 하나의 장소로 보이는 건 아니다. 프랑스의 인류학자 마르크 오제Marc Augé는 서양 문화에서 '비非장소non-places'의 역할을 강조했다. 이를테면 공항이나 쇼핑몰, 호텔, 고속도로, 지하철 같은 곳 말이다.[14] 우리는 이런 곳에 '소속감'을 느끼지 않는다. 그저 다른 어딘가로 가는 중에 지나갈 뿐이다. 반면에 집은 우리가 뿌리를 내렸다고 느끼는 곳, 우리가 소속된 곳이다.

장소는 인간의 삶에서 결정적으로 중요한 역할을 하며, 기억과 정체성과 염원이 닻을 내리는 지점 기능을 한다는 점에서 특히 그렇다. 하나의 객관적 공간을 두 관찰자가 바라보면 이들은 이 공간을 아주 다르게 보고 다르게 **경험**한다. 장소는 **우리를 위해** 존재하는 한 공간을 말하며, 이 공간은 대개 우리 자신만 아는 기억에 따라 구체화된다. 집을 생각하면서 어떤 사람은 돌아가고 싶은 곳으로 여기고 어떤 사람은 다시는 보고 싶지 않은 곳으로 여기는 이유가 바로 그것이다.

공간과 장소 사이에는 물리적 혹은 생물학적 차이가 없다는 점에서 이는 지극히 주관적인 문제다. 하지만 인간이 이 둘을 구별하기도 하고 그런 구별을 중요하게 여긴다는 사실은 여전하다. 두 사람이 한 풍경을 동시에 볼 수 있다. 그 풍경에서 한 사람은 오래전에 세상을 떠난 연인을 처음 만나 사랑에 빠졌던 장소를 본다. 또 한 사람은 다소 시시하게도 그 지역의 산기슭에서 흔히 볼 수 있는 낙엽수 숲을 볼 뿐이다. 두 사람은 하나의 현상을 관찰한다. 그런데 두 사람은 무언가 아주 다른 것을 본다.

그러면 우리는 우주에서 편안함을 느끼는가? 아니면 우주 아닌 다른 어느 곳에 속해 있는가? 이 단락 전체를 통해 나는 주관적 지각과 직관의 중요성을, 다시 말해 냉랭한 논리의 계산법이 아니라 우리의 감정과 욕구를 동원하는 게 중요함을 강조했다. 그렇다면 우리 안에는 우리의 집이 다른 어딘가에 있음을 암시하는 감정들이 있는가? 이곳은 사실 우리가 속한 곳이 아니라고 하는? 우리에게는 다른 세계를 향한 모종의 귀소 본능이 있는가? 이제 이 문제를 생각해 보도록 하자.

귀소 본능? 다른 세계를 보는 직관적 통찰

내가 시를 읽는 한 가지 이유는, 더 좋은 글을 쓸 수 있도록 도전을 받기 위해서다. 그렇다고 해서 대체적으로 무뚝뚝한 내 글의 특성 때문에 의기소침해져서 글 솜씨를 향상시키려는 도전을 받으려 한다는 말은 아니다. 다만 시인들은 과학 분야 작가들은 이해하기 어려운 무언가를 적절한 말로 잘 표현할 때가 많은 것 같다. 그 좋은 예가 매튜 아놀드Matthew Arnold의 시 「감춰진 삶」The Buried Life, 1852의 몇 구절인데, 여기서 아놀드는 내면에서 용솟음치는 억제할 수 없고 '말로 다 할 수 없는 (지식) 욕구'에 대해 이야기한다.

> 우리 안에서 그토록 격렬하게
> 그토록 깊게 요동하는
> 이 마음의 신비를 캐묻고 싶은 갈망,
> 우리 인생이 어디에서 와 어디로 가는지 알고 싶은.[15]

아놀드의 시에는 정체성 상실, 의미 부재, 삶의 목적 박탈에 대한 두려움이 자주 등장한다. 아놀드는 우리 또한 인생을 살다가 길을 잃기 쉽다고 믿었다. 외적 성공과 그럴듯한 겉모습에도 불구하고 말이다. 아놀드의 시어詩語는 시인이 자기 삶을 다시 생각하고 재조정하여 뭔가 잃어버렸거나 잊었거나 억압해 온 것에 다가갈 때 감정과 직관과 느낌이 얼마나 중요한지를 암시한다.

아놀드는 고전고대 후기 이후 작가와 시인들에게 알려진 한 가지 느낌을 말로 표현한다. 뭔가가 덮어 가려졌거나 간과되었다는, 덮개를 벗겨 회복시킬 수 있는 뭔가가 있다는, 그렇게 함으로써 우리에게 잊혀 온 것을 삶으로 구현하고 사고하는 길을 열 수 있다는 것을 말이다. 우리는 내면 깊은 곳의 본능에 의해 이 재발견 과정을 시작하게 되며, 이 재발견은 어떤 식으로든 먼저 우리 삶의 행로를 일깨우고 이어서 이 과정의 진행 방향을 다시 설정하는 역할을 한다. 성경에 등장하는 고전적 개념으로 표현하자면, 이는 마치 하나님께서 우리 마음에 영원을 사모하는 마음을 심어 주셨고(전 3:11), 우리가 아무리 억누르거나 무시하려 해도 이 마음이 계속 우리의 꿈과 생각 속에서 샘솟아 오르는 것과 같다.

잘 알려진 것처럼 아우구스티누스도 『고백록』에서 이런 생각을 탐구했고(비록 방식은 살짝 다르지만), 파스칼도 『팡세』 Pensées, 1670에서 같은 작업을 했다. 하지만 이 주제를 탐구한 사람들 중 우리에게 가장 친숙한 이는 C. S. 루이스일 텐데, 루이스는 초년 시절 자신이 "유창하게 읊조렸던 얄팍한 합리주의"가 암시하거나 허용하는 것 말고 인생에 그보다 더 많은 것이 있다는 자신의 깊은 직관에 심대한 영향을 받았다. 루이스는 자신의 이성이 교도소 간수처럼 유물론자의 '시대정신'을 강요하려 한다는 것을 깨달았다. 루이스의 상상력은 이에 저항하여 소리를 지르면서 현실에는 이 냉혹한 도그마가 허용하는 것 말고도 더 많은 것이 있다고 주장했다.

루이스가 이 주제를 가장 상상력 넘치게 매력적으로 탐구한 내용은 그의 설교에서 찾아볼 수 있다. "영광의 무게" The Weight of Glory는 1941년 6월 6일 옥스퍼드 대학교의 세인트 메리 더 버진 교회에서 전한 설교다.[16] 루이스는 코끝을 맴도는 다른 세계의 향기에 대해 이야기했는데, 이 향기는 우리의 일상 체험의 곰팡내 나는 공기에 향료를 쳐서 우리로 하여금 이 향기의 근원을 추적하고 싶게 만든다고 했다. 특히 루이스는 쉽게 정의할 수 없으면서도 저항할 수 없어 보이는 어떤 것, 혹은 어떤 사람에 대한 갈망 의식의 변증적 중요성을 강조했다. 그래서 그런 섬세한 갈망은 그 갈망을 체험하는 사람들의 마음을 아프게 하는 경우가 많았으며, 이들은 하나의 징후와 그 징후의 의미를 혼동하는 실수를 했다. 이 욕구는 해소되지 않을 듯한 이 목마름을 채워 줄 수 있는 유일한 존재를, 그리고 그런 욕구가 궁극적으로 충족될 초월적 목표를 가리키는 역할을 했다.

루이스는 아마 가장 잘 알려진 저서일 『순전한 기독교』에서 획기적 진술로 이 사실을 요약했다. "이 세상에서의 어떤 경험으로도 충족시킬 수 없는 욕구를 나 자신에게서 발견할 경우, 이에 대한 가장 개연성 있는 설명은, 내가 다른 세상을 위해 창조되었다는 것이다."[17] 어떤 이들이 보기에 이는 성급하고 심지어 미숙해 보이는 결론일 것이다. 하지만 루이스의 요점은, 우리에게 두 가지 선택안이 있을 뿐이라는 것이다. 즉, 그런 갈망을 무의미한 것으로 여겨 깨끗이 잊어버리든지, 아니면 순전히 극도로 기진氣盡함이나 좌절 때문에 그 욕구의 목표를 추구하려는 시도를 포기하는 것이다. 그런 한편 우리는 이 갈망을 절대 멸시하거나 이 갈망이 정말 중요한 것들에 대한 '모사模寫, 메아리, 혹은 신기루'라는 점을 헤아리지 못해서는 안 된다. 이 갈망이 목표 자체는 아니다. 이 갈망은 맨 먼저 그 목표를 기대하고 갈망하게 만드는 자극제다.

루이스가 인간의 주관성을 그렇게 강조하는 것을 보고 염려하는 이들도 있을 것이다. 여기에는 두 가지 반응이 있을 수 있다. 첫째, 자신의 다른 작품에서 루이스는 훨씬 객관적인 추론 방식을 전개하며, 이 방식은 기독교 신앙에 설명의 기능이 크다는 점을 강조한다. 하지만 두 번째 반응이 아마 더 중요할 것이다. 루이스에게 개별 인간의 주관성은 심히 중요하다. 우리가 우리 자신, 우리 세상, 하나님에 대해 어떤 식으로 느끼느냐는 우리 삶에 깊은 영향을 끼친다. 기독교는 단순히 우리의 사상만 재정비하는 게 아니라 우리의 정서 세계를 감성적으로 변화시키는 결과를 낳는다.

이 세상에 존재한다는 게 어떤 기분인가 하는 문제는 간단히 무시하고 넘어갈 수 없다. 어떤 신학자들은 이런 질문 앞에서 매우 신경질적으로 반응한다. 기독교 신앙을 주관적 감정과 갈망의 차원으로 축소시키는 것처럼 보이기 때문이다. 그 염려에도 타당성이 있다. 우리가 순전히 의미에 대한 갈망이나 불충분하다는 느낌을 해소하기 위해 스스로 창안해 낸 상상의 세계 속으로 무너져 내릴 위험이 있다는 점에서 특히 그렇다.[18] 하지만 아무 관계 없는 어떤 진리에 합리적 관심만 갖다 보면 우리 신앙의 경험적·정서적·관계적 측면을 보지 못하게 될 위험이 있다.

기독교의 '큰 그림'은 우리가 세상을 새로운 방식으로 볼 수 있게 해준다. 세상은 더는 얼굴 없는 공허가 아니다. 세상은 하나님의 흔적을 담고 있다. 시편 8편은 이 주제를 가장 설득력 있게 고찰하고 있다 하겠다. 우리는 별이 빛나는 크고 넓은 하늘을 지닌 이 우주의 광대무한함에 압도감을 느낄 수 있다. 하지만 하나님은 우리를 이 우주 안에 두셨고, 우리는 거기 존재하게 되어 있다. 이 우주에는 하나님의 임재와 영광의 표가 찍혀 있고 박혀 있다. 그리고 우리는 하나님의 형상을 지닌 자들로서 그 표를 분별할 수 있고, 은혜로 명쾌히 깨닫고 능력을 부여받을 수 있으며, 우리와 우리 세계를 창조하신 하나님께 손을 내밀어 그분을 안을 수 있다.

시편 23편은 우리가 이 세상을 두루 다닐 때 우리와 동행하며 우리를 안내하는 여행자 하나님에 대해 이야기한다. 이 통찰은 성육신이라는 기독교 특유의 개념으로 강화되고 견고케 되는데, 이 개념은 하나님이 나사렛 예수의 모양으로 우리의 역사 세계에 들어오셨다고 단언한다. 이 지적 틀 덕분에 우리는 우주 안에서의 우리 실존을 납득할 수 있다. 그런데 이는 우리 자신을 이해할 수 있도록 돕기만 하는 게 아니라 [발코니가 아닌] 길에서 우리가 충만하고 진정한 삶을 살 수 있게 한다. 이 점에 대해서는 기독교의 경건에서 중대한 역할을 하게 된 성경의 이미지를 사용해 자세히 알아보도록 하자. 그것은 바로 우리가 이 세상에서 포로 생활을 한다는 개념이다.

포로 생활: 사고의 틀

우리가 사실은 이 세상에 속해 있지 않다고 느끼는 사람들이 왜 그렇게 많은가? 자기 자리가 바뀌었다고 하는 그런 의식, 혹은 단절 의식은 고전고대 후기에 번성한 '영지주의'Gnosticism 운동의 토대다.[19] 영지주의에는 여러 형태가 있지만 그 핵심은 우리가 사실은 여기 속해 있지 않다는 믿음이었다. 영지주의의 주장에 따르면, 우리는 원래 다른 어떤 곳에 있어야 하는데 이 우주에서 덫에 걸려 버렸고, 그래서 그 덫에서 빠져나가 우리의 진짜 운명이 있는 영역으로 돌아가려고 몸부림치고 있다. 인간은 '진흙 속의 황금'이요, 물질적 몸과 부패한 세상에 감금된 영적 존재다. 우리의 궁극적 목표는 이 감옥에서 탈출해 진짜 고향으로 돌아가는 것이다.

체스터턴은 이런 느낌을 잘 알고 있어서, 이 느낌의 기원과 중요성을 나름대로 설명할 수 있었다. 이 세상은 우리의 진짜 운명이 전개되는 곳이 아님을 서서히 깨달아 감에 따라 우리는 자신의 진짜 고향을 그리워하며 향수병을 앓는다. "우리는 엉뚱한 별을 찾아왔다. ······ 그 때문에 우리 삶은 아주 멋진 동시에 아주 낯설기도 하다. 참 행복은 우리에게 어울리지 않는다. 우리는 다른 어딘가에서 왔다."[20]

이런 경험이 그리스도인에게만 특정되는 것은 아니지만, 기독교 전통은 독특한 틀을 가지고 이 경험을 해석한다. 신약성경의 서신들은 시민권이라는 비유적 표현을 자주 사용하는데, 이 표현은 이 세상이 우리의 영구한 거처가 아니라 잠시 통과해 가는 곳임을 강조한다. 우리의 시민권은 하늘에 있다는 점에서(빌 3:20) 우리는 이 세상에서 영구한 시민권을 갖지 못한다. "우리가 여기에는 영구한 도성이 없으므로 장차 올 것을 찾나니"(히 13:14).

기독교 신학자들은 또 하나의 유기적 이미지를 개발해서 이 개념을 설명했다. 매우 강력한 이미지 하나는 1세기 로마제국 문화에서 도출된다. 로마 시민들은 일정한 규칙에 따라 북아프리카나 소아시아의 로마 식민지에 나가 제국 행정부를 위해 복무하곤 했다. 해외로 나갈 때 이들은 근무를 마치고 고국으로 돌아올 날을 간절히 기대했다. 로마는 이들의 조국*patria*, 이들의 모국, 즉 이들이 실제로 소속된 곳이었다.²¹ 일찍이 기독교 저자들은 이 틀을 활용해 이 땅에서 사는 삶의 역학적 원리를 설명했다. 카르타고의 키프리아누스Cyprian of Carthage 는 기독교로 회심한 로마 시민으로, 3세기에 북아프리카의 대식민도 시 카르타고에서 주교로 봉직하면서 세상을 이런 식으로 보는 것을 다음과 같이 간결한 금언으로 표현했다. "낙원이 우리의 고향(조국) 이다."²² 하지만 많은 이들이 이 우주에서 우리의 위치에 대한 기독교 적 사고방식의 체험적 측면을 가장 잘 표현하고 포착했다고 인정하 는 것은 바로 포로 생활exile이라는 틀이다. 이스라엘 역사의 획기적 에피소드 하나가 여러 기독교 작가들에 의해 상상력 넘치는 하나의 주형鑄型 속으로 전개되어 들어갔고, 이 덕분에 그리스도인들은 시공 간 세계 안에서 자신의 위치를 머릿속에 그려 보고 평가할 수 있었다. 이 에피소드는 생을 발코니 관점에서 보게 하기는 하지만, 길 위에서 신앙에 대해 생각하는 방식이라는 점에서 진가를 발휘한다. 역사상 의 이 에피소드는 일반적으로 '바벨론으로의 추방'Babylonian Deportation 혹 은 '바벨론 유수'Babylonian Exile로 알려져 있으며, 주전 6세기 상당 기간에 걸쳐 진행된 복잡한 사건이다.²³

포로 생활은 주전 586년 예루살렘과 예루살렘 성전이 파괴되고 다윗 왕조가 종식되면서 시작되었다. 유다 왕국이 바벨론 제국에 맞 서 반항하다가 실패한 후, 느부갓네살은 예루살렘 성을 포위 공격했 고, 주전 597-581년 어간 대다수 성 주민들은 바벨론으로 강제 이송 되었다. 고고학적 증거를 보면 유다의 촌락 지역 주민들은 강제 이송 당하지 않고 고향에 그대로 머물러 살았음을 알 수 있다. 강제로 끌려간 이들은 대개 예루살렘 지역 주민들이었다. 이들은 주전 539년 바벨론이 바사 왕 고레스 대왕에게 멸망당할 때까지 포로 생활을 했다. 일부 유대인들은 그대로 바벨론에 남았지만, 대부분은 그 후 여러 해에 걸쳐 예루살렘으로 돌아와 무너진 성벽과 성전을 재건한 것으로 보인다.

바벨론 포로라는 이 역사상 사건의 서사는 그 자체로 중요하다. 하지만 이 서사는 상상력 넘치는 하나의 주형, 세상을 바라보는 하나의 방식을 만들어 냈고, 이는 기독교 신앙 전통 특히 중세 시대의 전통 안에 널리 채택되어 발전했다. 흔히 그리스도인은 가상의 틀 안에서 자기 위치를 찾아야 한다고들 말한다. 그 틀 안에서 그리스도인은 바벨론으로 끌려간 예루살렘 거민이다. 이들은 바벨론에 속해 있지 않으며, 고국으로 돌아가기를 갈망한다. 강제적으로 고국을 떠나 있는 동안 이들은 잃어버린 고향 땅을 노래하고 고향에 대한 기억을 유지하면서 스스로를 위로하는 한편, 고향으로 돌아갈 날을 학수고대했다. 그때까지 이들은 자신의 참 정체성과 운명을 인식하면서 바벨론에서 소망 가운데 산다. 위대한 중세 신학자 피에르 아벨라르 Pierre Abélard 는 그가 지은 가장 유명한 찬송가 가사에서 이 사실을 다음과 같이 표현했다.

> 이제 그날까지 우리 마음을 북돋아
> 그 나라를 사모하고 탄식해야 하리,
> 바벨론 강가에서 긴 포로 생활을 할 때
> 사랑하는 고향 땅 예루살렘을 그리며.[24]

이는 세상에서 벗어나라거나 세상과 단절되라고 부추기는 말이 아니다. 단지 우리가 사실은 여기 아닌 다른 어떤 곳에 속해 있음을 확인하는 말이다. 이 세상은 우리가 잠시 머무는 곳으로서, 이곳에서 우리는 이 세상 너머에 무언가가 있다는 암시를 모아들이기 시작한다. 플라톤의 비유에 등장하는 어두운 지하 동굴의 죄수들처럼 우리는 어둠의 세상 말고 틀림없이 그 이상의 세상이 있음을 지각한다. 신학자 요제프 피퍼 Josef Pieper는 우리가 날 때부터 지니는 소망과 갈망은 우리를 초월한, 그러나 우리에게 이질적이지는 않은 무언가에 근거를 두고 있다고 말한다. "우리가 날 때부터 지니는 모든 소망의 지향점은, 영생을 희미하게 반사하는 것과 영생의 전조前兆인 듯한 것, 무의식적으로 영생을 준비하는 듯한 것을 완성하는 일이다."[25] 그런 수수께끼 같은 전조는 우리가 사는 세상의 차궁극성 penultimacy(궁극의 바로 전 단계—옮긴이)과 우리의 본향인 또 다른 세상이 저 멀리서 우리에게 손짓한다는 것을 동시에 드러낸다. 아벨라르에게 이 세상은 하나님의 세상이요, 소중히 여기고 감사하며 누려야 할 곳이다. 하지만 여기에는 이 세상이 우리의 참 본향은 아니라는 단서가 붙는다. 이 세상의 경계 너머에 더 좋은 세상이 있으며, 우리가 언젠가 이 더 좋은 곳에 들어가 살기를 바랄 수 있다는 것이다.

'포로 생활'이라는 이 비유적 표현이 기독교 신앙의 신학적 틀에 근거를 두고 있기는 하지만, 이 표현에는 더 광범위한 문화적 반향이 있다. 이는 특히 이 비유적 표현이 이 세상이 우리 본향이 아니라는 느낌에 특정한 이름을 붙여서 그 느낌을 이해하는 하나의 틀을 제공하기 때문이다. 문학비평가 에드워드 사이드 Edward Said 는 '포로' 개념이 한 개별 인간과 '태어난 곳' 사이, 한 사람과 그 사람의 '참 본향' 사이에 있는 '메울 수 없는 틈'에 대해 말해 주어,[26] 일종의 상실감과 소외감을 불러일으킨다고 말한다. 시몬 베유 Simone Weil 는 '뿌리내린다'는 개념을 '영혼이 필요로 하는 것'의 핵심이라고 보았다.[27] '뿌리내린다'는 개념이 반드시 **이 땅에** 소속된다는 의미를 수반하지는 않는다. 그보다 이는 **어딘가에** 소속되는 것을 말하고, 그 덕분에 **이 세상**에서의 삶은 비로소 견딜 만한 것이 된다.

지금까지 주로 우리의 현재 상태, 무엇보다도 이 우주에서 의미를 추구하는 우리의 탐색에 대해 생각해 보았다. 그렇다면 미래는 어떤가? 우리 자신과 우리 세상에 대해서 우리는 어떤 소망을 가질 수 있는가? 이 책 마지막 부분에서는 인간이 직면하는 심각하고도 고민스러운 문제 몇 가지를 생각해 보고 이 문제에 어떻게 대처할 수 있을지 알아보도록 하자.

우리가 과연 인류의 미래에 소망을 가질 수 있는가? 지구상에 존재했던 모든 생물 종(種)의 99.9퍼센트가 이제는 멸종했다는 사실을 고려할 때, 우리의 생존 가능성은 얼마나 될까? 지구상에서 인간의 여정이 너무 빨리 끝나게 될 것이라는 심각한 위험에 대해 많은 이들이 점점 의견일치를 보이고 있는 것 같다. 우리는 자연재해로 일거에 멸종될 수도 있다. 우리는 자멸할 수도 있다. 어쩌면 다른 종으로 변형될지도 모른다. 트랜스휴머니즘이 암시하는 것처럼 이번 경우에는 어쩌면 앞으로 우리가 스스로 진화를 주도함으로써 그렇게 될 것이다. 우리는 정말 알지 못한다.

3부

우리의 미래가 궁금하다

10 우리의 무엇이 문제인가?
죄 개념이 왜 필요한가

> 모든 게 그렇게 단순하다면!
> 교활하게 악행을 저지르는 악한 사람들이 어딘가에 있고,
> 그 악인들만 따로 분리해 없앰으로써 모든 게 해결될 수 있다면.
> 하지만 선과 악을 나누는 선線은 모든 인간의 마음 한가운데를 지난다.
> 자기 마음 한쪽을 잘라내고 싶은 사람이 어디 있겠는가?[1]
> **알렉산더 솔제니친**

인류의 미래는 어떠할까? 아무도 모른다. 우선, 지구에서 공룡류를 일소시켰다고들 하는 그런 재앙이 우리에게도 닥칠지 모른다. 운석이나 혜성 충돌로 인한 '멸종 사건' 말이다.[2] 이런 사건은 정말 예측 불가능하다. 할리우드 영화 제작자들이 비록 상상력 넘치긴 하지만 그들도 이런 예측 불가능한 일은 피할 수 없을 것이다. 무엇보다 염려스러운 일은, 스스로 발전시켜 온 과학기술 때문에 인간이 이제 독특한 처지가 되었다는 것이다. 지구상의 모든 생물 종 중에서 오직 우리 인간만이 대량 멸절을 자초할 수 있다. 어쩌면 핵무기나 살상용 병원균을 무분별하게 사용함으로써 말이다. 스스로 멸종을 초래할지도 모르는 생물 종은 지구상에 인간 말고 존재한 적이 없다.

하지만 어떤 이들은 물을 것이다. 인간은 왜 멸망을 자초할 만큼

지극히 어리석고 잘못된 일을 하느냐고. 인간이 '이성의 시대'에 걸맞게 이상화된 합리적 계산기계라면 그런 기괴한 짓은 꿈도 꾸지 않을 것이다. 그러나 인간의 미래를 생각할 때 우리는 한 가지 불편한 질문을 할 수밖에 없다. 우리가 정말 그 정도로 똑똑한가? 아니면 우리에게 뭔가가 잘못되어서, 그것이 우리에게 매우 지혜롭지 못한 짓을 허용하거나 심지어 강요하는 것은 아닐까?

우리는 우리 자신을 알 필요가 있다. 우리가 누구이고, 원래 어떤 존재여야 하는지, 그리고 우리는 왜 그리 자주 심한 잘못을 저지르는지. 나는 영국 수필가 윌리엄 해즐릿William Hazlitt, 1778-1830을 그리 좋아하지는 않는다. 그런데 해즐릿의 금언 몇 가지는 힘 있게 정곡을 찌르며, 그의 투명한 문체는 그 금언에 담긴 혹독한 진실을 완곡하게 전한다. 인간의 본성에 관한 그의 촌평이 확실히 그러하다. "인간은 웃고 우는 유일한 동물이다. 인간은 실제와 이상이 얼마나 다른지 알고 충격을 받는 유일한 동물이기 때문이다."[3] 헤시오도스Hesiod와 플라톤도 조화와 안정과 번영이 삼박자를 이루었던 잃어버린 '황금시대'에 대해 이야기했는데, 이 시대에 대한 기억은 현재를 떠돌며 사람들의 애를 태웠고, 현실이 원래 이래서는 안 되는 거라고 넌지시 알려 주었다. 풍요롭고 복잡한 기독교 세계관은 잃어버린 낙원에 대한 덧없는 기억과 장차 그 낙원을 회복할 소망의 관점에서 인간 역사의 틀을 짠다. 우리에게 뭔가가 잘못되었다. 그런데 그게 무엇인가? 이 문제에 대해 우리가 뭔가 할 수 있는 일이 있는가? 이 현실과 우리가 생각하는 올바른 현실 사이의 엄청난 간극을 어떻게 해야 납득할 수 있을까?

인간의 역사는 밝은 소망과 음울한 실패로 어수선하다. 어떤 이들은 어리석게도 과학기술적 발명품이 전쟁과 고통을 종식시킬 것이라 기대하지만 오히려 전쟁과 고통을 증대시키는 데 쓰일 것으로 보이는 이 발명품들로도 인간 역사는 어지럽혀져 있다. 이 수수께끼를 어떻게 이해해야 할까? 인간의 본성을 어떤 '큰 그림'으로 그려야 당혹스럽고 대개는 실망스러운 역사 진행 패턴을 납득할 수 있을까? 아니, 과연 역사의 진행 방향을 더 나은 쪽으로 바꿀 수는 있을까? 어떤 이야기로 우리가 처한 딜레마와 괜찮은 해법을 조리 있게 설명할 수 있을까?

인간이 처한 딜레마의 틀 짜기

영국의 위대한 문학가 새뮤얼 존슨Samuel Johnson과 그의 전기 작가 제임스 보즈웰James Boswell은 1765년에서 1766년 사이 유럽을 일주할 때 이탈리아 극작가 주세페 바레티Giuseppe Baretti를 만났다. 바레티는 갈릴레오가 세상을 떠난 지 한 세기도 더 지나, **그래도 지구는 돈다** eppur si muove는 말이 갈릴레오가 한 말이라고 근거도 없이 주장한 것으로 가장 잘 알려진 사람이다. 대화 중 바레티는 인간이 근본적으로 선하다는 개념을 다음과 같이 적절한 말 한마디로 일축해 버렸다. "나는 인간이 싫습니다. 내가 생각하기에 나 자신도 가장 훌륭한 인간 축에 끼는데, 그런 내가 얼마나 나쁜 인간인지 저 스스로 잘 알기 때문

이지요."⁴

농담처럼 던진 위트 있는 발언이었고, 보즈웰은 이 말의 취지를 십분 이해했다. 그건 아마도 바레티의 발언이 '이성의 시대'라는 당대의 주요 상투어, 인간의 이성적·도덕적 능력을 높이 보았던 그 상투어에 위트 있는 반격을 날렸기 때문일 것이다. 그 시대는 무한한 낙관주의의 시대로, 이성을 지닌 피조물이 끊임없이 더 높은 곳으로, 더 큰 성취를 향해 누구도 막을 수 없이 진보한다는 인식으로 추동력을 얻고 있었다. 19세기 들어 포이어바흐와 마르크스가 신앙이란 인간이 만들어 낸 것으로서 현실 세상에는 이를 뒷받침할 만한 게 없다고 하는 종교 비판을 내놓음에 따라 위의 견해는 새로운 에너지를 주입받았다. 하나님은 하나님 자리에서 폐위되었다기보다 알맹이 없는 허구虛構로 선언되었고, 따라서 인간은 인간보다 더 높은 어떤 권위 앞에 아무 책임도 질 필요가 없었다. 전쟁이 일어나는 것은 종교적 편협성이라는 끈질긴 유산遺産 때문이었다. 종교를 무력화하라, 그러면 세상은 평화로운 곳이 될 것이라고 했다.

하지만 이 모든 것은 다 잘못된 주장이었다. 서양 사상가들은 1815년에서 1914년 사이에는 지구상에 사실상 분쟁이 없었다는 이유 때문에 그릇된 안도감에 빠져들었던 것 같고, 인간의 폭력과 야만성이 이제 과거의 일이요 과학과 합리적 사고의 발흥으로 폭력과 야만이 다 철폐되었다고 섣불리 결론내린 것 같다. 하지만 20세기 들어 전 지구적으로 전쟁과 파괴 행위가 폭발적으로 늘어나면서 인간의 폭력성이라는 화산이 영구히 활동을 그친 게 아니라 잠시 휴화산 상태였다는 불편한 사실이 분명히 드러났다.[5] 화산은 또 분출할 것으로 예상된다.

앞에서 보았다시피, 지오바니 피코 델라 미란돌라는 인간에게 천사나 야수가 될 수 있는 능력이 있다고 했다. 그렇다면 우리 안에 있는 어떤 것 때문에 우리가 천사보다는 짐승 쪽으로 기운다면 어떻게 되겠는가? 지난 세기에 드러난 인간의 잔인성을 보면 그게 사실일 수 있겠다는 생각이 들고, 인간이 처한 상황에 대해 옛날 사람들이 했던 지혜로운 이야기가 다시금 떠오른다. 어쩌면 우리는 좀 더 평화롭고 인도적인 세상에 대한 계몽주의 시대의 기대를 뒤늦게 인지한 것일 수 있다. 이 소망은 그 자체로는 칭찬할 만하지만, 이 소망이 이뤄지느냐는 인간이 계몽주의 자체의 이상화된 허구가 아니라 좀 더 현실적이고 탄력성 있는 인간관을 채택하느냐에 달려 있다.

철학자 조너선 글로버Jonathan Glover는 20세기 인간의 폭력성을 소름끼칠 만큼 정확하게 묘사하면서 "계몽주의의 엉성하고 기계적인 심리학을 뭔가 더 복잡하고 뭔가 현실에 더 근접한 것으로 대체"할 필요가 있다고 말했다.[6] 우리는 "우리 내면에 있는 어떤 괴물을 면밀하고 분명하게 파악할" 필요가 있다. 그 괴물을 우리에 가둬 두고 길들이려면 말이다. 인간 본질을 견실히 진단할 필요가 있는 것은 바로 그 때문이다. 우리의 희망사항에 불과한 망상적 약속의 말은 신빙성도 없고 유용성도 없다는 사실이 곧 드러난다.

우리는 스스로 선하다 생각하고 싶어 하며, 그런 믿음을 뒤엎는 증거는 속 편히 무시해 버린다. 인간이 아주 잘하는 일 하나가 바로 자신이 틀렸음을 인정하기를 거부하는 것이다. 자기가 틀렸음을 인정하지 않으려고 인간은 골대를 자주 옮기고, 서사를 다시 쓰고, 어휘를 재정의하는, 인상적이지만 무익한 시도를 한다.[7] 패배는 승리로 재정의된다. 물론 이는 전혀 말이 되지 않는다. 하지만 이는 지극히 인간적인 행동이기도 하다. 그게 바로 우리 인간이다. 불행한 일이지만 우리 인간은 자신이 근본적으로 선하다고 생각하기를 좋아하고, 만사를 이에 맞춰 해석하는 틀에 자기를 가두고는 이 도그마에 도전하는 것은 무엇이든 다 걸러 낸다. 하지만 그게 옳지 않다는 것은 누구나 다 알고 있다. 그러므로 이제 우리에게 무엇이 잘못되었는지, 그리고 이에 대해 우리가 할 수 있는 일이 무엇인지 알아보도록 하자.

인간의 딜레마에 대한 잘못된 해법

인간이 본질적으로 선하다는 독단적 견해는 명백히 그릇된 개념으로서, 다섯 가지의 매우 창의적인, 그러나 지적인 면에서는 받아들이기 어려운 방식으로써만 유지된다.

1. 인간에게 어떤 문제가 있음을 부인하는 방식. 인간에게 어떤 흠이나 결함이 있다고 암시만 해도 이를 비합리적인 황설수설로 치부한다. 그래서 우리는 자신의 흠결과 부족함이 사실은 우리의 장점이요 강점임을 스스로에게 설득하기 위해 우리가 쓰는 언어에서 부적당한 요소를 다 제거한다. 우리는 실패하지 않는다, 다만 제한적 수준의

성공을 이룰 뿐이다. 우리는 거짓말하지 않는다, 다만 다른 사람들이 불쾌히 여길 만한 일에 대해 해석을 제공할 뿐이다. 문제는 언제나 내가 아니라 다른 누군가에게 있다. 이는 말을 재보정함으로써 진실을 (그리고 우리 자신을) 외면하는 고전적 수법으로, 현실을 받아들이기보다는 환상을 유지하려는 의도에서 나온다.

2. 역사를 도외시하거나 목적에 부합하지 않는 증거는 전체 그림에서 간단히 지워 버리는 식으로 역사의 서사를 선별적으로 제시하는 방식. 예를 들어 1920년대 소비에트에서는 실각한 지도자들을 사진에서 지우고 대신 화분 식물을 합성해 넣는 식으로 사진을 변조하는 기괴한 짓을 했다.

3. '인간'being human 을 '선하다'being good 는 말과 동일시하는 방식. 인간은 **당연히** 선하며, 이 근거 없는 주장에 대한 그 어떤 논박이나 반론도 가능하지 않다는 의미의 기만술. 이 터무니없는 범주 왜곡은 도덕적으로 득의만만한 자기만족의 세계에 우리를 가두며, 그 세계 안에서 우리는 우리가 마땅히 어떤 모습이어야 하는지, 어떤 모습이 될 수 있는지 알고 그렇게 되어야 한다고 도전을 받기보다, 그냥 현재 모습에 박수갈채를 받는다.

4. '선'과 '악'은 객관적 현실 안에 아무런 근거도 없는 그저 사회적 해석일 뿐이라고 선언하는 방식. 따라서 우리가 선하다고 여겨지느냐 악하다고 여겨지느냐는 판단받는 사람의 자질이 아니라 판단하는 사람의 편견과 사전事前 상태에 달려 있다. 그 결과, '선'과 '악'은 현실 세상에 대한 진단 능력을 갖춘 타당한 진술이 아니라 판단을 좌지우

지하려는 사람이 지닌 구체적 편견에 지나지 않는 것으로 간주된다.
5. 인간은 선한 사람과 악한 사람 두 범주로 나뉠 수 있다고 단언하는 방식. 악한 사람은 이 세상의 악에 책임이 있는 반면, 선한 사람은 악한 사람에게 뚜렷이 부재하는 근본적 선함을 구체화해서 보여준다. 이 깔끔한 이원화 해법은 그 자체에 윤리적 명령을 담고 있다. 즉, 악이 특정 인간 집단 안에 자리 잡고 있을 수 있으므로, 실행 가능한 어떤 방법으로 인간의 선함을 보호하고자 한다면 악한 사람은 무조건 피하거나 고립시키거나 없애 버려야 한다는 것이다.

과거 역사와 현재 상황은 한목소리로 지적한다. 인간에게는 선을, 심지어 영감 있는 일을 행할 능력이 있지만, 다른 한편으로 상황을 엉망으로 만들고 악화시키는 능력도 그에 못지않아 그런 능력이 대개(다행히 늘 그렇지는 않지만) 악으로 이어지고 뭇사람들에게 고통을 끼치는 결과를 낳는다는 것이다. 초대교회의 가장 중요한 사상가로 손꼽히는 아우구스티누스는 어떤 일이 그 자체로는 선하다 해도 도덕적 타락의 매개체가 될 수 있다고 주장하여, '악'을 '오염과 부패의 전달체'와 단순히 동일시하는 행태에 반격을 가했다.[8] 인간이 세상 속에서 살아 나가는 일의 복잡성, 거기서 도출되는 도덕적으로 다채로운 결과들을 다 다루려면 좀 더 풍성한 어휘가 필요하다.

인간에 관한 불편한 진실 하나는, 인간이 선한 것을 가지고 철저히 역겨운 짓을 완벽히 해낼 수 있다는 점이다. 과학과 종교도 심각하게 잘못될 수 있다. 어느 진영에서든 이론가들은 자신의 실패가 포착

될 경우 사실을 복잡하게 설명함으로써 부담을 덜고 이런 실패를 보편적 진실을 드러내 주는 일로 묘사하기 쉽다. 그렇다, 과학과 종교도 잘못될 수 있다. 그것도 **아주** 심하게. 그렇다고 해서 과학이나 종교가 나쁘다는 말은 아니다. 다만 이는 과학과 종교도 철저히 인간이 하는 일임을 보여준다.

이 문제는 좀 더 깊이 파고들어 가야 할 것이다. 인간이 **기꺼이** 악을 행할 수 있다는 사실을 인정하기 꺼려하는 이들이 많은 것 같다. "지고至高한 것을 보면 반드시 사랑해야 한다"(알프레드 테니슨)라는, 매력적이되 지극히 순진한 믿음으로는 인간의 복잡다단함과 복합적 행동동기를 공정하게 다루지 못한다. 우리 인간은 다 선한 일과 악한 일을 할 수 있고, 선하기도 하고 악하기도 할 수 있다. 어느 만큼이나 그럴 수 있는지 사람마다 정도의 차이는 있겠으나, 우리들 대다수는 우리 안에 있는 이런 긴장 상태를 인정할 만큼은 정직하며, 이 긴장 상태가 우리를 각각 다른 방향으로 끌어당긴다.

우리 인간의 문제는, 인간 본질의 이 복잡성을 적절히 설명할 어휘가 부족한 듯하다는 것이다. 이는 우리 마음을 교란시키는 수수께끼로서, 옹호할 만하고 박진감 있게 인간의 본질을 설명하고자 한다면 이 수수께끼를 인정하고 이와 씨름해야 한다. 악은 '타자'에게, 즉 나 아닌 다른 누구나 다른 어떤 것에 있지 않다. 휴면하고 있는 악이든 활동하고 있는 악이든 악은 우리 각 사람 안에 살아 있는 현존이다. 알렉산드르 솔제니친Aleksandr Solzhenitsyn은 소비에트 강제노동 수용소 경험을 통해 "선과 악을 나누는 선線은 모든 인간의 마음 한가운데를 지난다"라는 사실을 깨달았다. 악은 '타자'에게 있는 것으로 간편히 취급할 수 있는 게 아니다. 다른 누군가에게, 혹은 다른 어떤 것에 있는 악이 나를 오염시키는 게 아니다. 악은 우리 안에 깊이 뿌리내리고 있다. 우리는 우리 자신을 무고한 악의 피해자로 묘사하기를 좋아해서, 우리가 어떤 상황에서는 내재된 악의 성향을 완벽히 활성화할 수 있다는 불편한 진실을 못 본 척하는 쪽을 택하곤 한다.

인간이 과학을 가지고 어떤 염려스러운 짓을 해왔는지 살펴보면서 이 문제를 탐구해 보도록 하자.

과학의 순수성이 훼손되다

인간은 일을 엉망으로 만들어 놓는 짓을 아주 잘한다. 어떤 영역이든 인간의 손길만 닿으면 신기하게 모든 일이 풍비박산 난다. 과학은 오늘날 세상에서 가장 힘 있는 영역으로 손꼽힌다. 과학은 위대한 일을 이룰 능력이 있다. 하지만 과학은 어떤 전율할 만한 일을 향해서도 문을 열어 놓았다. 몇 년 전 현대 세계에서 과학의 위치에 관해 케임브리지 대학교에서 토론회가 열렸던 것이 기억난다. 한 발언자는 과학이 인류를 구했다고 선언했다. 과학이 인간에게 준 페니실린과 새로운 의학 기술이 인명을 구하고 수명을 늘렸다고 했다. 그가 발언을 마치자마자 청중은 분노하며 반박했다. 과학에 대해 자신이 지닌 낙천적 입장에 들어맞는 부분만 걸러서 말하지 말고 전체적으로 다 이야기하라고 말이다. 원자폭탄을 비롯해 기타 대량 살상용 무기에 대해서는 뭐라고 말할 텐가? 이 역시 과학자들이 만들어 낸 것 아닌가? 모두가 불편한 순간이었다. 마치 모두가 숨겨 두고 싶어 했던 음울한 비밀이 커튼이 걷혀 드러나는 것 같았다.

과학의 도덕적 모호성은 과학이 윤리 면에서 맹목적이기 때문이기도 하고, 인간이 도덕적으로 상충되는 원리들을 가지고 과학 작업을 하고 결과를 적용하기 때문이기도 하다. 이 주제를 깊이 생각하다 보니 1970년대 초 옥스퍼드 대학교에서 화학을 공부하던 시절이 기억난다. 당시 나는 자연과학에 대해 아주 낙관적이고 긍정적인 태도를 갖고 있었으며, 그래서 자연과학을 그 자체로도 멋질 뿐만 아니라 인간의 수명을 늘리고 질병과 가난을 없앨 길을 열어 준 지적 작업으로 보고 있었다. 과학을 그렇게 본 내 시각은 옳았다. 하지만 부분적으로만 옳을 뿐이었다.

이때 옥스퍼드 대학교 화학 전공의 핵심 수업 중 하나는 복합 유기 화합물이 만들어지는 대사경로 수업이었다. 이 분야 유력 권위자는 루이스 프레더릭 피저 Louis Frederick Fieser, 1899-1977 였는데, 피저의 고전적 저작 시리즈 『유기합성시약』 Reagents for Organic Synthesis, 1967 은 내 연구 작업에 많은 아이디어를 주었다. 피저는 하버드 대학교 셸던 에머리 유기화학 교수로 봉직하면서 자기 분야에서 걸출한 국제적 명성을 얻고 있었다. 피저와 그의 아내 메리 피터스 피저 Mary Peters Fieser, 1909-1997 는 스테로이드 코티손과 비타민 K를 포함해 혈액 응고에 필요한 일련의 중요 자연발생 화합물을 인공으로 합성해 내는 분야를 개척했다.[9] 두 사람이 개발한 탁월한 합성 방법 덕분에 의학적으로 중요한 화학물질 가격이 훨씬 저렴해지고 더 널리 쓰일 수 있게 되었으며, 따라서 환자 처치에 아주 유익한 결과를 낳았다. 2차 세계대전 당시 키니네quinine(말라리아 치료에 쓰이는 자연발생 화합물) 공급이 달리기 시작하면서 피저와 피저의 연구 작업은 점점 더 중요해졌다.

1970년대 초 옥스퍼드에서 과학을 공부하던 대학생으로서 내가 루이스 피저에 대해 알고 있던 것은 그게 전부였다. 그 후 옥스퍼드 대학원 생화학과 연구원이 되어서야 나는 피저가 2차 세계대전 중 또 다른 프로젝트에도 관여했다는 사실을 알게 되었다. 미 육군은 밀림 속 병력 집결지를 없애고 태평양전쟁 현장의 인구 집중 지역을 파괴하기에 적당한 화학 무기를 긴급히 필요로 했다. 피저를 비롯해 하버드 대학교 화학자들로 구성된 연구팀은 이 대량 살상 무기를 개발하기로 하고 계약을 체결했다. 이들은 건물과 인체에 달라붙는 페트롤라툼 겔petrolatum gel인 '네이팜'탄을 개발했다. 이 폭탄은 일단 불이 붙으면 제거할 수도, 끌 수도 없었다. 미 육군 화학전 담당국의 시험을 거쳐 이 폭탄은 일본의 도시들을 불바다로 만들기에 이상적인 무기로 확인되었다. 네이팜탄은 1945년 일본에 원자폭탄 두 발을 투하했을 때의 사망자 수를 합친 것보다 더 많은 일본인들을 죽인 경이로운 군사적 성공작으로 입증되었다.[10]

이 사실을 처음 알게 되었을 때 나는 피저라는 사람에 대해 깊이 갈등했다. 인간의 수명을 늘리고 삶의 질을 높여 주는 화학물질 합성법을 개척한 사람이 어떻게 하나의 산업의 규모로, 그것도 끔찍할 만큼 비인도적인 방식으로 생명을 종식시킬 구체적 목적을 지닌 화학

물질을 만들어 낼 수 있단 말인가? 네이팜탄이 일본군과 민간인에게 끼친 충격은 단순히 육체적인 데 그치지 않고 심리적인 부분에까지 미쳐서, 산 채로 불에 타 소름끼칠 만큼 고통스럽게 죽어 가는 데 대한 공포를 불러일으켰다.[11] 피저를 보는 내 시각은 점점 음울하고 혼란스럽게 변해 갔는데, 이는 전문가로서 피저의 이력에 이런 양면성이 있는 것을 내 생각 속에서 어떻게 조화시킬지 몰라 곤혹스러운 데다가 이 곤혹스러움이 또 하나의 괴로운 질문을 유발했기 때문이었다. 그 질문은, 한 유력한 과학자의 이런 도덕적 모호함이 과학 자체에도 내재되어 있으면 어떡하느냐는 것이었다.

과학을 대하는 내 마음가짐 속에서 이런 근본적 불협화음을 조정해 낸다는 것은 쉽지 않은 일이었다. 나중에 알고 보니 물리학자들 중에도 자신의 연구가 군사적으로 활용되어 핵무기가 개발되는 것을 보면서 나와 비슷한 불안감을 겪은 이들이 많았다. 점차적으로 나는 과학이 선하지 않다는 결론에 이르게 되었다. 과학은 중립적이었다. 과학은 선을 위해서도, 악을 위해서도 쓰일 수 있는 어떤 것이었다. 모든 것은 과학을 활용하는 사람과 그 사람의 마음에 달려 있었다. **과학이 도덕적으로 양면 가치가 있음은 인간이 도덕적으로 양면성이 있기 때문이다.**

그렇다면 우리는 이 사실을 어떻게 이해해야 할까? 그리고 이에 대해 우리는 무얼 할 수 있을까? 우선, 문제 자체를 직시하는 것으로 시작해 보자.

인간의 문제를 직시하기

로완 윌리엄스Rowan Williams가 한번은 말하기를, "인간에게는 비현실적인 일에 대한 일종의 위험한 취향이 내재되어 있다"라고 했다.[12] 우리는 만사가 유쾌함이고 빛인 가상의 세상을 선호한다. 물론 우리가 외집단out-groups으로 치부하는 세상은 논외로 하고 말이다. 그 외집단 사람들은 예외 없이 착각에 빠져 있고, 악하고 어리석으며, 미개한 정서 상태에 갇혀 있어서, 원래 이들이 속한 곳, 즉 원시인류 진화 초기 단계로 보내 버려야 할 사람들이다. 우리는 우리 자신의 중요성을 강화하고 우리가 멸시하는 사람들의 중요성을 훼손하려는 의도의 세계관을 고안해 낸다. 급기야 우리는 지식이나 분별력을 증진하는 데 아무 도움도 안 되는 이기적 신화의 자발적 포로가 된다.

철학자 존 그레이John Gray의 『하찮은 인간, 호모 라피엔스』Straw Dogs, 2002는 인습을 타파한 책으로, 도회풍 디너파티에서 캘리포니아산 와인과 함께 사람들의 입에 오르내리는 지루한 인본주의 철학류의 가식을 신랄하게 헐뜯었다. 그레이가 보기에 "인간은 망상 없이는 살지 못한다." 인간의 진보나 선함에 대한 맹목적 믿음 같은 것 말이다.[13] 인본주의자들은 자신들에게 세상을 합리적으로 보는 시각이 있다고 자기를 기만하기를 좋아하지만, 도덕의 진보에 대한 이들의 핵심 신념은 '미신'으로서, 세상의 그 어떤 종교와도 비교할 수 없을 만큼 인간이라는 동물에 관한 진실과 동떨어져 있다. 과학과 기술의 진보는 이기적이고 부패한 인간의 의제agendas에는 기여하지만 사회·정치적 발전으로 반드시 연결되지는 않는다. "철도, 전신, 독가스가 없었다면 홀로코스트는 일어나지 못했을 것이다."[14]

그레이는 그런 망상 대신 인간 본성을 다윈 식으로 무자비하게 설명했다. 즉, 진보 개념 같은 소중한 개념을 다윈 전(前) 시대의 신화로 여겨 폐기하는 것이다. "인간은 다른 동물과 마찬가지로 더는 자기 운명의 주인일 수 없다."[15] 우리의 세상을 개조하려는 웅대한 사회적 실험은 실패할 운명임을 알아야 한다. 왜냐하면 그 실험을 인간이 전개하며, 자신을 신뢰하고 자신에게 권한을 주려는 망상 성향의 인간에 의해 그 실험이 좌우되기 때문이다. 우리는 종교나 과학적 설명이나 완전한 사회에 대한 어떤 꿈이 주는 위로 없이도 사는 법을 배워야 한다. 따지고 보면 인간이 진화한 것은 진리나 삶의 의미를 발견할 수 있기 위해서가 아니었다. 인간은 번식하려고 진화했다는 것이다.

리처드 도킨스가 종교란 인간의 망상을 정의하는 것이라 일축한 데 비해 그레이는 종교를 여러 망상 중 하나로 본다. 예를 들어 도킨스 본인은 인정하지 않겠지만 도킨스처럼 관례적으로 사고하는 사람들bien Pensants이 자기도 모르게 받아들이는 망상이 있는데, 그것은 이들이 어찌된 일인지 종교를 비판하면 자기 사상의 합리성이 확립된다고 믿는다는 것이다. 이런 사람들은 (자기보다 못한) 다른 사람들이 품는 망상의 이름을 들먹이면 여하튼 자기 신념의 타당성이 인정된다고 생각한다. 오히려 그런 행동 때문에 자기들 신념에 증거가 빈약하다는 사실을 보지 못하게 될 뿐인데 말이다.

인본주의자들 중에는 "인간은 억누를 수 없는 살상 취미로 무기를 만들어 내는 동물"이라는 그레이의 견해를 무시해 버리는 이들이 많을 것이다.[16] 하지만 그레이의 말은 증거가 있는 주장이기 때문에 우리 마음에 들지 않는다고 간단히 무시해 버릴 수 없다. 그레이의 주장이 과장일 수도 있다. 하지만 나라면 이런 불편한 통찰을 지지하는 역사적 증거의 실체를 살펴보는 것을 맹목적으로 거부하기보다는 차라리 언짢은 진실을 과장해 말하는 편을 택하겠다.[17] "죽음의 수용소는 레이저 수술만큼이나 현대적"이라는 그레이의 말은 미묘한 해석이 필요할 수 있다. 하지만 그의 주장에는 충분히 일리가 있어서, 이를 토대로 가장 완강한 합리주의자의 망상에도 이의를 제기할 수 있다. 아마도 그레이는 비교적 이상주의적인 동료 철학자들의 말보다 R. G. 콜링우드 R. G. Collingwood 의 1939년 발언을 더 마음에 새겼던 것 같다. "20세기 철학이 주로 할 일은 20세기 역사를 평가하는 일이다."[18]

인간의 본질에 관한 몇몇 주도적 계몽주의 사상가들의 낙관적 견해를 포기해야 할 근거는 차고 넘친다. 내가 보기에, 시대에 뒤떨어진 이념적 정설에 대한 희망 없고 교조적인 헌신 말고는 우리가 이 신화를 유지해야 할 그럴듯한 이유가 없다. 어쨌든 이제 우리는 마침내 깨달은 것 같다. 교과서에서 설명하는 계몽주의는 사실상 "얇은 휘장으로 가린 이념 선언 혹은 시대 조류의 어슴푸레한 반영"이라는 사실을 말이다.[19] 달리 말해, 우리는 진보적인 이 시대의 지적·사회적 전망을 과거 '이성의 시대'에 투사하여 우리 나름의 이미지로 재구성하는 경향이 있다. 다행한 일은, 지식사가들이 계몽주의는 과거 세대가 생각했던 것보다 훨씬 다양한 운동이었음을 증명하고 있다는 점이다. 인간 이성의 한계를 포함해 지금 시각에서 인간 본성에 대한 더욱 현실적 설명으로 볼 수 있는 이야기를 전개해 나간 작가들을 계몽주의 운동이나 그 주변에서 어렵지 않게 찾아볼 수 있다. 앞에서(53-54쪽) 언급한 알렉산더 포프의 『인간론』은 인간 본성에 대해 명민하고 예리한 통찰을 제공하고 있으며, 덕분에 우리는 현대에 자행된 종족 말살 행위의 공포를 이해하기 시작한다.

종족 말살에 대해 "예술이나 기도 못지않게 인간다운" 행위라고 한 그레이의 말은 과장일 수 있다. 하지만 아무리 과장이라 해도 이는 인간의 이런저런 부족함을 말할 때 우리가 어떤 어휘를 써야 하는지에 대해, 이런 부족함을 우리의 진화 역사 내부에서 생겨 나오는 것으로 봐야 하는지 아니면 다른 어디에서 생겨 나오는 것으로 봐야 하는지에 대해 문제를 제기한다. 다음 단락에서는 죄라는 기독교 용어를 다시 살펴보면서, 죄라는 이 말이 인간의 성향, 즉 자신의 최고 업적의 가치를 떨어뜨리고 파괴하려 하는, 합리적으로 설명이 안 되고 피할 수도 없어 보이는 성향을 확언하고 설명해 주려 한다는 사실에 대해 알아보자.

죄를 다시 이야기해야 하는 이유

내가 무신론에서 기독교로 옮겨 갈 때 촉매가 된 것은 '큰 그림'의 중요성을 점점 더 깊이 깨달아 갔다는 점이다. 과학자로서 나는 어떤 이론에 관찰과 경험을 설명할 능력이 있다면 그 점이 바로 그 이론이 진리임을 가리켜 준다고 생각했다. 나는 기독교의 '큰 그림'이 무신론에 비해 이 세상에 훨씬 더 설득력 있게 들어맞는다는 입장을 갖기에 이르렀다.[20] 나는 모든 이들이 나의 이 믿음을 공유할 것으로 기대하지는 않는다. 하지만 생명과 세상을 보는 이 영향력 있고 엄청난 생성력을 지닌 방식이 도대체 무엇인지, 왜 그렇게 많은 사람들이 이 방식의 도움을 받아 인간 본질의 수수께끼 및 모순으로 보이는 것들을 납득하는지 이해하는 게 중요하다.

18세기 프랑스의 계몽주의 철학자들은 죄 개념이 인간에게 모욕이 된다고 여겨 이 개념을 무시했다. 죄 개념은 인간에게 흠과 오류가 있고 이기적이며 폭력적인 성향이 있음을 시사한다고 여겼다. 하지만 계몽주의를 비판하는 이들은 프랑스혁명 후 이어진 '공포정치'Reign of Terror 시대의 비합리성과 폭력성을 보면 인간의 이런 성향을 엄연히 확인할 수 있을 듯하다고 정반대의 주장을 하면서 그 성향을 올바로 인식하고 명시할 것을 촉구했다. 죄를 말하는 용어가 아무리 낡아 보여도, 죄의 어휘는 인간 본질의 근본적 모호성과 맞물리며, 인간의 미래에 대한 순진한 유토피아적 환상에 이의를 제기한다.

인간의 모든 제도는 왜 그 제도의 목표를 뒤엎는 것처럼 보이는가? 하나의 제도로서의 기독교회는 걸핏하면 사회적 힘과 압력의 피해자가 된다. 한 가지 예로, 교회는 교회 고유의 사명을 계속 이어가기 위해 필요 자원을 축적해야 하는데, 이렇게 하다가 결국 교회는 교회의 핵심 가치와 타협을 하고 만다. 교회만 그런 게 아니다. 성속聖俗을 불문하고 수많은 제도들이 인간의 결함 때문에 실패하고 무너진다. 예를 들어, 21세기의 첫 십 년 동안 유엔은 아프리카의 취약한 지역을 보호하려고 '평화유지'군을 파송했다. 그래서 어떻게 되었는가? 이 군대는 그 지역의 여성들을 강간하고 학대해서 '평화유지군 베이비'peacekeeper babies라는 새로운 사회문제를 일으켰다. 유엔 사무총장 반기문은 평화유지군이 저지른 이 말도 안 되는 성적 학대 행위를 가리켜 "우리 시스템의 암덩어리"라고 했다.[21]

하지만 신학자 라인홀드 니버가 예언적으로 말한 것처럼, 인간이 만든 제도의 결함은 결국 그에 상응하는 인간 본성 자체의 결함에서 비롯된다.[22] '암덩어리'는 '시스템'에만 있는 게 아니라 그 시스템을 만들어 낸 인간에게도 있다. 이것이 바로 니버가 미국의 헌정 체계, 거기 부속된 견제와 균형 원칙, 그리고 사회 내에서 일어날 불가피한 갈등을 인식하고 권력의 과도한 집중을 막을 수 있는 실행 가능한 수단을 요구하는 비범한 특질에 그토록 경의를 표하게 된 이유 중 하나다.

인간이 근본적으로, 그리고 뿌리 깊이 선하다는 망상에 근거해 사회정책이나 윤리적 사상 같은 중요한 사안들이 결정되게 해서는 안 된다. 삶의 경험적 현실은 우리에게 뭔가가 잘못되었음을 깨달으라고 요구하며, 이 불편한 진실을 직시하고 그 영향을 최소화할 수 있는 방법을 찾아내라고 강권한다. 기독교는 인간의 본질에 대한 더할 나위 없이 현실적인 설명으로 여겨지는 내용들을 제시하는데, 이 설명을 '비관적'이라 일축하는 이들은 세상에서 일어나는 일들에 눈감고 있는 이들뿐이다.

기독교는 인간 본질에 대한 평가 내용을 제시한다. 이 평가는 우리 인간에게 죄책이 있거나 태만해서 선을 추구하고 악과 싸우지 못했다고 하는 법정적 판단으로 볼 수 있다. 이런 식의 도전에 이따금 대처하려면 우리 모두 도덕적 완전함이라는 망상을 지니고 있어야 할 것이다. 하지만 인간의 상태에 대한 이 평가는 **의학적** 판단이라는 틀을 통해서 볼 수 있다. 즉, 우리에게 무엇이 문제이고, 우리를 고치려면 무엇을 할 수 있는지, 혹은 원래 우리가 어떤 사람이어야 하는지 알고 그런 사람이 되려 할 때 이를 가로막는 고질적이고 끈질긴 상태를 해결하는 데 도움이 되는 게 무엇인지 알려 주는 진단인 것이다.

기독교의 인간 이해에는 두 가지 핵심 초점이 있다. 하나는 인간이 '하나님의 형상'을 지녔다는 관념이고, 또 하나는 죄 개념이다. 두 개념 모두 해석의 여지는 좀 있지만, 기독교 전통 내부에는 이 두 핵심 개념이 무엇을 말하려 하는지에 대한 폭넓은 의견합일이 있다. 인간이 '하나님의 형상'을 지녔다는 인식은 인간의 본성에 내재된 본능적 충동에 대해 말하며, 이는 아마 하나님을 향한 '귀소 본능'으로 개념화할 수 있을 것이다. 나침반의 바늘이 자극磁極 쪽으로 움직이듯, 인간의 상상력은 이성 못지않게 직관에 의해서도 하나님 안에 있는 자신의 기원起源과 목표 쪽을 향한다.

더 중요한 것으로, '하나님의 형상' 개념은 인간이 자기가 나온 물질적 질서 속으로 무너져 내리지 않으려고 위쪽을 지향한다는 관념을 나타낸다는 점이다. 우리는 흙에서 나온다. 그리고 흙으로 돌아갈 것이다. 하지만 우리는 흙 이상의 존재다. 인간의 자기 초월 욕구는 하나님을 향한 숨겨진, 혹은 위장된 갈망이라는 이 신학적 프레임에 비추어 생각해야 하며, 이 갈망은 해석을 필요로 한다.

'죄'는 신학적 의미상 인간의 참 목표 성취를 가로막는 인간 본성 안의 결함을 가리키는 말로 쓰인다. 죄는 도덕적 혹은 실존적 개념이 아니다. 죄는 본질상 신학적 개념으로, 도덕적·실존적 **외연**을 지닌다. 죄라는 말은 자신의 참 목표를 이루지 못했음을 보여주는 개인적 행동을 가리키는 말로도 쓰일 수 있고, 개인의 그런 죄 행위를 유발하는 근원적 인간 상태를 가리키는 말로도 쓰일 수 있다. 아우구스티누스 같은 사람은 인간의 본질이 손상되고, 상처입고, 부서졌다고 볼 수 있다고 말했다. 그래서 우리가 참 열망과 목표를 이루고자 한다면 먼저 치유와 회복이 필요했다. 우리는 진화 과정상의 과거에, 개인적 약점에, 그리고 우리 시대가 지혜라고 인정한 망상의 유혹적 속삭임에 발목 잡혀 있다.

'죄'라는 말이 존재하지 않았다면 우리가 아마 필요에 의해 그 말을 만들어 냈을 것이다. 하지만 이미 이 말이 존재하는 것은, 과거 세대가 문제를 인식했고 또 이 문제를 해결하는 첫 단계는 이 문제에 이름을 붙여 주는 것임을 알고 있었기 때문이다. 죄 개념에서, 그리고 죄 개념을 통해 기독교 신학은 인간의 복합적 행동 동기와 잡다한 의제를 보는 비판적 렌즈를 제공한다. 우리는 하나님의 형상을 지니고 있지만, 그럼에도 우리에게는 죄가 있다. 우리는 선을 행할 수 있지만, 그에 못지않게 악도 행할 수 있다. '하나님의 형상'이 우리가 위를 지향해야 할 필요성, 즉 하나님의 사랑을 붙잡아야 하고 그 사랑에 붙잡혀야 할 필요성을 단언한다면, 죄 개념은 비교적 어두운 현실, 즉 이끌리기도 하고 질질 끌려가기도 하는 우리의 성향을 단언한다.

이렇게 우리는 하나님을 생각하며 고무되고 영감을 받으며, 그 생각에 이끌려 위를 지향하지만, 그와 동시에 인간 본성의 연약함과 타락 상태에 의해 아래로 끌어내려지기도 한다. 앞에서 인간은 천사와 야수 사이의 신학적 공간에 엉거주춤 서 있다고 한 알렉산더 포프의 입장을 살펴보았다. '하나님의 형상'은 우리로 하여금 천사이기를 갈망하게 한다. 반면 죄는 우리가 동물적 본성, 즉 생존과 지배와 권력이라는 깊은 다원주의적 본능에 따라 움직이는 본성 쪽을 향하게 만든다. 어떤 의미에서 기독교 윤리는 이런 사회적 다원주의 원리에 순응하기를 거부하는 게 원칙이다. 그 원리가 아무리 실용적 수사修辭로 진술되든 말이다.[23]

토머스 헉슬리Thomas H. Huxley도 1893년 "진화와 윤리"Evolution and Ethics라는 제목으로 옥스퍼드 대학교에서 진행된 로마네스 강좌Romanes Lecture(캐나다 출신 진화생물학자이자 비교심리학 분야 개척자인 조지 로마네스를 기념하여 1892년에 창설된 강좌—옮긴이)에서 상당히 비슷한 주장을 했다.[24] 헉슬리는 인간이라는 동물이 약삭빠르고 "무자비하고 사나운 파괴 성향"을 통해 "생존 투쟁"에서 승리했다고 말했다. 그런데 인간이 지각 있는 생명체들의 세상에서 인간 외의 다른 종을 다 정복하기는 했으나, "자기에게 깊이 배어 있는 이런 쓸모 있는 자질들이 이제는 오히려 결함이 되었다"는 것을 알게 되었다.[25] 폭력성과 무자비함은 인간이 다른 동물을 제압하고 승리를 얻을 수 있게 해주었지만 이제는 이 폭력성과 무자비함이 '죄악'으로 여겨졌다. "생존 투쟁"에 쓰인 방법들은 "건전한 윤리적 원칙과 조화될 수 없다"라는 인식이 생겨났다.[26] 헉슬리에게 윤리란 이렇게 생명들의 세상에서 인간의 지배권을 확보해 준 바로 그 동물적 자질들에, 그리고 그 기저에 있는 다윈주의적 처리 방식에 대한 원칙적 저항이다. 헉슬리의 말을 귀담아 들어야 할 지점이 바로 여기인데, 이 원칙은 우리 안에 남아 있는 동물 본능에게 지금도 여전히 복종을 요구한다. 유전의 역사는 지금도 계속해서 우리의 현재를 구성하며, 우리는 이 역사를 근절하지는 못하더라도 저항은 해야 한다. "윤리적 최선을 우리는 선 혹은 미덕이라 부르는데, 여기엔 실존을 위한 우주적 투쟁에서 성공을 거두게 해주는 것과 모든 면에서 반대되는 행위 경로가 수반된다."[27] 진화가 윤리의 기원을 설명해 줄 수도 있다. 하지만 이제 우리가 과거에는 미덕이었으나 오늘날에는 악덕으로 여겨지는 폭력과 공격성에서 벗어나야 한다는 점에서 진화 자체는 윤리의 기반 역할을 할 수 없다. "진화가 인간의 선한 성향과 악한 성향이 어떻게 생겨났는지 가르쳐 줄 수는 있으나, 진화 자체는 이른바 선이 왜 악보다 더 선호되는지 과거처럼 그럴듯한 이유를 제시해 줄 능력이 없다."[28]

헉슬리는 우리 안에 남아 있는 유전적 힘, 그리고 우리의 정의감 및 윤리적 원칙 사이의 긴장감을 강조했는데, 기독교 전통에서도 동일한 강조점을 찾을 수 있다. 아우구스티누스가 펠라기우스Pelagius를 비판할 때 가장 기본적 주장은 펠라기우스가 인간의 생각과 행동의 유전적 습관의 여전한 현존, 믿음의 삶으로까지 그 습관이 계속 이어진다는 점을 참작하지 못했다는 것이었다. 우리의 태생과 정황을 완전히 깨고 나오기는 불가능하다. 진화 과정상의 과거와 관련해 오늘날 우리는 아마도 아우구스티누스가 했던 말을 부연 설명하려 하는 것일 수 있다.

기독교의 '큰 그림'은 서로 다른 두 가지 존재 양식 사이의 긴장을 자기 안에 간직한 존재로 인간을 그린다. 신약성경에서 쓰는 '육체'(그리스어 '사르크스'sarx)와 '영'(그리스어 '프뉴마'pneuma)이라는 표현은 인체의 부분을 말한다기보다 인간 실존의 두 가지 양식을 말한다. 바울은 '부분사'partitive보다는 학자들의 용어인 '상相을 나타내는 말'aspective(완료·진행 등을 나타내는 동사의 형태—옮긴이)을 채택해서 '영혼', '육체', '몸' 같은 용어를 이해한다.²⁹ '육신을 따라 산다'는 것은 영적인 측면을 무시하고 순전히 인간의 수준에서 삶을 산다는 뜻이다. 하지만 이런 신학적 틀은 도덕적·실존적 영역으로 확장될 수 있다. 이는 우리가 선 쪽으로, 그리고 악 쪽으로 이끌림을 느낌에 따라 우리 안에 긴장이 존재한다는 사실을 확언한다.

이 신학적 틀은 자기 발전과 자기 초월 면에서 인간이 처하는 한계를 인식한다는 점에서 신적 은혜의 중요성을 강조한다. 우리는 우리 자신을 고칠 수 없다. 다른 누군가가 우리를 고쳐 주어야 한다. 잘못인 줄 알면서도 우리는 악으로 끌려간다. 선을 이루는 게 우리가 마땅히 해야 할 일인 줄 알면서도 선을 이루지 못한다. 바울은 이 딜레마를 잘 알고 이렇게 표현했다. "내가 원하는 바 선은 행하지 아니하고 도리어 원하지 아니하는 바 악을 행하는도다"(롬 7:19).

예수 그리스도가 단순히 인간의 선생이나 도덕적 모범이 아니라 인간의 구주라는 기독교의 주장은 인간의 상태에 대한 이런 견해를 반영한다. 구원은 인간이 성취하거나 획득할 수 있는 무언가가 아니다. 구원은 하나님께서 성취하시고 인간에게 주시는 어떤 것이다. 이 구원은 하나의 과정으로서, 이 과정에서 변화된 내면의 현실에 기초하여 하나님과 관련해 우리의 상태가 점차 변화되는 결과를 낳는다. 이 결과는 흔히 '새롭게 됨' 혹은 '중생'이라는 말로 표현된다. 새롭게 됨이나 중생은 인간을 끌어내리는 죄의 권세에서 어떤 사람이 갑자기 자유롭게 되는 즉각적 변화를 가리키지 않는다.

아우구스티누스는 한 가지 비유를 사용해 이 점을 분명히 했다. 우리는 몸이 아프지만 적절한 치료를 받으며 회복 중에 있는 사람과 같다. 이 사람은 여전히 몸이 아픈 상태다. 하지만 치유 과정이 시작되었고, 상태가 점점 더 좋아질 것이다. 따라서 이 사람은 몸이 아픈 사람인 동시에 점점 나아지고 있는 사람이다. 아직 회복되지 않았다는 점에서 실제로 몸이 아픈 사람이지만, 치유가 진행되고 있다는 점에서 소망 중에 건강하다. 마르틴 루터 Martin Luther 는 그리스도인이 "의인인 동시에 죄인" simul iustus et peccator 이라고 선언함으로써 이 개념을 표현했다.[30]

그러므로 기독교는 인간 본성의 엄청난 가능성을 인식하는 전망을 내놓는 한편, 이 본성이 다치고 손상되고 상했다고 단언한다. 신약성경은 옛사람을 죽이고 새사람을 입는다는 표현을 쓰고 있으며, 그와 동시에 믿음으로 사는 삶에도 옛 자아의 영향력이 여전히 남아 있음을 인정한다. '옛 아담'이 여전히 우리 안에 남아 우리가 어떤 동기로 어떤 행동을 하는지를 결정한다는 것이다. (이 지점에서 인간의 유전적 역사에 관한 헉슬리의 통찰과의 유사성을 생각해 볼 만하다.) 인간 본성은 치유될 필요가 있는데, 이 본성은 스스로를 치유할 능력이 없다. 이 틀을 이해하면 인간의 문화와 역사에서 보는 복잡한 그림, 즉 한편으로는 위대함과 선함을 열망하면서도 다른 한편으로는 억압과 폭력을 자행하는 특징이 있는 이 그림을 납득하는 데 도움이 된다. 기독교의 관점에서 볼 때 분명한 사실은, 인간은 더 훌륭해질 운명이기도 하지만, 치유되지 않은 상태에서 외부의 도움 없이 그 운명에 걸맞게 위와 같은 열망을 성취할 능력은 없다는 점을 인식해야 한다는 것이다.

인간 개개인에게는 선을 이룰 역량이 정말로 있을 수도 있다. 하지만 이 역량은 악을 행할 수 있는 내재적 역량과 짝을 이루는 것 같다. 우리는 도덕적으로 모호하며, 미혹되어 길을 잃기 쉽다. 우리에게 죄를 지을 수 있는 타고난 능력이 있음을 알고 이를 인정하면 타인에 대해 덜 비판적인 자세를 갖게 된다. 자기 자신도 생각과 행실 면에서 죄의 패턴에 얼마나 쉽게 빠져들 수 있는지 깨닫게 된다는 점에서 말이다. 인간의 본질에 관해 관념적으로 가치 판단을 내리고 이 판단에 근거해 정치적·사회적 유토피아를 추구하는 우를 범하지 않으려면, 우리 안에 있는 이런 심각한 모호성과 긴장 상태를 인식하는 게 아주 중요하다.

과학과 죄: 정체성 없는 수렴

그렇다면 과학은 이 문제에 어떻게 영향을 끼칠 수 있을까? 과학이나 신앙에 관해 뭘 좀 아는 사람이라면 인간이 처한 딜레마에 대한 저마다의 개념이 마치 지적으로 서로 동등한 양 취급되거나 하나로 융합될 수 있다고 말할 만큼 아둔하지는 않을 것이다. 인간의 딜레마에 대한 과학과 신앙의 접근법과 강조점은 판이하게 다르며, 우리는 이를 존중할 필요가 있다. '서사의 풍성함'이라는 개념은 과학적 접근과 신학적 접근 각각의 정체성을 존중하는 동시에 각각의 독특한 관점이 어떻게 우리가 '죄'라고 일컫는 복잡한 현실을 조명할 수 있는지 탐색하는 하나의 방법을 제시한다. 폭력과 자멸을 향해 가는 인간의 이 심히 당혹스러운 성향을 해명하려고 심리학 쪽을 기웃거리는 이들이 많다. 프로이트의 몇 가지 판단은 그 신빙성에 쉽게 이의를 제기할 수 있지만, 프로이트가 인간의 선함이라는 신화에 나름의 의문을 제기한 것은 진지하게 고찰해 봐야 한다. "인간은 사랑받고 싶어 하는, 공격받을 경우 고작 자기방어나 하는 점잖은 피조물이 아니다. 오히려 인간은 타고난 본능적 재주 중 공격성이 강력하게 두드러진다고 봐야 할 피조물이다."[31] 남성은 여성에 비해 이 폭력 성향을 훨씬 뚜렷하게 드러내 보인다는 증거가 있다. 특히 성폭력의 경우에 말이다.

다윈의 자연선택설이 출현한 이후, 생물 세계에서는 생존을 위한 갈등과 경쟁 이미지가 인간들의 논의를 지배하게 되었다. 이 생물학 영역에 등장한 인간이 폭력 성향이라는 특징을 갖고 있다는 점에 우리는 깜짝 놀라야 할까? 이 지점에서는 다윈 자신의 말이 시사하는 바가 크다.

> 필연적 결과는, 생존경쟁이 걸핏하면 재발한다는 것이다. 자연은 모두 전쟁 중이라고 실제로 말들을 해왔다. 강자가 결국 우세해지고 약자는 소멸한다고 말이다. …… 자주 재발하는 심각한 생존경쟁에 따라, 유리한 자는 보존되거나 선택되고 불리한 자는 소멸되는 그 변이가 결정될 것이다. 아무리 사소할지라도.[32]

사회생물학에서 이와 관련된 접근법이 발전한 것 또한 죄의 본질에 대한 우리의 이해가 확장될 중요한 가능성을 열어 놓는다.[33]

토머스 헉슬리의 강좌 "진화와 윤리", 그리고 리처드 도킨스의 『이기적 유전자』가 어떻게 폭력과 이기심으로 향하는 인간 성향의 생물학적 기원에 관한 근본적 실문을 시작했는지, 그리고 어떻게 이 성향이 완전히 제거되거나(232-234쪽) 그게 안 되면 경감되기라도 할 수 있는지에 대해서는 이미 살펴보았다. 유전학자 스티브 존스Steve Jones는 인간 본성의 어두운 측면을 고찰하고 당대 인간의 태도를 결정지었을 수도 있는 유전적 요소를 지적하면서 이 논점을 더 깊이 전개해 나간다.[34] 전통적으로 기독교 신학자들은 사회생활에서 획득되기보다 태어날 때부터 우리 안에 있는 성향이라는 의미에서 '원죄'에 대해 이야기한다.[35] 이는 폭력과 자기중심성에 대한 유전학적 고찰과 일치한다.

『폭력에로의 타락』 Fall to Violence 1994 에서 마조리 수하키 Marjorie H. Suchocki 는 인간의 본능적 폭력성이라는 관점에서 죄를 고찰한다. "공격 성향이 인간에게 내재되어 있다. …… 태어날 때부터 우리는 물리적·심리적 폭력의 역사를 지닌 공격적 종이다. …… 폭력을 행할 수 있는 능력은 생존과 관계된 공격 본능을 통해 우리 인간에게 내재된다. 불필요한 상황이나 피할 수 있는 상황에서 폭력을 쓰면 그것은 죄다."[36] 인간에게 내재된 이 폭력 성향은 여러 가지 문화적 형태로 표현되며, 국제적 전쟁이라는 극단적 경우 그 너머로까지 확장된다.[37] 그런데 전쟁은 인간의 기본 본능과의 결별을 표현하는 게 아니라 사실상 그 본능의 성취를 나타낸다는 사실에 주목하는 게 중요하다.

인간의 본성에 대한 이런 과학적 통찰이 왜 중요한가? 내가 생각하기에, 이 통찰의 중요성은 이것이 '이성의 시대'의 고지식함에 이의를 제기한다는 데 있다. '이성의 시대'는 인간이 선천적으로 선하다고 주장했으니 말이다. 원죄 개념은 인간이 악이나 비합리성 쪽으로 기우는 어떤 내재적 성향을 가지고 태어난다는 의미를 함축하므로 인간을 모욕하고 인간의 품격을 떨어뜨리는 것이라 여겨져 배격되었다. 계몽주의 시대 작가들은 원죄 개념이 명백히 부당하다고 선언했다. 하지만 이제 우리는 안다. 우리가 일정한 유전적 성향을 가지고 이 세상에 태어나며, 이 성향은 우리의 사회적 정황을 통해 더 고조될 수도 있고, 마찬가지로 축소될 수도 있음을. 장 자크 루소 Jean-Jacques Rousseau 는 "인간은 자유롭게 태어나, 사방에서 족쇄에 매인다"라는 유명한 말을 남겼는데, 이는 이렇게 속박된 상태는 정의롭지 못한 사회가 낳은 결과로서, 이런 사회는 반드시 전복되거나 개혁되어야 한다는 의미를 함축한다. 유전학은 우리가 '자유롭게' 태어나되 그 자체 안에 우리를 구속拘束하는 내재적 유전 성향을 가지고 태어난다고 말한다. 도킨스는 우리가 스스로 이를 극복할 수 있다고 여긴다. 그러나 내가 생각하기에 우리가 이 성향을 극복하려면, 그리고 우리가 타고난 한계와 경계를 넘어서려면 도움이 필요하다.

죄: 우리가 자기 자신을 보는 렌즈

우리는 인간이 선한 척하는 것을 그럴듯하게 보던 역사상의 순간을 오래전에 지나왔다. 앞에서 나는 "사람들이 사실은 선한 마음을 지녔다"라는 자신의 믿음을 고수한다는 안네 프랑크의 가슴 아픈 고백에 주목했다. 나치의 네덜란드 점령 사실에 비춰 볼 때 이는 터무니없는 믿음임이 분명함에도 안네는 그렇게 믿었다(156쪽). "나는 혼란과 비참함과 죽음으로 이뤄진 토대에 내 소망을 세워 나갈 수 없다."[38] 나는 안네를 비판하지 않는다. 타인의 꿈 위를 지날 때는 우리 모두 "가만가만 발걸음을 내디뎌야"(W. B. 예이츠) 한다. 하지만 나는 이런 믿음과 불협화음을 이루는 엄청난 증거 앞에서 무너져 내려 산산조각 날 뿐인 꿈이 여기 있다는 것이 너무도 두렵다.

우리 모두에게는 우리 자신을 볼 수 있는 렌즈가 필요하다. 역설적인 사실은, 우리가 그런 렌즈를 이러쿵저러쿵 판단하기도 하고(이 렌즈가 옳은가?), 그와 동시에 그 렌즈가 우리를 판단하기도 한다는(우리가 정말 그러한가?) 점이다. 우리는 결함 있거나 약하거나 어리석게 보이기를 싫어하며, 누가 우리를 그렇게 판단하면 이 판단을 거부한다. 맞는지 틀리는지와 상관없이, 그 판단이 우리에게 위협적이고 당혹스럽기 때문이다. 하지만 그 렌즈가 하나의 진단을, 즉 인간의 상태에 대한 해석을 제시한다고 생각하면 이런 어려움이 줄어든다.

C. S. 루이스가 보기에 기독교는 현실에 대해 우리 내면의 경험과 우리 외부 세상에 대한 관찰 결과와 '일치'하는 '큰 그림'을 제공한다. 루이스는 『순전한 기독교』에서, 특히 인간의 상태를 다루는 처음 몇 장에서, 이 같은 시각을 논리정연하게 기술한다. 기독교는 지적知的 거울을 제시하고, 우리는 그 거울에 비친 우리 모습, 그 거울이 평가한 우리 모습을 본다.[39] 이 거울에서 우리가 '보는' 모습과 우리가 경험한 우리 자신 사이에 공명共鳴이 있으면, 이 진단 능력을 진지하게 받아들이고 이 진단이 안겨 주는 변화의 소망을 공유하려는 마음이 생긴다. 바울이 로마서에서 한 유명한 말에도 이 점이 예증적으로 반영되어 있다 할 것이다. "오호라, 나는 곤고한 사람이로다. 이 사망의 몸에서 누가 나를 건져내랴. 우리 주 예수 그리스도로 말미암아 하나님께 감사하리로다"(롬 7:24-25). 그런 까닭에 우리의 문제점을 사실적으로 보는 시각에는 미래에 관한 소망으로 가득 차 있다. 이는 우리 자신이나 우리 세상에 관한 그릇된 낙관주의가 아니라 신실하신 하나님에게 근거를 둔 소망이다.

이러한 인간 본질 분석은 인간의 본질에 관한 그 모든 순진한 낙관주의를 다 파기하면서, 우리 안에 있는 어두운 힘을 직시할 것을 요구한다. 프로이트는 우리의 무의식에서 활동하는 어둡고 어렴풋한 힘을 규명했는데, 어떤 지점에서 이는 좀 과장으로 보일 수도 있지만, 그럼에도 프로이트의 논점은 무시하기 어려울 것 같다.[40] 한나 아렌트Hannah Arendt가 지적한 것처럼, 아우슈비츠의 견딜 수 없는 공포는 그 가해자들이 사탄도 아니고 악마도 아니라는 사실에 있다. 그 사람들은 "인간적인, 너무도 인간적인 사람들"로서, 너무도 인간적인 정치적·이념적 체계 안에서 덫에 걸려 있을 뿐이다.[41] 한 번 일어난 일은 다시 일어날 수 있다.

그러면 "인간적인, 너무도 인간적인 사람들"은 악의 연결 고리 중심에 서 있는 것일까? 자기들 스스로 만든, 그리고 (다른) 사람들이 반대하고 해체해야 할? 인간이야말로 도덕을 규정하는 준거 기준이 되어야 한다고 주장하는 이들에게 이는 아주 불편한 사상이다. 이들의 견해를 가리켜 오늘날 많은 사람들이 '휴머니즘'humanism이라고 한다. 다음 장에서 이야기하겠지만, '휴머니즘'은 생각보다 더 규정하기 어렵고 복잡한 개념이다. 그러므로 우리는 휴머니즘의 다양성을 살펴보고 이것이 인간의 도덕적 모호함을 어떻게 다루는지 생각해 보아야 한다.

11 휴머니즘의 두 얼굴
세속 휴머니즘과 기독교 휴머니즘

> 그렇다면 인간을 궁금해하지 않을 이가 누구겠는가?[1]
> 지오바니 피코 델라 미란돌라

인류의 불확실한 미래를 생각할 때는 인간이라는 종족과 관련해 독특하고도 중요한 점이 무엇인지 물을 필요가 있다. 현재 시점에서 인간은 자연계에서 가장 발달 수준이 높은 종이다. 하지만 인간이 진화 과정의 최고점을 대표한다고 말하기를 꺼려하는 이들이 많다. 왜인가? 다윈의 말이 옳다면, 인간이 진화 계보의 꼭대기에 있는 것은 우연일 뿐이고, 예측할 수 없고 통제할 수 없으며 (토머스 헉슬리의 지적처럼) 내내 인간의 교활함과 폭력의 도움을 받았을 진화 서사에서 예기치 않았고 의도하지 않았던 일련의 왜곡이 잇달아 일어난 결과에 지나지 않기 때문이다. 다윈도 자신의 자연선택 이론에 이런 불편한 의미가 함축되어 있음을 알고 있었을 것이다. 그런데 다윈은 이 사실을 자기 책 독자들에게 굳이 감추지 않았다. 인간이 자연 질서 안에서

높은 지위를 갖게 된 것은 분에 넘치는 요행수라는 것이었다.[2]

그러므로 우리는 **휴머니즘**humanism('휴머니즘'은 맥락에 따라 '인본주의', '인문주의', '인도주의'로 각각 다르게 번역되는데, 저자는 이 책에서 secular humanism과 Renaissance humanism으로 구별해서 '인본주의', '인문주의' 개념을 표현한다—옮긴이)에 대해 생각해 볼 필요가 있다. 이는 인간에게 독특하고 선한 것이 무엇인지, 그리고 그런 미덕을 어떻게 보호할 수 있을지 알아보려는 시도다. 21세기의 게으르고 판단력 없는 저널리즘 세계에서 '휴머니즘'이라는 말의 의미는 아무 문제 없이 자명하다. 이 말은 하나님을 배제하고 그 대신 인간의 성취와 열망에 초점을 맞추는 사고방식과 생활방식을 가리킨다. 따라서 기독교 휴머니즘이라는 개념은 모순어법이요 형용모순으로, 루이스 캐롤Lewis Carrol의 『이상한 나라의 앨리스』 Alice's Adventures in Wonderland, 1865에서 앨리스가 아침 식사 전 믿어 보려고 용감하게 애쓰는 불가능한 일들 축에 끼일 법하다.

그런데 휴머니즘에 대한 이런 영향력 있는 사고방식은 당대인들의 경험이나 역사를 상대로 폭력을 저지르지 않고는 유지될 수 없다. 자기 야망을 신앙 용어로 포장하여 자기 업적의 기초를 삼는 대규모 인간 집단을 꼬집어 말하는 것은 어렵지 않다! 진짜 어려움은 역사적인 면에서의 어려움이다. 올바로 부르자면 **세속** 휴머니즘이라는 이 구체적 개념이 20세기에 창안되었다는 점에서 말이다. 이 개념은 유럽의 르네상스 때 로테르담의 에라스뮈스Desiderius Erasmus처럼 온후하고 지혜로운 작가들을 중심으로 등장한 비교적 더 고상하고 비교적 더 너그러운 휴머니즘하고는 거의 아무 관계가 없다. 우리는 그렇게 좀 더 오래되고 좀 더 지혜롭게 해석된 휴머니즘을 되찾을 필요가 있다. 그 휴머니즘이 21세기 인류가 직면한 도전에 훨씬 더 적합하며, 잠시 주도권을 쥔 메마른 '세속 휴머니즘'에 비해 역사와 과학에 훨씬 더 엄밀하게 근거를 두고 있기 때문이다.

르네상스: 휴머니즘의 역사적 기원

휴머니즘은 르네상스 시대의 지적 자랑거리였다. 유럽 역사에서 대략 1300년에서 1600년까지 이어진 그 주목할 만한 시대는 고대 세계의 문화적 활력에 흠뻑 젖어드는 과정을 통해 문화의 변혁을 목도했다. 이는 당시 유례가 없던 과정으로서, 그 미적 시각과 개인·국가의 삶을 풍요롭게 해줄 새로운 가능성 의식에서 나오는 위풍당당한 힘으로 사람들을 매혹시켰다. 휴머니즘은 1300년대에 이탈리아에서 발흥해 북부와 서부로 서서히 전개되었고, 16세기 초에는 잉글랜드에서 의미심장한 존재가 되었다.

르네상스 휴머니즘에 대한 나의 관심은 1980년대에 스위스에 기반을 둔 일단의 인문주의 작가들을 전문적으로 연구하면서 점점 커져 갔다. 요아킴 폰 바트Joachim von Watt, 1484-1551, 하인리히 글라레안Heinrich Glarean, 1488-1563, 요하네스 질로텍투스Johannes Xylotectus, 1507-1568 등의 작가들은 엄격한 지적 주형鑄型에는 들어맞지 않았고, 우리 시대가 일반적으로 르네상스 휴머니즘의 특징으로 여기는 다양성의 표본이었다.

취리히, 비엔나, 장크트 갈렌 같은 도시의 대학교 문서보관소에서 일하면서 나는 르네상스 시대의 문화와 교회에 흠뻑 배어 있던 뭔가 흥분된 분위기를 흡수하기 시작했다.³ 대기에는 갱신과 재생의 분위기가 충만했다! 이 시대와 고대의 영광 사이에 가로놓여 있는 '중세'(여담이지만 '중세'는 르네상스 지지자들이 만들어 낸 말이다)를 건너뛰어, 고대의 풍성한 결실을 다시 맛보는 게 가능했다.

현대의 독자들은 '휴머니스트'란 '휴머니즘'으로 알려진, 신념·태도·가치의 공통체common body에 찬동하는 사람들이라고 짐작하는 경향이 있다. 마르크스주의자란 마르크스주의 이념에 찬동하는 사람들인 것처럼 말이다. 하지만 그렇게 생각해야 할 역사적 증거가 거의 없다. 르네상스 휴머니즘은 그 어떤 종류의 이념 프로그램도 아니고, 반反종교 운동은 더더욱 아니었다.⁴ 르네상스 휴머니즘은 근본적으로 "수사법 연구"pursuit of eloquence에 관한 것으로, "훌륭한 문서들을 되살려" 빈사 상태의 문화를 소생시키자는 것이었다.⁵

15세기 혹은 16세기 초에 어떤 사람을 가리켜 '휴머니스트'라고 할 때 이는 그 사람의 철학·정치·종교적 입장에 대해서는 거의 아무것도 말해 주지 않는다. 사실 '휴머니즘'이라는 말은 19세기에 만들어진 개념으로 봐야 그 의미를 가장 잘 알 수 있다. 르네상스가 진행되던 시대에는 '휴머니스트'(이탈리아어로 우마니스타umanista)가 대학에서 인문학을 가르치는 교사를 지칭하는 말로 널리 쓰였다. 여기서 인문학이라고 번역된 **스투디아 후마니타티스**studia humanitatis는 시·문법·수사학 같은 '교양 과목'humane studies 혹은 '기초 교양'liberal arts을 가리키는 라

턴어다. '휴머니스트'라는 영어는 1589년에 처음 등장했으며, "문학자, 특히 라틴어 문헌 연구에 정통한 사람"이라는 의미를 갖고 있었다.

이탈리아의 르네상스는 아주 다면적이어서 그 특징적 개념 중 어느 하나를 일반화시키면 전체를 왜곡하게 되는 경향이 있다. 바로 이런 이유에서, 폴 오스카 크리스텔러Paul Oskar Kristeller, 1905-1999가 서술한 휴머니즘 개념이 중요성을 갖게 된다. 르네상스 운동에서 분명하게 보이는 주목할 만한 다양성을 상당 부분 설명해 줄 수 있다는 점에서 말이다.[6]

휴머니즘을 함축성 있는 언어로 세심하게 설명한 크리스텔러는 휴머니즘을 본질상 문화와 교육 운동으로 보았다. 그리고 이 운동은 일차적으로 수사학적 글쓰기와 말하기에 관한 것이었고 철학과 정치 문제는 부차적 관심사로 여겼다고 했다. 그 어떤 뚜렷한 철학적·이념적 입장도 없다는 것이 르네상스 휴머니즘의 특징이기는 하지만, 르네상스 휴머니스트들이 예외 없이 다 그리스도인들로서, 기독교회의 삶과 사상이라는 정황 안에서 활동하며 교회의 개혁과 갱신에 관심을 갖고 있었다는 것은 여전한 사실이다. 계몽주의는 르네상스 휴머니스트들을 종교 비판의 선구자로 그리는 경향이 있지만, 이는 타당성이 부족하며, 특히 지오바니 피코 델라 미란돌라, 로렌조 발라Lorenzo Valla, 데시데리우스 에라스뮈스 같은 당대의 주도적 인문주의자들이 인문주의를 합리주의의 선봉이라기보다는 오히려 중세 가톨릭의 영적 전통과 나란히 진행되는 것으로 보았기 때문이다.

2006년에서 2011년 사이에 벌어진 '신新무신론' 논쟁 때 나는 일부 신무신론 추종자들이 에라스뮈스를 비롯해 그 외 주도적 르네상스 휴머니스트들을 무신론자로 생각하고 있다는 것을 알고 깜짝 놀랐다. 그렇게 생각하는 증거 자료를 내놓아 보라고 하자 이들은 그런 우스꽝스러운 요구에 답변하는 것은 자신들의 품격을 떨어뜨리는 일이라고 했다. 에라스뮈스 등이 인문주의자라면, 인문주의자라는 말의 정의상 그들은 무신론자였다는 것이다. 그래서 나는 그 신新무신론자들에게 물었다. 신약성경 주석이나, 많은 이들에게 큰 영향을 끼친 『그리스도인 군사 매뉴얼』 Enchiridion Militis Christiani, 1503 같은 작품에는 에라스뮈스의 신앙적 입장이 강하게 드러나고 있는데 이는 어떻게 설명할 것이냐고. 이때 분명히 드러났다. 이들은 이 작품을 하나도 읽지 않았으며, 인기 있는 무신론자 작가들의 책에만 의존해서 그 어리석은 입장을 고집하는 것이라는 사실이. 나는 이 말도 안 되는 상황에 이의를 제기할 필요가 있음을 깨닫기 시작했다. 거칠게 말해 르네상스 휴머니즘은 현대인들이 이념적 의제를 섬기는 와중에 공중 납치되고 말았다. 저들이 말하다시피, 진리가 전쟁의 첫 번째 희생자다.

그렇다면 휴머니즘이 본래적으로 무신론이라는 이 신화가 어떻게 뿌리를 내리게 되었을까? 사실상 이는 최근에 전개되어 온 이론으로, 이 이론에서는 대표성 없는 특정한 형태의 휴머니즘, 고작해야 '인본주의' 정도로밖에는 표현할 수 없는 휴머니즘이 르네상스의 권위 있고 고상한 입장들에 대해 소유권을 주장했다. 미국에서 가장 유명한 회의주의자요 무신론자로 손꼽히는 폴 커츠 Paul Kurtz 는[7] 1970년대와 1980년대 초 특히 세속적 스타일로 미국의 휴머니즘을 재형성하고 방향을 재설정하는 데 주도적 역할을 했는데, 그 방법은 주로 휴머니즘이 종교적 기원을 갖고 있다는 역사적 사실을 감춘 채 휴머니즘이 계속 종교와 연관되거나 종교에 연루되지 않도록 억압하는 것이었다. 미국의 '휴머니스트 선언'Humanist Manifesto, 1933에는 종교적 휴머니즘을 상세히 찬동하는 언급이 있건만,[8] 커츠는 비교적 더 세속적 형태의 휴머니즘을 열렬히 옹호했고 '세속 휴머니즘 심의회'를 만들어 미국 휴머니스트 협회 안에 좀 더 공격적인 반$_反$종교 정서를 형성하기 위한 로비 활동을 벌였다. 커츠는 '휴머니스트 선언 Ⅱ'의 주요 작성자 두 사람 중 하나였으며, 이 선언이 제시하는 휴머니즘은 세속화의 관점에서 배타적으로 틀이 짜인 휴머니즘이었다.

게으르고 무비판적인 언론 보도는 **세속** 휴머니즘에 대한 커츠의 비전이 빠른 속도로 휴머니즘 **전체로** 흡수되게 만들었고, 사람들은 이런 보도를 보면서 완성된 형태의 과거 휴머니즘 운동을 다시 떠올렸다. 이 과정에서 르네상스 휴머니즘은 본질상 무신론 운동이었다고 하는 지극히 믿을 수 없고 근거도 없는 믿음이 생겨났다. 이 같은 믿음은 역사를 난센스로 만든다. 적어도 역사를 아는 사람들, 이념에 좌우되는 의제가 역사학계에 어떤 지적 폭력을 자행하는지 실감하는 사람들이 보기에는 그렇다. 2010년, 세속 휴머니즘 심의회 내부에 심각한 의견불일치가 있다는 소식이 뉴스 헤드라인에 등장하긴 했지만,[9] 휴머니즘을 다루는 언론 보도는 여전히 세속주의의 틀에 갇혀 있다. 이제 시대에 뒤떨어지고 옹호할 수 없는 이 인식에서 벗어날 때가 되었다.

　이 책을 읽는 독자들 중 르네상스의 풍성한 지적·문화적 유산에 대해 잘 알지 못하는 이들은 오늘날 우리가 쓰는 '휴머니즘'이라는 말이 지난 시대 사람들이 쓰던 휴머니즘이라는 말과 거의 아무런 관계가 없다는 사실을 알아야 한다. 비트겐슈타인이 한번은 말하기를, 어떤 용어들은 "언어에서 회수해 세탁소로 보내야" 하며, 그런 후에야 "다시 일반적으로 통용"될 수 있을 것이라고 했다.[10] 우리의 지금 논제와 관련해서도 비트겐슈타인의 말에 담긴 지혜를 쉽게 절감할 수 있다. 그렇다면 '휴머니즘'이라는 용어도 깨끗이 세탁해, 왜곡된 해석과 분파적 의제에서 자유롭게 만들어 다시 일반적으로 통용되게 할 수 있는가? 이제 이 말을 특정 이론 주창자들에게서 되찾아와 누구든 자기 것으로 삼아서 쓸 수 있도록 다시 통용시킬 때가 되었다. '기독교 휴머니즘'이라는 표현에는 아무 문제가 없고, 지금까지도 아무 문제가 없었다. '휴머니즘'을 독단적이고 분파적으로 이해해서 이를 다른 모든 이들에게 강요하려 하는 사람들 측만 제외하고 말이다.

　휴머니즘이 다른 무엇이든, 세속 휴머니즘이든 종교적 휴머니즘이든 휴머니즘의 의미에 관해 다양한 이해가 있든, 모든 형태의 휴머니즘은 인간의 중요성을, 그리고 자연 질서 안에서 인간의 독특성을 분명히 인정한다. 위대한 르네상스 작가 피코 델라 미란돌라가 말한 것처럼, "그렇다면 인간을 궁금해하지 않을 이가 누구겠는가?"[11] 20세기에 발흥한 '이념의 시대' Age of Ideology 는 나치주의와 스탈린주의같이 인간성을 말살하는 이념들이 등장하는 것을 목도했다. 인간의 권리와 존엄에 대해 신학적 근거를 지닌 입장이 당시 붕괴 직전 상황에서 비틀거리고 있던 소비에트권Soviet bloc에서 힘 있게 재언명된 것은 교황 요한 바오로 2세의 가장 의미 있는 업적으로 손꼽히는데, 교황은 생애의 상당 기간을 소비에트 시대 폴란드에서 살았던 사람이다.[12] 인간에 대한 확고한 신학적 이해에 기반을 둔 이 기독교 휴머니즘은 휴머니즘의 여러 해석 중 하나일 뿐일 수도 있지만, 그럼에도 이 해석은 휴머니즘의 다양성을 보여주는 역할도 하고 휴머니즘 전체를 대변하려고 하는 변종 휴머니즘의 주장들을 서서히 약화시키는 역할도 한다.

그런데 요한 바오로 2세가 종교적 휴머니즘을 이렇게 간략히 논의한 데서 생겨 나온 또 한 가지 이슈가 있다. 종교의 존재 자체는 세속 휴머니즘의 지적·도덕적 타당성을 완전히 다 손상 혹은 전복시키는가? 그 자신 세속 휴머니스트였던 위대한 옥스퍼드 철학자 버나드 윌리엄스Bernard Williams, 1929-2003가 자신의 글에서 한 가지 우려를 표명했다. 휴머니즘은 종교가 인간의 창안물이라고 믿으면서도 이 믿음이 어떤 지적·도덕적 결과를 낳았는지 사실상 단 한 번도 직시한 적이 없다는 것이다. 이는 중요한 포인트이므로 이제부터 이에 대해 조금 자세히 생각해 보도록 하자.

세속 휴머니즘 입장에서 본 종교의 문제점

세속 휴머니스트인 버나드 윌리엄스는 눈에 띨 만큼 종교를 싫어하는 티를 냈지만, 종교가 악하다거나 타락했다는 말에 담긴 지적 함의는 아주 예리하게 인식했다. 세상에 하나님이나 그 어떤 초월적 존재도 없다고 할 경우, 종교는 그 종교를 만든 이들, 즉 인간의 마음과 영혼을 비추는 거울이다. 그리고 이 사실은 '휴머니스트' 사상의 아주 명백한 내적 모순을 폭로한다고 윌리엄스는 지적했다.

> [종교의] 초월적 주장이 당연히 거짓임을 감안하면, 초월을 꿈꾼 것은 인간이었음이 틀림없다. 인간이 왜 초월을 꿈꾸었는지 우리는 알 필요가 있다. (세속적이며 반종교적 운동이라는 현대적 의미에서의 휴머니즘은 자체 입장이 어떤 즉각적 결과를 낳는지 좀처럼 제대로 충분히 직시하지 않는 것 같다. 즉, 종교라는 이 끔찍한 것이 인간의 창작물이라는 사실을 말이다.)[13]

종교가 정말 본질적으로 타락했고 비뚤어졌다면(윌리엄스는 이렇게 생각하는 것을 규범으로 여긴다), 이 점은 휴머니스트들이 인간 본질 자체의 선함과 고결함에 대해 염려할 만한 엄중한 원인이 되어야 한다.

이는 중요한 논점으로, 철저히 탐구해 볼 필요가 있다. 신新무신론자들은 세상의 악에 대해 하나님께 책임을 돌려야 한다고 주장한다. 하나님은 심술궂고, 걸핏하면 앙심을 품으며, 압제적이라고 한다. 이 근본적 비판은 리처드 도킨스가 자신의 책 『만들어진 신』에서 자주 인용하는, 약간은 신경질적인 문장 하나로 요약했다. "구약성경의 하나님은 인간이 지어낸 모든 이야기에서 가장 기분 나쁜 캐릭터임이 거의 틀림없다. 질투심도 많고 질투심 많은 것을 자랑하기도 하며, 쩨쩨하고, 불공평하고, 부당하고, 용서할 줄 모르는 지배광狂에다, 앙심 품기 좋아하고 피에 굶주린 인종청소자이며, 여성차별·동성애혐오·인종차별·유아살해·종족근절·자녀살해·역병유발·과대망상·가학피학성 변태행위는 물론 변덕스럽게 심술부리며 남을 괴롭히기를 일삼는 존재다."[14] 하지만 신新무신론이 인간의 이성적·도덕적 결함에 대해 이렇게 하나님을 희생양 삼는 태도는 윌리엄스를 포함해 많은 이들이 자기 세계관 내부의 치명적 모순으로 여기는 부분을 드러낼 뿐이다. 신新무신론은 세상의 모든 잘못된 일들은 다 하나님께 책임을 물을 수 있다고 자신한다. 하지만 하나님이 인간의 창안품이요 망상에 빠진 인간의 생각 속에만 있을 뿐 실제로는 존재하지도 않는 '허구의' 캐릭터라면, 그 하나님 개념은 오직 인간의 생각에서만 나올 수 있다. 크리스토퍼 히친스Christopher Hitchens는 인간이 자신들을 닮은 하나님을 만들어서, 이 가상의 초자연적 존재에게 자기들 같은 도덕적·이성적 자질이 있는 양 여겼다고 주장한다. "하나님이 자기 형상으로 인간을 창조한 게 아니다. 그 반대였던 것이 분명하다."[15] 하나님과 종교 모두 '인간이 만든' 것으로 인정해야 한다는 것이다.[16]

하지만 이 주장엔 분명 한 가지 문제가 있다. 도킨스와 히친스는 하나님과 종교를 인간이 날조해 낸 것으로 분석하는데, 이 분석 논리를 따라가 보면 종교가 아무 죄 없는 인류를 부패시키는 게 아니라 부패한 인간이 자기들처럼 악하고 타락한 종교를 만들어 내는 것이라는 결론에 이른다. 이 점에 비추어, 위에 인용한 도킨스의 글을 재미있게 다시 써 보겠다.

구약성경의 하나님은 인간이 지어낸 모든 이야기에서 가장 기분 나쁜 캐릭터임이 거의 틀림없으며, 이 모든 이야기를 지어낸 인간 또한 똑같이 기분 나쁜 존재들로서, 질투심도 많고 질투심 많은 것을 자랑하기도 하며, 쩨쩨하고, 불공평하고, 부당하고, 용서할 줄 모르는 지배광狂에다, 앙심 품기 좋아하고 피에 굶주린 인종청소자이며, 여성차별·동성애혐오·인종차별·유아살해·종족근절·자녀살해·역병유발·과대망상·가학피학성 변태행위는 물론 변덕스럽게 심술부리며 남을 괴롭히기를 일삼으며, 자기 형상으로 자기 신들을 만들어 내는 존재들이다.

따라서 신新무신론처럼 비교적 더 공격적인 세속 인본주의는 그 자체의 핵심 신념 두 가지에 의해 구성되고 생성되는 딜레마에 빠진다. 그 두 가지 신념은, 하나님이 악하고 심술궂다는 것, 그리고 하나님은 인간이 만들어 낸 망상이라는 것이다. 신新무신론이 종교를 가리켜 비합리적이고 부도덕하다고 통렬히 비난하면 할수록, 종교를 만들어 낸 인간의 비합리성과 부도덕함을 본의 아니게 더 강조하는 결과를 낳는다. 이는 세속 휴머니즘의 입장에서는 골치 아픈 일임이 분명하다. 윌리엄스가 지적했다시피, 문제의 뿌리는 종교가 아니라 인간이다. 도킨스의 말이 옳다면, 그리고 하나님과 종교가 그저 인간의 불쾌한 망상일 뿐이라면, 이는 이런 기분 나쁜 개념들을 만들어 낸 인간의 도덕적·지적 상태에 대해 무엇을 말해 주는가?

이 궁지에서 빠져나오는 가장 쉬운 방법은 마니교의 이원론 같은 신新무신론의 변종을 개발하는 것이다. 마니교는 어떤 인간은 도덕적이고 합리적인(따라서 세속적인) 반면, 어떤 인간은 악하고 지적으로 퇴보했다고(따라서 종교적 믿음을 갖는다고) 선언한다. '깨어 있는 사람'Bright이라는 말을 세속적 견해나 무신론적 견해를 지닌 어떤 사람을 긍정적으로 지칭하는 말로 쓰는 데에 바로 이 전략이 감춰져 있다. 이 전략은 2003년에 대니얼 데닛Daniel Dennett과 리처드 도킨스가 열정적으로 권장한 전략이다.[17] 깨어 있는 사람들은 하나님을 창안해낸 터무니없는 일에 아무 책임이 없었다. 하나님이나 종교 모두 덜 똑똑한 사람들, 덜 깨인 사람들이 창작한 몽상이라는 것이다. 하지만 '깨어 있는 사람'이라는 개념은 두루 웃음거리가 되었다. 심지어 엘리트주의자나 자기만족적인 사람들 같은 세속주의자 진영에서조차 이를 비웃었다. 크리스토퍼 히친스는 "무신론자는 '깨어 있는 사람'을 자부심 있게 자처해야 한다"라는 도킨스와 데닛의 '당혹스러운 제안'을 공개적으로 조롱했다.[18]

우리들 대다수에게 종교란 선과 관련해 큰 잠재성을 갖고 있지만 언제든 잘못될 수 있는 무언가의 대표적인 예다. 일찍이 캔터베리 대주교를 지낸 윌리엄 템플William Temple, 1881-1944은 1932년 종교를 주제로 글래스고 대학교에서 연속 강연을 했는데, 이 강연에서 템플은 종교가 인간에게 유익보다 해를 더 많이 끼쳤다는 말에는 그럴 만한 이유가 있다고 일갈했다. 문제는 종교의 부패에 있었다. "종교가 진정한 성숙에 이르면 종교 자체가 이를 잘 알게 된다. 종교가 가장 먼저 정죄해야 할 대상은 나쁜 종교라는 것을. 나쁜 종교는 무종교irreligion와는 전혀 다르며, 무종교보다 훨씬 더 나쁜 것일 수 있다."[19]

종교가 심각하게 나빠질 수 있다는 걸 누구도 부인하지 않는다. 하지만 여기서 말하는 종교는 특히 인간의 본성과 관련된 전반적 문제점의 아주 명료한 사례다. 우리를 노예로 만든다거나 나쁜 길로 인도한다고 우리가 책임을 뒤집어씌우는 것들은 사실 거의 다 인간이 만들어 낸 것들이다. 그래서 테리 이글턴Terry Eagleton은 서양 자유주의가 맞서 싸우는 사회악 자체가 인간의 결정과 인간의 행동이 낳은 결과임을 지적하면서 방종하고 자기만족적인 서양 자유주의를 비아냥거리는 데서 적지 않은 쾌감을 얻는다. 우리는 우리의 병폐에 대해 사회에게 책임을 돌리지만, 애초에 그 사회를 만든 게 누구인가?[20] 이렇게 인간은 자기 자신을 압제하는 자인 동시에 자기 자신을 해방시키는 자로 행동한다.

아리스토텔레스가 지적한 것처럼, 인간은 사회적 동물로서, 사회들을 창조한다. 그리고 그 사회들은 인간이 추구하는 가치에 따라 구체화된다. 라인홀드 니버는 개별 인간들이 흔히 개인적인 일에서는 기꺼이 자기 이익을 초월하려는 의지와 능력을 보여주었지만, 집단 차원에서는 이 성향이 불완전하게 실현되었다고 주장했다. 국가, 인종 집단, 혹은 사회 계층 간 관계에서는 자기 초월 능력이 없거나, 있더라도 거의 나타나지 않는 경우가 흔하다. 그런데 역설적으로, 인간성을 말살하는 사회도 결국은 인간이 만들어 낸 것으로, 인간의 도덕적 염려가 얼마나 허약한지, 그리고 인간이 사리사욕을 추구하는 힘이 얼마나 끈질긴지를 우울하게 증언한다.[21]

그러면 이런 상황을 바꾸기 위해 우리가 할 수 있는 일은 무엇일까? 개인과 사회 모두 좀 더 정의롭고 인도적이 되려면 어떻게 해야 할까? 많은 경우, 해답은 교육에 있다.

휴머니즘과 교육

르네상스 휴머니즘은 교육을 인류의 미래에 꼭 필요한 일로 보았다. 교육은 세대 간 지혜를 전달하는 통로로서, 이 지혜가 있어야 인류의 미래를 위한 도덕적·문화적 비전을 창조할 수 있다. 나 자신도 1500년대 초의 스위스 휴머니즘을 연구하면서 교육이 르네상스에 얼마나 중요했는지를 절감했다. 그 시대의 휴머니스트들은 역사나 수사학 같은 인문학 연구야말로 인간의 잠재력을 여는 열쇠라고 보았으며, 이 잠재력이 열리면 인간의 참 가능성이 성취될 터였다.

이는 담대하고 명민한 전망이요, 르네상스 휴머니즘의 최고 특성이었다. 하지만 이런 전망이 과연 지극히 어리석고 파괴적인 짓을 저지를 수 있는 인간의 놀라운 능력과 조화되는지 의심하는 이들도 있을 것이다. 우리는 교육받으면 선해질 수 있을까? 아니, 애초에 선을 좋아하게 되고, 그리하여 선을 추구할 수 있기 위해서는 모종의 도덕적 변화가 필요한 것은 아닐까? 르네상스 시대 휴머니스트 운동 내부의 어떤 이들은 우리가 사리사욕이 아니라 정말로 선을 사랑하고자 할 때 필요한 인간 본성의 근본적 변화는 오직 하나님만이 이루실 수 있다는 입장을 취했다. 또 어떤 이들은 자기 이익을 추구하는 태도를 합리적으로 다루어, 이 태도가 해악을 끼칠 수 있는 범위를 제한하기를 바라기도 했다.

경쾌한 낙관주의가 지배했던 르네상스 시대 이후 긴 시간이 흘러 1942년 캘리포니아 스탠포드 대학교에 인문학부가 개설되었다. 축하 행사는 다소 조용히 치러졌다. 세계대전1914-1918의 참화, 그리고 과거에 문명화의 거점으로 여겨졌던 유럽 여러 지역에서 전체주의가 발흥한 상황을 고려할 때, 인간의 문화적 성취가 어떻게 박수갈채를 받으며 선을 위한 힘으로 장려될 수 있었겠는가? 그것만으로는 충분치 않기라도 한 듯 미국이라는 나라 자체가 이제 새로운 세계적 분쟁에 휩쓸렸다. 몇 달 전인 1941년 12월 일본의 진주만 폭격이 있은 후 일본과 그 동맹국을 상대로 미국이 전쟁을 선포한 것이다. 스탠포드 대학교 인문학부 초대 학장인 존 다즈John W. Dodds, 1902-1989는 지금 시국이 인간의 문화적 성취를 마음껏 축하할 수 있는 분위기는 아니라고 솔직히 인정했다. 그렇다면 전 지구적 재앙을 앞두고 문명화 자체가 비틀거리고 있는 상황에서 "인문학의 전초기지"를 설립하고 "우리 시대 문명에서 문화의 위치"에 대해 이야기를 하는 이유가 무엇일까?[22]

다즈는 이 논점이 지니는 위력을 알고 있었다. 최근 몇십 년 어간에 전 세계가 큰 재난에 빠져들었는데, 이 재난은 인간이 지닌 위대한 문화적 덕목보다는 인간의 비인간성과 광기에 대해 더 많은 것을 말해 주는 것 같았다. 다즈는 지혜롭게도 냉정한 현실 진단으로 자신의 이상주의를 적당히 완화시키면서, 인간 본성의 수수께끼와 모순을, 무엇보다도 인간에게는 파괴의 능력이 있음을 직시할 필요가 있다는 사실을 침착하게 설명했다.

[인간의 과학기술적] 발전에는 사회의 점진적 비인간화가 수반되었고, 급기야 프랑켄슈타인 괴물이 주인을 죽여도 좋은 의미에서 그랬을 것이라 여겨질 정도입니다. 인간이 만들어 내는 기계장치는 세상을 놀라게 하지만, 도덕적·윤리적·사회적으로 우리는 여전히 (상대적으로 말해서) 원시시대의 진흙탕에서 빠져나오려고 애쓰는 중입니다. 인간은 자기를 둘러싼 환경을 지배하게 되었지만 정작 자기 자신에 대한 지배권은 점점 줄어들고 있는 듯합니다. 오늘날 우리는 인간이 자기 두뇌라는 무기를 자기를 향해 겨냥하는 광경을 봅니다. 위기에 처한 문명화의 소음 한가운데서 인간에 대한 모종의 믿음을, 자신이 매달릴 수 있는 믿음을 더듬어 찾으면서 말입니다.

그런데 다즈가 생각하기에 인문학은 전시에 한 나라를 지탱해주고 전후戰後의 재건 작업을 안내해 줄 하나의 전망을 똑똑히 보여주었다. "우리는 인간의 존엄을 상기하고, 인간은 고결하게 행동할 잠재력을 갖고 있음을 기억하며, 개인의 무한한 가치를 깨우칠 필요가 있습니다." 일단 전쟁이 끝나면, 잃어버렸던 그런 이상과 꿈을 되찾는 게 가능할 수도 있었다.

다즈의 1942년 연설 중 어떤 부분은 서양 문화의 일부 핵심 가치를 보호하고자 할 때 인문학이 차지하는 위치, 그리고 더 훌륭하고 더 지혜로운 사람들을 만들어 내는 교육의 역할에 관해 내가 읽어본 글 중 단연 최고의 변론으로 보인다. 하지만 다즈의 연설에는 인류의 도덕적 자질과 관련해 거의 유토피아에 근접했다고 할 정도로 아주 비현실적으로 여겨지는 부분도 있다. 서양 문화에는 교육이 사람을 변화시켜 이기적 무지에서 너그러운 관용으로 태도를 바꾸게 만든다고 주장하는 사상의 흐름이 늘 있어 왔다. 하지만 흔히 이런 사상은 긍정적이고 관대한 사회적 가치를 유지하고자 할 때 동료 집단의 압력이 얼마나 중요한지, 그리고 바람직하지 않은 태도와 사고방식을 가진 학생들을 걸러 내는 신중한 선별 과정을 통해 학생들의 정치적·사회적 견해에 영향을 끼치는 대학의 사회적 역할이 얼마나 큰지를 반영한다. 사회의 다른 장치들과 대비되는 것으로서 교육 자체가 사리사욕과 자기과시를 지향하는 인간의 성향을 조절해 주는지의 여부는 불확실하다.

2차 세계대전 발발은 인간의 본성이라는 수수께끼에 대해 새로운 통찰이 물밀듯 터져 나오게 만들었다. 나치의 죽음의 수용소가 얼마나 공포스러운 곳인지는 1945년이 되어서야 비로소 완전히 드러났는데, 유럽에서 전쟁이 마지막 국면으로 접어들면서 전쟁 당사국들이 '비인간적'이라고 할 수밖에 없는 잔학 행위를 저지른 게 아닌가 하고 많은 이들이 의구심을 가질 무렵이었다. 그렇다면 인간이 어떻게 그렇게 비인간적인 태도로 행동할 수 있었을까? 훌륭한 교육을 제공한다면 그런 일이 일어나지 않도록 확실히 막을 수 있지 않을까?

어쩌면 그럴 수도 있다. 하지만 당시는 그렇지 못했다. 한 가지 예만 들어도 이것이 그렇게 만만한 문제가 아님을 충분히 짐작할 수 있다. 1942년 1월, 나치의 기술관료 13명이 모여 회의를 열었다. 장소는 나뭇잎 무성한 베를린 교외의 별장, 암 그로센 반제 56-58번지였다.²³ 참석자는 대부분 교육 수준이 높은 이들로, 독일의 유력한 대학에서 박사 학위나 의사 자격증을 딴 사람들이었다. 이들의 임무는 독일 땅과 독일 점령지에서 유대인들을 제거하기 위한 계획안과 절차에 합의하는 것이었다. 참석자들이 합의한 계획안 한 부가 지금까지 전해져 오는데, 다소 완곡한 표현을 쓰기는 했지만 유대인들을 강제 이송해서 경제적으로 착취한 뒤 결국엔 몰살시키기로 뜻을 모은 사실이 상세히 적혀 있다.²⁴ 나는 공부가 우리 인간을 더 좋은 사람으로 만든다고 생각하고 싶지만, 교육이 이 사람들을 얼마나 '인간답게' 만들었는지 확인하기란 매우 어렵다는 사실을 인정하지 않을 수 없다.

이런 주제들에 대한 좀 더 신중한 통찰 한 가지는 C. S. 루이스의 펜 끝에서 나왔다. 영국에서 루이스가 처음으로 명성을 얻게 된 것은 BBC에서 방송된 전시戰時 토크 시리즈 덕분이었다.²⁵ 인간의 자기기만 능력이 하도 뛰어나서 위와 같은 음울한 교훈 따위는 전쟁이 끝나면 쉽게 감춰지고 잊히리라는 것을 잘 알고 있었지만, 그럼에도 루이스는 인간 본질에 대한 낙관적 입장이 전쟁의 공포 때문에 치명타를 입었다는 입장이었다. 『인간 폐지』 Abolition of Man, 1943는 루이스의 저서 중 가장 난해하기로 손꼽히는 책으로, 이 시기 루이스의 여러 저서에 나타나는 명료성이 결여되어 있다. 하지만 이 책은 올더스 헉슬리의 『멋진 신세계』와 나란히 가장 으스스한 선견지명을 담고 있는 20세기의 책 가운데 하나로, 우리가 과거에서 교훈을 얻지 못했다는 사실을 포함해 인간의 본질에 관해 쉬이 사라지지 않을 불편한 질문을 시작하고 있다.

비인간화의 위협

기독교 휴머니즘이든 세속 휴머니즘이든 생명력 있는 휴머니즘의 핵심 과제 한 가지는, 비인간화라는 지속적 위협에 저항하는 것이다. 이 위협은 거의 예외 없이 하나의 사회적 '내집단'의 형태를 띠며, 이들은 사회적 외집단은 인간에 미치지 못한다고 선언한다. 예를 들어 이 외집단 구성원을 '동물'이나 '해충'이라 부르면서 말이다. 우리에게 가장 친숙한 사례는 인간을 인간으로 대하지 않는 국가사회주의National Socialism의 인종 이데올로기로서, 이 이념은 유대인·집시·폴란드인·세르비아인을 열등 인간Untermenschen, sub-humans 취급한다. 최근의 역사도 인간을 인간으로 보지 않는 이데올로기의 영향을 반영하는 대량 학살 사건으로 어수선하다. 1915-1917년의 아르메니아인 학살 사건이나 1994년의 르완다인 대량 학살 사건이 그런 예다.[26] 이와 같은 비극이 일어나지 않도록 하는 한 가지 해법은, 특정 사람들을 자기보다 열등한 형태의 생명으로 여기게 만드는 이런 가치관이 실린 이데올로기에 이의를 제기하여 무력화시키는 것이다.

비인간화의 위협은 이보다 더 광범위하다. 인간을 상품화하는 경향, 즉 사람을 잠재적 상품 가치를 지닌 물건이나 경제적 착취의 대상인 양 취급하는 경향에도 이 위협이 잠복해 있다. 사람에게서 인격을 빼앗는 이 부식腐蝕 과정은 결국 특정한 개인을 '너'가 아니라 '그것'으로 취급하게 만든다. 나치의 종족 말살 행위에서 이와 같은 과정을 볼 수 있다. 개인은 먼저 귀중품을 강탈당하고, 그다음 인간 존엄과 정체성의 가장 근본적 표지인 이름을 빼앗겼다. 이제 익명이 된 이 죽음의 수용소 재소자들은 팔뚝에 새겨진 번호로만 자기 존재를 알렸다. 그리고 마지막으로 이들은 경제적 자산으로 취급되어, 머리카락을 비롯해 금전적 가치가 있는 신체 부위를 다 해체당한 뒤 공장 규모의 살해 처리 과정을 통해 완전히 소멸되었다. 이는 동물의 영역에서도 유례가 없는 일이다. 오직 인간만이 도덕적으로나 물리적으로 종족 말살 행위를 할 수 있는 것 같다.

이데올로기는 인간을 인간으로 보지 않는 이런 입장을 발생시키기도 하고 유지시키기도 한다. 이런 이데올로기가 때로 종교의 성격을 띠는 경우도 있어서, 일부 집단은 자기들을 '하나님께서 택하신 백성'으로 여긴다. 하지만 우리가 그냥 넘어가서는 안 되는 것은, '지배자 민족'Master Race이 있다고 말하는, 혹은 정신과 육체의 능력이 쇠퇴했다는 이유로 노인들을 인간 취급하지 않는 그런 인종 이데올로기다. 1939년부터 1941년 사이에 진행된 나치의 'T4 작전'Action T4은 정신병 환자는 아무 가치나 쓸모가 없다는 가설에 근거한 프로그램으로서, 이 프로그램에 따라 약 70,000명에 달하는 정신질환자들을 강제로 안락사시켰다. 이 작전은 1943년 교황 비오 12세의 강력한 반발을 불러일으켰다.

우리는 오늘날 이 엄숙한 진술을 되풀이할 필요가 있다고 생각한다. 심히 비통하게도 불구자, 정신이상자, 그리고 유전병 앓는 이들이 마치 우리 사회의 쓸모없는 짐이기라도 한 양 삶을 박탈당하는 광경이 가끔 보이기 때문이다. 이런 조처를 인간 진보의 표지요, 공통선에 전적으로 합치되는 것으로 여겨 일부 사람들은 박수갈채를 보낸다. 하지만 건전한 판단력을 지닌 사람치고 이것이 모든 사람의 마음에 기록된 자연적이고 신적인 법을 거스를 뿐만 아니라 인간의 가장 숭고한 본능까지 거스른다는 사실을 깨닫지 못하는 이가 어디 있겠는가?[27]

우리가 논해야 할 많은 이슈가 있지만, 가장 시급한 문제는 집단이든 개인이든 인간의 명예를 훼손하거나 가치를 깎아내리는 행태에 저항할 수 있는 인간관을 발전시킬 필요가 있다는 것이다. 나사렛 예수의 설교는 새로운 '내집단'을 창조하라는 말이 아니라 모든 '내집단'을 다 전복하라는 말이었다. 그렇다면 '내집단' 창조로 이어지는 인간의 기본적인 사회적 본능, 생물학적으로는 자연스럽지만 사회적으로는 해로운 그런 본능을 이렇게 원칙적으로 억제하기 위해서는 어떤 신학적 근거가 제시될 수 있는가? 인간이 '하나님의 형상'으로 창조되었고 지금도 여전히 그 형상을 지니고 있다는 개념에서 한 가지 답변을 찾을 수 있다.[28]

인간이 '하나님의 형상'을 지니고 있다는 기독교 신앙은 인간에게 우리의 경제적 유용성과 사회적 위치를 초월하는 정체성과 가치가 있다고 단언한다. 기독교 전통 내부에서는 일찍이 락탄티우스Lucius Caelius Firmianus Lactantius, 240?-320? 덕분에 이에 대한 논의가 벌어졌는데, 그는 인간이 '하나님의 형상'으로 창조되었다는 믿음은 사람들 사이의 평등을 요구하며 사회적·정치적 장벽을 가로질러 서로 간에 애정과 존

중이 생겨나게 한다고 주장했다.

> 자, 한 인간에게서 하나님이 우리 모두를 창조하셨으니, 그리하여 우리는 모두 한 핏줄이며, 그 결과 가장 큰 범죄는 인간을 미워하거나 인간에게 해를 끼치는 것이다. 그것이 바로 증오심을 키우거나 조장해서는 안 되는 이유다. 그러니 우리가 동일한 하나님의 작품이라면, 서로 형제자매 아니고 뭐겠는가?[29]

락탄티우스에게 이 신학은 곧 노예제도가 용인될 수 없음을 뜻했다. 모든 인간은 다 하나님의 형상을 지니고 평등하게 창조되었기 때문이다.[30] 락탄티우스의 주장을 따를 만큼 담대한 사람은 거의 없었지만, 그의 입장이 지닌 신학적 논리는 저항불가능이었다.

이에 동의하지 않는 이들도 있을 것이다. 인간이 나이가 들어 쇠약하고 퇴보하는 경향이 있다면, 진화 과정의 주도권을 쥐고 인간 본질에 근본적 변화를 일으켜 이런 문제점들을 과거 일로 만들면 어떻겠느냐는 것이 이들의 입장이다. 다음 장에서는 이 질문에 몇 가지 방식으로 접근해 보도록 하자. '트랜스휴머니즘'으로 알려진 운동도 그런 접근 방식 중 하나인데, 이는 과학기술의 진보를 통한 인간 변화론을 주장하는 운동이다.

12 진보의 신화
인간 재구성

> 예술이 망각되고, 거래가 폐지되고, 문학이 파편화되며,
> 주민들이 말살되는 와중에도 유럽인이 진보를 논하는 것은,
> 과학적 학식을 창의적으로 적용함으로써
> 안락한 삶을 문명화로 착각하는 사회를 구축했기 때문이다.[1]
> 벤저민 디즈레일리

서양 문화의 지배적 서사는 **진보** 서사다. 상황은 그냥 변화되기만 하는 게 아니라 점점 더 좋아진다고 본다. 그래서 우리는 부인할 수 없는 경험적 관측에서 벗어나 논쟁의 여지를 남겨 두는 가치 판단 쪽으로 이동하며, 이런 가치 판단은 의문의 여지도 없고 의문을 제기할 수도 없는 도그마의 위치를 차지한 채 어떤 면에서 종교적 믿음과 비슷한 역할을 해오고 있다.[2] 이런 상황은, 무엇이 변화하고 있으며 누가 변화를 일으키고 있든 모든 변화는 다 선하다는 극단적 낙천주의의 입장으로 무너져 내리기 쉽다. 누구든 다른 말을 하면 과거를 동경하는 데 탐닉하는 사람, 잘못 기억되고 이상화된 과거를 그리워하며 갈망하는 사람으로 취급된다.

누구든 이런 이슈들을 탐구하고자 한다면 '진보'라는 말이 무슨

뜻인지에 매달릴 필요가 있다. 진보에 대한 이해는 대개 세 가지 핵심 주제로 구체화한다.³

1. 기대 수명이나 출산 전후 사망률, 혹은 GDP처럼 객관적으로 측량 가능한 삶의 질이 개선되는 것.
2. 관용이나 자유 혹은 평등 같은 덕목들이 증진되어 사람이 살아가는 형편이 좋아지는 것. (물론 이는 경험적 증거에 기반을 두지 않는 이런 특질들을 실제로 '미덕'으로 인정하느냐의 여부에 달려 있다.)
3. 우리가 세상을 묘사하고 세상에 대해 말하는 방식이 더욱 신뢰성을 갖추게 된 결과로, 과학 발전을 통해 우리 세상에 대한 이해가 향상되는 것.

이 세 가지 중 어느 것도 그 자체로는 진보의 가늠자로서 적절하다 여길 수 없으며, 고작해야 더 큰 서사 속으로 직조되어 들어가는 실 가닥 정도로 볼 수 있다.

하지만 여기에는 난제가 있다. 가장 도전적인 난제는 아마 '진보'가 단순히 사건들을 묘사하는 말이 아니라 이념적 의미가 실린 개념이라는 점일 것이다. 우리는 상황이 변화하는 것을 **관측**한다. 그리고 이 변화가 발전적 변화인지 퇴보하는 변화인지 **판단**한다. 한 이념의 도덕적 틀 안에서는 퇴보로 보이는 현상이 다른 이념의 도덕적 틀 안에서는 진보로 보이기도 한다. 1789년 프랑스혁명에 대한 영국인들의 반응에서 이런 예를 볼 수 있다. 청년 윌리엄 워즈워스 William Wordsworth

같은 사람은 프랑스혁명을 사회를 변혁시키고 자유롭게 하는 사건으로 보았다.

> 그날 새벽에 살아 있는 사람에게 이는 천국의 기쁨이었다.
> 하지만 젊은이에게는 천국 자체였다!⁴

하지만 당시 또 어떤 이들은 혁명이 사회를 혼돈에 빠뜨려 불안정하게 만들고 미래를 위협할 것이라고 보았다. 진보는 우리가 생각하기에 좋아 보이는 변화를 일컫는 말이다. 하지만 여기서 '우리'는 정확히 누구인가? '우리'는 흔히 특권과 권력을 겸비한 일부 엘리트들의 판단을 가리키며, 주제넘게도 이들은 자신이 양식 있는 사람들을 대변한다고 여기고 그 외 사람들에게는 머릿속 생각까지 지시한다. 결국 어떤 일이나 어떤 사람이 '진보적'인지 여부는 철학자 존 듀이 John Dewey 가 말하는 "염두에 두는 목적"ends-in-view, 즉 사람들이 바람직하다고 여기는 목표에 의해 결정된다.[5]

'진보'의 이상은 도덕적 가치로 여겨지는 일정한 가치들에 의존하는 게 분명하다. 이는 경험적 개념(이를테면 '변화' 같은)이 아니라 이 변화의 장점과 중요성에 대한 평가다. 변화의 장점과 중요성 같은 이 가치들은 이익 집단이 결정한다. 이 점이 왜 중요한지는 18세기 말과 19세기 유럽 국가들의 식민지 확장 경쟁을 생각해 보면 쉽게 알 수 있다.[6] 유럽의 식민 권력은 '진보'란 야만인들을 문명화하는 것이라고 아주 쉽게 생각했다. 자기들이 정복한 문화에 자기들 보기에 옳은 일련의 도덕적·사회적 가치를 강요하는 호의를 베풀고 암묵적으로 이를 문화적 '진보'로 여김으로써 말이다.

어떤 사상가 집단은 자신들을 '진보주의자'로 규정한다. 하지만 이는 양면성을 지닌 것으로 악명 높은 표현으로서, 역사가 어떻게 전개되어야 하는지에 대해 자기들끼리 음모라도 꾸미듯 암암리에, 공인되지 않은 해석을 하는 태도에 근거를 둔다. 마르크스주의와 마르크스레닌주의에서 이런 태도가 특히 뚜렷히 나타나는데, 개념상으로 이 두 사상은 역사상의 모든 사건을 모종의 이론적 구멍 속으로 억지로 구겨 넣으려고 하는 비대한 시스템이다. 자긍심 강한 이 두 세계관 모두 역사 진전의 필연적 결과는 사회주의의 승리라고 하는 본질상 결정론적인 믿음을 갖고 있다. 마르크스주의를 쉽게 받아들이기 어려운 것은, 이 사상이 "원초적 오해 위에 공들여 구축한 정교한 구조"[7]였기 때문이라기보다, 이미 정해져 있고 인식 가능한 목표를 향해 역사가 필연적으로 '진보'한다는 믿을 수 없는 논제에 의존하기 때문이었다. 역시 자체는 그 논제를 확인해 줄 수 없어 보였는데 말이다.

사회주의의 역사적 필연성을 이렇게 이념적으로 미리 공약했다는 사실을 고려할 때, 마르크스주의자가 "사회주의의 진보적 힘과 자본주의의 퇴보하는 힘"[8]에 대해 말한 것은 자연스러운 일이었다. 진보주의자는 역사의 흐름과 함께 가는 이들이었고, 반동주의자는 역사가 예정된 목표에 이르는 것을 막으려 하는 사람들, 심지어 반혁명을 통해 역사의 진행을 역전시키려고 하는 사람들이었다. 그런데 문제는, 역사 자체는 가정된 전개 과정을 지배하는 규칙을 알지 못하는 것 같았다는 점이다.[9] 더 나아가, 필연적이라고 해서 그게 꼭 **옳다**고 생각해야 할 이유가 무엇인가?

신학자 라인홀드 니버는 자유주의 진보 이론들의 도덕적·지적 취약성을 제대로 지적했는데, 어떤 이들은 악을 선택하고 악을 만들어 낼 수 있는 인간의 잠재력을 직시하지 못했으면서도 뻔뻔스럽게 자기 생각이 옳기를 바라며 니버의 지적에 찬탄을 보내는 경우가 많았던 것 같다.

> 진보 개념은 '자유주의' 문화라고 폭넓게 정의되는 것의 기초 전제다. 그 전제가 도전을 받을 경우, 자유주의 세계의 의미 구조 전체가 위태로워진다. 이런 이유로 자유주의 세계는 자유주의 세계 신조信條의 이 조항과 관련해서는 아량이 없다. 자유주의 세계가 이 조항의 타당성에 대해 논쟁하지 않는 것은 정확히 이 부분과 관련해 회의론을 일체 잃어버렸기 때문이다.[10]

하지만, 니버가 지적한 것처럼 이 자유주의 '신조'가 "대단히 의심스러운" 것은 특히 "역사의 진행은 모두 모호"하기 때문이다.

마르크스는 잘못된 목표를 선택한 것일지 모른다. 하지만 마르크스는 진보가 **목적론적** 개념이라는 사실을 투명하게 꿰뚫고 있었다. 이는 올바른 목표가 뭔지 규정하고, 우리가 그 목표를 향해 나아가는 데 필요한 일들을 한다는 개념이다. 그러나 진보가 정말 목표 달성에 관한 것이라면, 여기엔 성찰을 위한 비판 능력은 물론, 우리의 현재 궤적이 우리를 그 목표에 가까이 데려다주지 않는다고, 혹은 애초에 우리가 목표를 잘못 택했다고 암시하는 증거가 있을 경우 방향을 전환하려는 의지가 포함되어야 한다. 이는 C. S. 루이스가 그 특유의 명료함으로 분명히 지적한 부분이다.

> 진보란 내가 원하는 곳에 점점 가까워진다는 의미다. 그런데 분기점에서 길을 잘못 들면 계속 직진한다 해도 목표 지점에 다가가지 못한다. 길을 잘못 들었을 경우, 그 길에서 돌아 나와 다시 바른길로 가는 게 진보의 의미다. …… 내가 생각하기에 세상의 현재 상태를 보면 인간이 뭔가 큰 잘못을 저지르고 있음이 아주 분명하다. 우리는 길을 잘못 들었다. 상황이 그렇다면 돌아 나가야 한다. 돌아 나가는 것이 가장 빠른 방법이다.[11]

낙관주의가 아니라 사실주의가 필요함

서양 자유주의의 명백한 실패가 점점 더 분명해짐에 따라 서양에서 무비판적인 진보 메타서사를 유지하기가 훨씬 더 어려워지고 있다.[12] 이 부적절한 메타서사는 '신新무신론'에 대한 테리 이글턴의 압도적 비판의 주요 과녁 중 하나로서, 이글턴은 이 메타서사가 '진보의 신화'를 무비판적으로 반영하고 있다고 본다.[13] 이글턴은 '무엇에도 제한받지 않는 인간 진보의 꿈'을 엄밀한 증거 기반이 전혀 없는 '순진한 미신'으로 여긴다. "세상에 경건한 신화와 속아 넘어가기 쉬운 미신이 하나 있다면 그것은 바로 방향 전환을 몇 번 잘못한 것과 상관없이 우리 모두 더 나은 세상으로 이르는 길을 꾸준히 가고 있다고 하는 자유주의적 합리주의자의 믿음이다."[14] 이글턴은 이 신화를 논증 가능할 만큼 그릇된 혼성모방pastiche, 유치한 '맹목신앙'의 명료한 예로 간단히 일축한다. 합리적으로 생각하는 사람이라면 과연 그런 세속 신화에 동조할 생각을 할 수 있을까? 히로시마, 아우슈비츠, 아파르트헤이트같이 인간이 빚어낸 대참사를, 역사의 꾸준한 상향 발전을 전혀 훼방하지 않는 '국지적 문제'로 취급하게 만드는 그런 신화에 동조할 수 있을까?[15]

이글턴은 이 '진보 신화'의 기저에는 순진한 낙관주의가 자리 잡고 있으며, 이 낙관주의에 이의를 제기하여 재구성할 필요가 절실하다고 주장했다. 그 첫 단계로서 우리는 계몽주의 사상에 강력하고도 철저한 권위주의의 흐름이 있음을 인정할 필요가 있다. 이 권위주의 흐름은 프랑스혁명의 비교적 급진적 요소에서 뚜렷이 드러나며, 사회를 개선하는 수단으로서 조직적 폭력을 지지할 뿐만 아니라 직접 실행에 옮겼다. 이에 대한 고전적인 예는 미국의 저널리스트 유진 라이온스Eugene Lyons가 1930년대 소련에 한동안 머물렀던 경험을 담은 이야기에서 찾아볼 수 있다. 이 시기 소련 정부는 자신들이 경제 발전을 어느 정도 촉진시켰다는 근거로 각종 억압 조치들을 옹호했다. "새로운 성공이 통계로 증명될 때마다 그 성공을 이룬 수단이었던 위압적 정책들이 정당화되었다."[16] 낙관주의에 대한 이 집착 때문에 가장 먼저, 가장 크게 희생되는 것은 진실이 아니라 현실을 현실로 인정하고자 하는 모든 시도다. "현실은 비관론자로서, 이 비관론자의 반역적 이야기에는 귀를 닫아야 한다. 진실은 대개 아주 불쾌하므로, 단호한 의지로 짓밟아야 한다는 것이다. 이는 정신질환과 구별하기 쉽지 않은 낙관주의 기질이다."[17]

이글턴의 입장에서 인간의 진보에 대한 이 낙관적 입장과 관련해 몹시 절박한 어려움 중의 하나는 바로 악은 골치 아플 만큼 끈질기다는 사실이다.[18] 18세기의 보편적 낙관주의는 우주의 합리성과 조화를 선포했고, 이 질서정연한 낙원에 거주하면서 이 낙원을 합리적으로 해석하는 자로 인간의 지위를 한껏 고양시켰다. 신학에는 무관심한 시대였지만, 이 순진한 보편적 낙관주의에서 발생하는 문제는 철저히 신학적이었다. 즉, 낙원에서 어떻게 악이 발생할 수 있느냐는 것이다. "그런 보편적 낙관주의는 자멸하는 경향이 있다. 현실과 조화시키기 어려운 안도감 속으로 뛰어들기 때문이다." 내가 생각하기에 이 난제는 데카르트에게로, 그리고 계몽주의의 기원으로까지 거슬러 올라갈 수 있다. 데카르트는 지혜롭지 못하게 신의 완전함을 강조했는데, 이는 이론과 관찰 사이의 불협화음을 부각시켜서,[19] 지적 위기를 발생시켰을 뿐이었다. 전에는 그저 정신적 불편함만 약간 있었기에 주도적 서사 안에서 이 불편함을 완벽히 조화시킬 수 있었는데 말이다.

이글턴은 19세기 사상가들은 악의 문제에 대해 다소 다른 접근법을 채택했다고 말한다. 19세기의 보수주의자들은 악이란 세상에서 경험하는 하나의 현실임이 분명하다고 인정할 각오가 되어 있었지만, 그러면서도 악이 인간의 진보를 통해 제거되는 과정 중에 있다고 반격했다. 이 같은 태도는 사실주의와 낙관주의를 다소 섬세하게 균형 맞춰 묶어서 귀찮은 악의 존재를 인정하는 한편, 인간의 지혜와 지식이 고양되고 환경을 변화시킬 수 있는 과학기술 능력이 향상됨에 따라 악이 근절되고 있는 중이라는 즐겁고 낙관적인 믿음을 강조하려는 목적을 수행했다. 인간은 궁극적으로 악에게 승리할 터였다! 이상한 것은, 그 열정적 사회진보주의자들이 인간은 단순히 악의 피해자가 아니라 악의 행위자일 수도 있다는 개념을 거의 아무런 검증도 하지 않은 채 남겨 두었다는 점이다.

악을 물리치려면 우리 자신을 이길 필요가 있다. 인간은 악을 창조하고 악을 초래한다. 지진을 '자연의 악'이라고 하는 건 말이 안 된다. 지진은 그저 자연의 작용으로서, 우연히 발생해서 하필이면 그때 그 장소에 있던 사람에게 유감스러운 결과를 안긴다. 하지만 20세기에 벌어진 대량 학살 사건에서 보듯 인간의 악은 충분히 말이 되는 이야기다. 그런 악은 동물의 세계에서는 유례가 없다. 악을 피하고자 한다면 우리가 달라져야 한다. 그렇다면 어떻게 해야 달라질 수 있을까? 다음 단락에서는 몇몇 사람들이 제안하는 해법과 그 해법이 긍정적으로 작용하지 않을 가능성에 대해 알아보도록 하자.

과학기술과 진보

계몽주의 시대의 진보 서사는 과학지식과 기술적 적용을 통해 인간 사회와 사회 상황을 개선할 수 있다고 말한다. 이성과 과학은 종교라는 미신이 쇠퇴하고 인간이 모든 금기와 인위적 한계에서 해방되는 과정을 통해 인간의 진보적 발전이라는 결과를 낳는다고 한다. 과학기술의 발전과 사회 진보가 병행한다는 것은 프랜시스 베이컨의 글에 예견되어 있고,[20] 진보에 관한 현대 사상에서도 여전히 지배적 주제다. 과학 발전은 사회 진보와 밀접하게 연관된다.

이제 분명히 하자. 여러 면에서 인간은 삶의 환경을 개선해 왔다. 의학 발전 덕분에 기대 수명이 확실히 늘어났다. 한때 한 지역 주민을 몰살시켰던 질병도 이제는 제어할 수 있다. 과학기술의 발전 덕분에 작물 생산이 늘었고, 따라서 세계 식량 자원도 늘어났다. 하지만 이런 결과는 늘 복잡한 그림의 일부일 뿐이다. 편리하게 이 그림의 한 부분에만 선별적으로 집중하면 한결같은 진보 비슷한 현상을 볼 수 있고, 마찬가지로 다른 부분에 초점을 맞추면 가치 붕괴와 퇴보라는 역시 믿어지지 않는 현상이 보인다. 어느 한 영역에서는 발전인 것이 또 한 영역에서는 퇴보의 얼굴을 하고 나타난다. 과학기술은 우리의 상황을 더 나은 방향으로 변화시킨다. 아울러 더 안 좋은 방향으로도.

20세기 역사는 아마 세속 진보 메타서사가 극복해야 할 최대 장애물일 텐데, 이는 특히 종교에 폭력을 초래하는 특유의 능력이 있다고 하는 신성한 신화 때문이다. 그런데 1차 세계대전, 대공황, 2차 세계대전은 모두 이 서사의 타당성에 대해 난처한 질문을 던졌다. 종교를 없애면, 아니 적어도 종교를 무력하게 만들면, 종교를 다 뽑아 버리면, 전쟁 가능성이 극히 줄어들 거라고들 했다. 종교는 세상에 갈등을 유발하는 핵심 요소였기 때문이다. 그러나 학자들이 보는 한, 1차 세계대전(사망자 수 1,600만 명에 달하는)에도, 2차 세계대전(사망자 수 약 6,000만 명)에도 의미 있는 종교적 동기는 없었다. 하나의 종으로서 인간은 폭력을 써서 목표를 이루고 과학기술을 이용해 그 폭력의 사용 범위를 넓히는 동물이라는 사실을 우리는 직시해야 한다. 종교는 이런 성향을 초래하지 않는다. 단지 이 성향을 반영할 뿐이다.

그것이 바로 J. R. R. 톨킨의 판단이었다. 1차 세계대전 당시 영국 보병대 장교로 복무한 톨킨은 그곳에서 현대 과학기술이 접목된 전쟁의 끔찍한 현실을 경험했다. 기계장치가 장거리에서 과녁을 향해 비정한 죽음을 쏟아부었다.[21] 톨킨은 '기계'를 권력을 향한 욕망, 무엇보다도 타인에게 군림하는 권력을 향한 욕망의 상징으로 보았다. 어떤 이들은 기계를 사람을 노예상태에서 해방시켜 주는 장치로 볼지 모르지만, 톨킨은 기계를 해방의 수단이 아니라 강요와 지배와 예속의 도구로 보았다.[22]

이는 지나치게 부정적인 시각 아니냐고, 과학기술로 전투 능력이 향상된 전쟁을 겪어 정신적 외상을 입은 톨킨 개인의 경험을 반영하는 시각 아니냐고 지적하는 이들도 있을 것이다. 옳은 지적이다. 하지만 우리는 톨킨의 염려를 한마디로 일축해 버릴 수가 없다. 『반지의 제왕』에서 톨킨은 단순한 기술을 써서 늘 자연 세계 가까이 머물며 소박한 삶을 사는 호빗족과, 기술을 지배와 착취의 수단으로 쓰는 인간을 대조시킨다.

인공 번식: 우생학과 인간 유전자 풀

『종의 기원』Origin of Species, 1859에서 다윈은 축산업자들의 표준적 "인위 도태" 방식을 보면 자연계에서 일어나는 도태 과정에 대해 통찰을 얻을 수 있다고 주장했다.[23] 다윈은 『인간의 유래』The Descent of Man, 1871에서 자신의 분석을 상세히 설명하면서, 인간도 이 '자연선택' 과정의 한 결과라고 주장했다. 오래지 않아 빅토리아 시대의 유력한 인물 몇 사람이 인류의 미래와 특히 대영제국의 문화적 우월함을 보호하고 싶어, 가축을 키울 때 쓰는 원리를 인간에게도 적용하자고 말을 꺼냈다. 인간도 선택적으로 번식시켜서, 바람직한 신체적·기질적 특질이 그 사람을 지배할 수 있게 하면 안 되느냐는 것이었다.

다윈 자신이 이런 발전의 토대를 놓았다. 『인간의 유래』에서 다윈은 원시사회가 '몸이나 정신이 약한' 사람은 신속히 제거했고, 그래서 그 사회에서 살아남은 사람은 비교적 더 건강한 사람들이었다는 점을 지적했다. 예를 들어 고대 역사가 플루타르코스Plutarch가 전하는 말을 들어보면, 스파르타에서는 몸이 약한 유아들은 나중에 이 도시의 짐이 될 수 있다 여겨 이런 아이들을 다 찾아내서 없애 버렸다고 한다.[24] 다윈은 문명사회가 의학적·사회적 돌봄을 통해 이 '제거 과정'을 지체시키며, 그래서 '문명사회의 허약한 구성원들'도 자녀를 낳을 수 있게 만든다는 점에 주목했다. 이렇게 되면 미래 세대의 건강에 부정적 영향이 있을 것으로 예상되고, 따라서 이를 바로잡을 대책이 요구된다는 것이었다.

가축 키우는 일을 해본 사람이라면 이 일이 인간에게는 매우 손해라는 점을 의심하지 않을 것이다. 제대로 보살피지 않거나 보살피는 방식이 바르지 못할 경우 가축의 상태가 얼마나 순식간에 안 좋아지는지 놀라울 정도다. 그런데 상태가 최악인 짐승의 번식을 허용할 만큼 무지한 존재는 인간 자신의 경우 말고는 거의 찾아볼 수 없다.[25]

여기서 다윈은 다름 아니라 인간을 대상으로 하는 선택 번식 개념을 은연중에 제안한 것이 틀림없다. 가축 키우는 이들의 최선의 관행과 비교하면서 말이다. 그런데 어떤 이들, 예를 들어 다윈의 사촌인 프랜시스 골턴 경 Sir Francis Galton, 1822-1911 같은 사람은 다윈의 생각이 선택 번식을 통한 인간 보존의 길을 열었다고 봤다.[26] 장차 인류의 유익을 위해서 어떤 유형의 인간에게는 생식生殖이 허용되지 말아야 한다는 것이었다.

우리는 그런 억압 정책을 나치 독일 같은 도착적倒錯的 사회에서나 볼 수 있는 특징으로 여기는 경향이 있지만, 사실 이 정책은 1920년대 미국과 잉글랜드의 진보 진영에서 널리 받아들여졌다. 사실 우생학과 관련해 나치 독일 특유의 뭔가가 있었는지는 밝혀내기 어렵다. 아리아 인종의 어떤 측면을 개발하려는 모종의 계획을 갖고 있었을 가능성은 분명하지만 말이다.[27] 인종과 계층은 1920년대와 1930년대의 이른바 '진보주의자' 대다수의 관심사를 지배하는 의제였다. 이들은 인간도 가축처럼 선택적으로 번식시키자는 입장을 지지했다. 예를 들어 마리 스톱스 Marie Stopes, 1880-1958 는 1921년 '건설적 산아제한과 인종 발전을 위한 협회'Society for Constructive Birth Control and Racial Progress를 만들고, "허약하거나 인종 특유의 병을 앓는 사람들"이 "더 고결하고 더 아름다운 인종"을 위험에 처하게 하는 것을 예방하는 수단으로서 (자발적이거나 강제적인) 불임수술을 적극 옹호했다.[28] 1920년대 소련에서는 사회공학 수단으로서 인공수정 프로그램을 주창하다가 그 뒤 이념적 이유로 포기했다.[29]

사회공학에 관심 있는 사람들에게 우생학이 갖는 매력은 절대 사라지지 않았다. 서양 문화의 진보주의적 추세는 우생학과 관계를 끊은 지 오래되었지만 말이다. 이는 우생학이 과거 나치와 수치스럽게 연루되었기 때문이기도 하고, 강제 불임수술 같은 우생학의 일부 핵심 정책이 신자유주의 사회의 근본 가치와는 맞지 않기 때문이기도 하다. 그럼에도 일부 사람들이 왜 여전히 우생학을 매력적으로 여기는지는 어렵지 않게 이해할 수 있다. 식물과 동물을 선택적으로 번식시켜서 질병에 대한 저항력을 키울 수 있다면, 인간이라고 해서 그렇게 하지 못할 이유가 무엇인가? 선택 번식은 일부 사람들 보기에 사회의 '짐'으로 여겨지는 자들을 쉽게 제거해 줄 터였다.[30] 사회의 '내집단'은 자신들과 경쟁하는 '외집단'의 유전적 미래를 조작할 수도 있을 것이다.

인간 유전자 프로그램 재작성에 대한 유혹은 언제나 그랬듯 지금도 강력한 힘을 발휘한다. 동물행동학자 콘라트 로렌츠Konrad Lorenz는 영향력 있는 저서 『공격 행위에 관하여』On Aggression, 1963에서 주장하기를, 인간의 공격 성향은 한때 중요한 사회적 역할을 했지만 현대 과학기술의 도래로 이 본능은 근본적으로 위험한 것이 되었다고 했다. 인간이 어느 날 모종의 유전적 변이를 겪어 유순한 사람들이 될지도 모른다는 실낱같은 희망을 드러냄으로써 로렌츠가 자신의 책을 마무리하는 것은 우연이 아니다. 로렌츠가 생각하기에 이는 아주 환영할 만한 우연이었다. 하지만 이런 일이 실제로 일어난다면 어떡해야 할까? 상황을 우리가 제어할 수 있다면?

인간 재시동 Rebooting Humanity: 트랜스휴머니즘과 인간의 가치 향상

고전적 형태의 휴머니즘은, 피코 델라 미란돌라의 『인간 존엄에 관한 연설』(62-64쪽) 같은 책에 표현된 대로 보자면, 인간 본성의 아름다움과 우아함을 강조하면서 인체의 복잡성과 인간의 폭넓은 성취를 기뻐한다. 하지만 최근, 인간 본질을 "미완성품, 어설픈 초기작으로 보고 우리가 이것을 바람직한 방식으로 다시 만드는 법을 배울 수 있다"[31]라고 여기는 사상학파들이 등장했다. 밀란 쿤데라는 낙원에 대한 우리의 갈망이 사실은 인간으로 존재하는 데 따르는 한계에서 벗어나려는 욕망이라고 했는데(17쪽), 쿤데라의 말이 맞다고 할 때, 과학기술의 증대를 통해 인간이 생물학적 기원을 초월할 수 있다면 우리의 불만족과 불안함이 그칠 것인가? 포스트휴먼 posthuman 이 됨으로써?

앞 단락에서 우리는 선택 번식이 인종을 '개선'시킬 가능성이 있다는 점을 살펴보았다. 예를 들어 이종교배를 통해, 질병에 취약한 특정한 유전적 결함을 제거한다든지 해서 말이다. 하지만 현재 우생학에 따라붙는 사회적 낙인을 피하면서 인간 변환을 도모할 수 있는 또 한 가지 선택안이 있다. '트랜스휴머니스트'transhumanist 운동이 바로 그것인데, 이 운동은 과학기술을 통해 "인간의 상태를 근본적으로 향상"시켜, "노화를 없애고 인간의 지적·육체적·심리적 역량을 크게 증진시킬 수 있다"라고 주장한다.[32] 과학기술을 창조하고 적용함으로써 인간은 이제 생물학적 한계를 초월할 수 있는 능력을 갖게 되었다. 하지만 불편한 질문은 여전히 남아 있다. 가장 중요하고 영향력 있는 트랜스휴머니스트 철학자로 손꼽히는 닉 보스트롬Nick Bostrom은 과학기술의 발전을 진보 개념 자체와 단순히 동일시하는 데에 의문을 던진다. "과학기술 역량의 확대를 '진보'라 말하고 싶은 마음이 들 수도 있다. 하지만 진보라는 말에는 가치 평가, 즉 상황이 더 나아지고 있다는 함의가 있으며, 이는 과학기술 역량의 확대가 상황을 호전시킨다는 개념적 진실과는 거리가 멀다."[33]

여기서 말하는 과학기술의 증대란 어떤 종류를 말하는 것일까? 여기 한 가지 예가 있다.[34] 언젠가는 인공 적혈구 세포가 개발되어 이것이 사람의 혈액 속에서 산소와 이산화탄소를 운반할 수 있게 될 것이다. 이 인공 세포는 자연적으로 발생하는 체내 물질과 압력에 제한받지 않을 것이며, 그래서 천연 적혈구 세포의 한계를 훨씬 넘어서는 역할을 할 수 있을 것이다.

어떤 이들은 이렇게 인간의 발전에 개입하는 일을 '하나님 노릇을 하는 것'으로 볼 것이다. 정당한 논점이다. 미묘한 어감 차이에 주의할 필요가 있긴 하지만 말이다. 사실 인간은 이미 과학의 간섭에 광범위하게 의지하고 있다. 예를 들어 약물이나 외과 수술은 인간 삶의 질을 향상시키고 삶의 영역을 확장시킨다. 지금 문제가 되는 것은 트랜스휴머니즘이 기존 관행의 확장을 뜻하느냐, 아니면 우리를 낯설고 불온한 사회적 영역으로 데리고 가는 전혀 새로운 접근을 뜻하느냐는 것이다.

여기 또 하나의 예가 있다. 트랜스휴머니스트들은 '진화 지체'evolutionary lag, 즉 자연 진화 과정이 우리 환경의 변화에 느리게 반응하는 점이 중요하다고 지적한다. 과학기술 덕분에 이제 우리는 구체적 특징을 만들어 내는 특정 유전자를 끼워 넣어서 진화 지체를 우회해 갈 수 있다. 유당내성lactose tolerance이 좋은 예다. 유당불내증lactose intolerance이 발생하면 포유류는 이에 적응할 수 있다. 이유離乳가 수월해지기 때문이다. 그런 한편, 지난 5,000년 동안 인간 사회에서 유제품 소비가 증가하면서 많은 사람들에게 심각한 문제가 발생했다. 유당불내증 발생은 진화의 측면에서 아주 최근의 일이기 때문에 이 문제를 다루는 유전적 특성이 아직 모든 인간 개체군으로 확산되지 않았다. 그렇다면 이 상황에 바람직한 효과를 내는 유전자를 인간 게놈에 삽입하거나 어떤 식이든 그 효과를 모방하는 방법을 찾아내면 어떨까?

보스트롬은 인간이 그렇게 명민하게 과학기술을 향상시키면 마침내 다음과 같은 특성을 일부 혹은 전부 지닌 '포스트휴먼'이 등장하게 될 것이라고 주장한다.

1. 인간 수명이 500세 이상으로 늘어날 것으로 기대할 수 있다.
2. 인구 상당수가 현재 인간의 최대치보다 표준편차 두 배가 넘는 인지능력을 갖게 될 것이다.
3. 정신질환으로 고통받는 이가 드물어질 것이다.[35]

여기엔 명백한 의문들이 있다. 예를 들어, 과학기술적으로 개선된 인간은 사실 인간이 아닌 다른 무엇 아닌가? 이렇게 과학기술적으로 개선된 부분은 후대에 유전될 수 있는가? 만일 그렇다면, 우리는 사실상 새로운 종의 출현에 대해 논하고 있는 것 아닌가? '포스트휴먼'은 인간을 대체할 것인가?

트랜스휴머니스트들은 흔히 자연인의 인지능력이 과학기술적으로 증대되면 도덕적 탁월함이라는 결과를 낳을 것이라고 추측한다. 요컨대 인지능력이 증대됨으로써 정신지체가 치료됨에 따라, 이기심은 물론 생각과 행동이 파괴적 패턴을 띠는 내재적 성향이 사라지리라는 것이다. 홍미로운 생각이다. 하지만 이는 그 무엇으로도 입증되지 않은 믿음이요 매력적인 희망사항으로, 실제로는 아무 근거가 없는 것일 수 있다. 한 세대 전 빅터 퍼키스Victor C. Ferkiss 는 과학기술의 발전 속도로 볼 때 결코 가벼이 넘길 수 없는 한 가지 깊은 염려를 표명했다. "신新인간이 원시인의 동물적 비합리성을 산업인의 계산된 탐욕 및 권력욕과 결합시키는 한편, 과학기술이 부여한 하나님 같은 권세를 소유하게 되면 어떻게 될까? 이는 실로 궁극의 공포일 것이다."[36]

우리가 논의해야 할 많은 쟁점들이 있는데, 그중엔 과학적 쟁점도 있다. 가장 중요한 것은 '와이스먼 장벽'Weissman barrier 이론으로, 유기체가 생전에 습득한 어떤 특성은 후대에 유전될 수 없다는 기본 원리다. 예를 들어, 어떤 여자가 사고로 한 손을 잃었다고 해서 손이 하나밖에 없는 아이를 낳지는 않으며, 마찬가지로 혹독한 운동 프로그램으로 근육을 키운 남자가 필연적으로 근육질 자녀를 낳지는 않는다. 그렇다면 과학기술적으로 개선된 인간은 어떤 부분에서 그 개선된 특성을 후대에 유전시킬 수 있는가? 아니, 그 특성이 유전되기는 하는가?

그런데 여기서 생겨나는 대다수 의문들은 과연 그렇게 해야 하는지가 아니라 어떻게 하면 그렇게 될 수 있는지에 관심을 보인다. 이와 관련해서는 특히 네 가지 관심사가 중요해 보인다.

1. 과학기술적 개선은 비용이 많이 들고, 따라서 그런 일이 이뤄지면 포괄적 불평등만 심화될 뿐이다. 재력 있는 사람은 수명을 늘릴 수 있을 것이고 그 외 사람은 전과 다름없이 평범하게 살아야 할 것이다. 최초의 포스트휴먼은 아마 돈 많은 미국인일 가능성이 높다.

2. 인간의 수명이 의미 있게 늘어나면 토머스 맬서스Thomas Malthus가 『인구론』Essay on the Principle of Population, 1798에서 주목했던 문제점들이 즉시 발생한다. 자원이 유한하다는 것을 고려할 때 지구는 일정 숫자의 인구만을 지탱할 수 있다. 맬서스가 비록 화학비료와 유전자 조작 작물이 개발되어 수확량이 늘어날 것을 예측하지는 못했지만, 그가 하는 말의 요점은 여전히 유효하다. 지구의 식량 생산 능력 때문에 인구 규

모에는 제한이 생긴다. 인간의 기대 수명이 500세로 늘어난다면, 전체 인구는 분명 줄어들 것이다. 그렇지 않으면 맬서스가 말한 가혹한 제어 메커니즘, 즉 전쟁과 기근이 시작될 것이다.

3. 인지능력과 도덕적 분별력 사이에 상관관계가 있다는 가정은 논쟁의 여지가 있다. 인간은 자기의 최고 업적의 가치를 떨어뜨리고 파괴하려는 불가피해 보이고 지극히 비합리적인 성향을 갖고 있는데, 인간이 과학기술적으로 개선되는 게 단지 이 성향을 부추기고 힘을 더해줄 뿐이라면 어떻게 되는가? 신학적 표현을 써서 말하자면, 트랜스휴머니즘의 발흥이 우리를 죄에서 벗어나게 해주는가? 아니면 우리를 더욱 죄에 취약하게 만드는가?

4. 트랜스휴머니스트는 결국 인간을 열등한 종족으로 만들지 않겠는가? 스티븐 호킹의 지적처럼, 과학기술적으로 개선된 인간이 원래 인간과 똑같은 가치관과 합리성을 유지할 것이라고 믿어야 할 이유가 없다.

어느 질문에도 쉽게 대답할 수 없지만, 그래도 우리는 이 모든 질문을 해야 한다. 우리가 과학기술적으로 나아짐으로써 과거보다 더 지혜롭고 더 나은 결정을 하게 되리라고는 전혀 확신할 수 없다. 그렇게 생각하면 왜 일부 사람들이 다음과 같은 주장을 하는지 그 이유를 이해하는 데 도움이 될 것이다. 이들은 인간의 **과학기술적** 역량이 고양된다는 것은 그에 걸맞게 **도덕성** 고양도 필요하다는 의미라고 말한다. 역량이 늘어나는 과정에서 우리가 필연적으로 만나게 될 새로운 도전에 대처하고자 한다면 말이다.[37] 하지만 누가 우리를 재再프로그래밍할 것인가? 결국 이 '도덕성 고양' 프로그램도 도덕적으로 의문의 여지가 있는 인간이, 자기 자신의 기득권과 이익을 증진시키는 방향으로 전개하고 선정할 것이다.

우리는 조지 오웰George Orwell이 상상한 끔찍한 세상의 입구에 서 있는 것일지 모른다. 그 세상에서는 권력을 쥔 집단이 우리를 재프로그래밍해서 자기들의 신념과 가치를 복제하게 만들고, 합리적 사고 과정의 방향을 바꿔서 자기들의 그런 행위를 비판하지 못하게 한다. 올더스 헉슬리의 『멋진 신세계』는 그런 발전에 대한 심란한 묘사다. 인간은 자신을 통제하는 이들의 뜻에 순응하도록 '부화장과 조절 센터에서' 재프로그래밍된다. '사회계층 예정실'Social Predestination Room에서는 세계 국가의 필요에 좀 더 쉽게 부응할 수 있도록 지능이 비교적 낮은 사람들을 만들어 낸다. 이들은 스스로 생각을 하는 게 아니라 국가의 집단 사고에 순응하기만 한다.

그렇다면 그런 도덕성 재시동이 실제로 세상을 바꿀까? 서글픈 진실은, 다른 동물보다도 인간이 이 세상을 망쳐 왔다는 것이다. 우리는 지구의 기후변화를 관리한다고 했지만, 이는 장기적으로 볼 때 예측할 수 없고 지구에 해를 끼칠 가능성도 있는 결과를 낳았다. 우리는 지구 전체 인구를 다 몰살시킬 수 있는 핵무기와 병리학 무기를 개발했다. 또한 우리는 동물 세계 다른 어디에서도 유례를 찾을 수 없는 조직적 집단 학살을 저질러 왔다.

이런 우리가 과연 인류의 미래에 소망을 가질 수 있는가? 지구상에 존재했던 모든 생물 종의 99.9퍼센트가 이제는 멸종했다는 사실을 고려할 때, 우리의 생존 가능성은 얼마나 될까? 지구상에서 인간의 여정이 너무 빨리 끝나게 될 것이라는 심각한 위험에 대해 많은 이들이 점점 의견일치를 보이고 있는 것 같다. 비록 그 의견일치가 어떤 정확한 시간대나 확률 판단으로까지 확장되지는 않더라도 말이다.[38] 우리는 자연재해로 일거에 멸종될 수도 있다. 우리는 자멸할 수도 있다. 어쩌면 다른 종으로 변형될지도 모른다. 트랜스휴머니즘이 암시하는 것처럼 이번 경우에는 어쩌면 앞으로 우리가 스스로 진화를 주도함으로써 그렇게 될 것이다. 우리는 정말 알지 못한다. 그리고 우리는 이 지식 결여 상태를 고려해 가며 살아야 한다. 미래를 단순히 현재의 환상을 투사한 것으로 믿기보다는 그편이 더 낫다. 인간이 그 무엇의 훼방도 없이 상향 궤도를 따라 진보할 것이라는 무비판적 믿음은 결국 우리를 가상의 디스토피아 세계로 인도할 것이며, 그 세계의 타당성은 주로 증거와 성찰을 억압함으로써 유지된다.

여기서 강조해야 할 점이 또 하나 있다. 앞에서 우리는 '현재'Now라는 질문과 관련해 아인슈타인의 문제점에 주목했었다. 인간의 삶을 오로지 상대성이론이라는 해석의 렌즈를 통해 보는 것으로는 인간의 체험에서 현재 순간이 갖는 실존적 중요성을 파악하는 데 도움이 안 되었다. 이는 아인슈타인뿐만 아니라 누구라도 마찬가지다. 의미에 관한 고찰 부분에서 살펴봤듯, 인간은 원래 이 문제를 중요하게 여긴다. 진보라는 주제에 초점을 맞추는 이데올로기에서도 똑같은 문제가 등장한다. 이유가 뭘까? 테리 이글턴은 이 쟁점의 핵심을 다음과 같이 지적한다. "진보 이데올로기의 입장에서는 …… 각 순간이 그 후속 순간으로 가는 디딤돌에 지나지 않으며 현재는 그저 미래로 가는 배다리일 뿐이라는 사실로써 모든 순간이 평가절하된다. 모든 시점은 다가올 시점의 무한성과 비교해 볼 때 중요성이 떨어진다."[39]

이 진보 이데올로기는 불확정 미래의 어느 시점이야말로 가치와 중요성을 지닌 시간으로 유보되어 있다고 주장한다. 현재 순간은 그저 이 멀고도 보이지 않는 목표에 기여한다는 점에서만 의미가 있다. 따라서 현재는 실존적 진공상태에 지나지 않는 것으로 의미가 축소되며, 이 진공상태에는 가상의 미래로 가는 디딤돌이라는 것 말고는 그 어떤 내재적 중요성도 없고, 그 미래조차 환상 속 약속어음일 뿐으로 드러날 수도 있다. 그런 통제적이고 제한적인 이데올로기가 우리로 하여금 희망을 갖게 한다면, 그 희망은 미래의 변화에 대한 희망이다. 하지만 인간 지식의 역사는 아무 근거도 없거나 오도되었거나 그저 제정신이 아닌 열망들이 참담하게 부서진 사례들로 어수선하다. 사람들이 오늘 소중히 여기는 꿈이 내일이면 버려지는 환상으로 드러난다면 어떡하겠는가?

불멸에 대한 소망: 과학기술인가, 신학인가?

존 그레이는 인간의 핵심 집착 한 가지에 대해 별 의심이 없었다. "영생을 갈망함으로써 인간은 자신이 여전히 죽음으로 경계가 정해지는 동물임을 증명한다."[40] 하지만 인간의 필멸성에 대해 이런 강박관념이 없는 사람도 우리의 수명에 한계가 정해져 있음을 인정하지 않을 수 없다. 우리는 수명을 늘리려 애쓸 수 있지만, 이런 노력 또한 한정된 지구 자원을 또 한 번 강조하고 전쟁이나 기근 가능성을 한층 더 높이는 셈일 뿐이다. 그렇다면 애초에 이런 걱정은 왜 하는 걸까?

이에 대해서는 여러 가지 답변이 주어졌다. 사회학자 피터 버거Peter Berger는 인간의 필멸성은 도무지 감당할 수 없는 궁극의 진리라고 말함으로써 이 세상에서 인간의 실존을 특징짓는 끔찍한 무의미와 혼돈을 지적했다. 사회는 무의미하고 혼돈스러워 보이는 우주에서 의미와 질서의 존재를 강조함으로써 이 공포에 맞서 사람들을 엄호해 이 감당할 수 없는 깨달음에서 사람들을 지키고 보호하려 한다.[41] 무질서, 분열, 죽음이 횡행하는 이 무의미하고 혼돈스러운 영역을 마주하고 있는 인간은 의미라는 환상으로 보호받을 필요가 있다. 톨킨은 인간이 "우리의 소심한 마음"을 위로하며 속이려고 "소원 성취 꿈"을 자꾸 이야기한다고 하면서 한편으로 인간의 이런 본능을 우리가 탐구해야 할 더 큰 지평이 보내는 신호로 보았다.[42] 인간이 이렇게 자신의 필멸성을 인정하기 꺼려하는 태도는 어니스트 베커Ernest Becker의 퓰리처상 수상 논문 『죽음의 부정』The Denial of Death, 1973의 핵심 논제이기도 하다. 베커가 보기에 인간은 죽음을 부인하거나 죽음을 초월하거나 혹은 죽음의 얼굴에서 의미를 창조하려는 욕구의 추동推動을 받는다.

친절하게도 역사는 인간이 죽음을 부인하거나 속이거나 정복하려 했던 시도를 보여주는 재미있는 사례를 넉넉히 보유하고 있다. 그중에서 가장 재미있는 사례는 1924년 레닌Vladimir Lenin 사망 후 소비에트가 레닌의 시신을 보존하려고 '불멸화 위원회'Immortalization Commission를 만든 것이다. 단지 러시아혁명의 유력한 상징으로서가 아니라 마르크스레닌주의 아래서 불멸을 성취할 수 있는 인간의 능력에 대한 단언으로서 말이다.[43] 레오니드 크라신Leonid Krasin은 시신이 과학기술적으로 부활할 수 있다고 믿는 엔지니어였다. 그 부활의 특권을 가장 먼저 누릴 사람으로 레닌 말고 누가 있었겠는가? 일련의 주목할 만한 실험에서 크라신은 냉장고를 활용해 레닌의 시신을 보존했는데, 이는 단순히 냉동 시신을 공개 전시하여 소비에트 대중을 교화하려는 것뿐만 아니라 죽음을 극복할 수 있는 소비에트의 능력을 실물로 보여준다는 의미이기도 했다. 어쨌든 소련은 러시아 제국을 무력으로 전복하고서 등장했다. 죽음의 횡포도 그런 식으로 끝장내지 말란 법이 어디 있는가?

안타깝게도 크라신의 초기 극저온 실험은 실패로 끝날 운명이었다. 레닌의 시신은 얼마 안 가 의심의 여지 없는 부패 징후를 보이기 시작했다. 크라신은 이 부패 과정을 막으려면 독일에서 더 성능 좋은 냉장고를 들여와야 한다고 주장했다. 하지만 진정될 기미 없이, 어찌해 볼 여지도 없이 부패는 계속되었다. 죽음으로써 레닌은 자신이 진짜 인간임을 보여주었다. 코는 형태를 잃어 가고, 눈은 안와眼窩 속으로 함몰되기 시작했다. 결국 유일한 해결책은 레닌의 시신을 정기적으로 방부 처리하는 것뿐이었다. 죽음은 패배하지도 않았고 외관을 바꾸

지도 않았다는 사실을 아무도 알아차리지 못하기를 바라면서 말이다.

하지만 레닌의 시신에 대한 이 조처에는 뚜렷한 이념적 동기가 있었다. 마르크스레닌주의는 시대와 유행에 뒤진 기독교를 대체하고 있다고 스스로 주장했다. 그런데 불행히도 이런 위치는 논증의 힘보다는 주로 무기의 힘을 통해 성취되었다. 예배당은 폐쇄되거나 파괴되었다. 흔히 다이너마이트를 사용해서. 그리고 사제들은 투옥되거나 추방되거나 처형당했다. 혁명 전 러시아정교회 사제가 66,140명이었던 데 비해 2차 세계대전 발발 직전 교회에 남아 있던 사제는 6,376명뿐이었다. 1917년 39,530개였던 러시아의 예배당이 1940년 무렵에는 겨우 950개만 남았다.⁴⁴

이 무신론자 십자군 전쟁의 주전 선수는 '전투하는 무신론자 동맹'League of Militant Atheists으로, 1925년부터 1947년까지 소련에서 활동한 다양한 정치 세력의 반半공식적 연합체였다.⁴⁵ "반反종교 투쟁은 사회주의 투쟁이다"The Struggle against Religion is a Struggle for Socialism라는 슬로건을 앞세운 이 집단은 사회적·문화적·지적 조작을 통해 종교의 신빙성을 무너뜨리기 시작했다. 종교적 믿음과 관습은 비합리적이고 파괴적이라고 신문·잡지·강연·영화를 통해 소비에트 시민을 설득하는 것도 이들이 용의주도하게 획책한 작전의 한 부분이었다. 이들은 선량한 소비에트 시민은 과학적이고 무신론적인 세계관을 받아들여야 한다고 선언했다. 그럼에도 선량한 소비에트 시민은 고집스럽게 기독교 신앙에 매달렸다. 지적 후진성의 표로서가 아니라, 근래 등장하여 검증도 되지 않은 이 경쟁적 세계관보다는 기독교의 서사를 이들이 더 좋아했기 때문이다. 이 경쟁자는 이들이 보기에 이미 문제가 있어 보였다.
    기독교는 몸의 부활을 선언했고, 영생에 대한 소망을 제시했다. 마르크스레닌주의는 스스로 그보다 더 잘할 수 있다고 생각했다. 죽음 자체를 극복하고 세속적 소망을 줄 수 있다고 생각했다. 기술관료적 소련에서 지식의 진보는 인간이 신의 도움 없이 죽음을 정복하게 해줄 수 있다고 받아들여졌다. 대다수 소비에트 관념론자들은 마르크스레닌주의는 종교가 아니라고 힘주어 주장했지만, 인간의 불멸에 대한 마르크스레닌주의의 전망 덕분에 세속적 추종자들 눈에는 이것이 종교로 보였다. 물론 문제는 마르크스레닌주의가 그 핵심적 약속 사항을 사람들에게 전해 주지 못했다는 것이다. 트랜스휴머니즘은 이 도전을 받아들였다. 인간의 수명을 늘려 주겠다는 약속과 함께. 하지만 불멸에 대한 언급은 없다. 지혜롭게도 트랜스휴머니즘은 불가능한 일을 약속하기보다는 불가피한 일을 뒤로 미뤄 주는 것으로 자기 역할을 한정시켰다.
    이 책에서 탐구해야 할 내용은 훨씬 더 많다. 하지만 인간에 대한 이 짤막한 고찰을 이제 마무리할 때가 되었다.

13 맺는말
몇 가지 짧은 생각

> 삶이 내 앞으로 지나가는 것 같았다. 익사 직전의 사람들이 말하는 것처럼 순식간이 아니라 일종의 느긋한 경련을 일으키는 듯, 그 비밀과 매일 벌어지는 알 수 없는 일들을 다 털어내고, 이미 차가워지고 있는 손에 통행권을 쥐고 컴컴한 강물 위 검은 배에 올라타야 할 순간을 준비하면서.1
> 존 밴빌

이 책은 아일랜드 작가 존 밴빌의 걸작 『바다』에서 인용한 두 구절로 시작하고 끝을 맺는다. 상징적 연상이 풍부한 위 구절에서 밴빌은 저승으로 가는 배에 올라탄 뒤 캄캄한 어둠을 가로질러, 애초에 인생이란 게 도대체 무엇인지 그럭저럭 깨우쳐 보려 하지도 않은 채 죽음이 있는 곳으로 가고 있는 으스스한 광경을 우리 앞에 펼쳐 놓는다. 우리는 신비하고 어리둥절한 세상을 뒤로한다. 영문 모르고 그 세상을 통과한 뒤, 더 알 수 없는 또 다른 영역으로 들어갈 준비를 한다. 많은 이들이 이런 생각은 무시해 버리는 쪽을 더 좋아한다.

생은 신비다. 꿰뚫을 수 없고 불가해한 차원이 너무 많아서 우리의 이지는 쉽게 이를 이해하지 못한다. 우리는 이해할 수 없는 것은 걸러 냄으로써 그런 신비에 대처할 수 있을 뿐이고, 그리하여 우리의 이지가 적응할 수 있을 만한 것으로 그 신비를 축소시켜 버리며, 그렇게 해서 현실은 합리적으로 제어하기 쉬운 것으로 대체된다. 어떤 이들은 이런 종류의 지적 활동은 무의미하다고 여겨 뒷걸음질 친다. 하지만 지혜로운 이는 끈질기게 이 생각에 매달린다. 가치 있는 통찰은, 불편하더라도 우리 생각의 범위를 한껏 신장시켜야만 얻을 수 있음을 알기 때문이다.

리처드 도킨스가 보기에 우리의 우주는 정말 신비롭다. 인간의 이지는 생존이 달려 있는 흔해 빠진 위협과 기회들에 대처하기 위한 것들로 보이는데, 그런 이지가 우리 우주의 광대함을 이해할 수 있다는 게 있을 법한 일인가? "현대 물리학은 우리에게 가르친다. 진리에는 우리 눈에 보이는 것보다 더 많은 것이 있다고. 혹은 너무도 유한한 인간 지성에 부합하는 것보다 더 많은 내용이 있다고. 인간의 지성은 아프리카에서 중거리를 중간 속도로 이동하는 중간 크기의 물체에 대처하기 알맞도록 진화되어 왔으니 말이다."[2] 도킨스의 말에 전적으로 동의한다. 도킨스의 독단적인 협리주의자 친구들이 "너무도 유한한 인간 지성"이라는 도킨스의 말에 이의를 제기하지 않을까 염려되지만, 도킨스는 이 부분에서 자신에게 유리한 체계적 지식을 갖고 있고, 이 친구들은 다만 이 지식에 익숙해져야 할 것이다. 하지만 인간 지성의 한계에 대한 인식은 현대 물리학에 한정된 통찰이 아니라 인간이 처한 곤경의 특징적 성격이다.

어떤 이들은 신비란 그저 미신에 사로잡힌 사람이 비합리적인 일을 가리킬 때 쓰는 표현이라고 말한다. 하나의 슬로건으로서 이 의

견은 매끄럽고 소박하다. 하지만 현실을 안내하는 말로서는 피상적이고 매우 오해하기 쉽다. 양자론quantum theory을 공부한 사람이라면 이 이론이 우리가 사는 흐릿한 세상에 대해 나름의 합리적 견해를 전개해 왔으며, 이 견해는 우리가 제한된 현실 체험에 근거해 이치에 맞는다고 여겨 온 부적절한 상식 개념에 의문을 품는다는 사실을 알 것이다. 과거 '이성의 시대'의 합리성처럼 비교적 폭이 좁은 합리성은 좀 더 광범위한 시각의 합리성을 가리켜 '비합리적'이라고 함으로써 이 광범위한 합리성의 도전을 피해 가는 경향이 있다. 사실 폭이 좁은 합리주의자들의 견해는 자연과학과 사회과학이 발전함에 따라 교정되고 상대화되었다. 마르크스, 다윈, 프로이트, 아인슈타인은 합리성에 대한 그런 소박한 시각에 도전하는 일에서 모두 중요한 역할을 했다.

근래에 포스트모더니즘은 과학·종교·철학이 문화의 영향에 오염되어 우리로 하여금 진리와 권력을 융합하게 만든다고 주장했다. 어느 정도나 그러한지에 대해서는 본격적 논쟁이 있지만, 증거들로 보건대 반드시 답변해야 할 사례가 있고 우려해야 할 타당한 이유가 있다. 우리 시대의 과장된 합리성 개념이 앞으로 더 다듬어져야 할 거라는 점에는 의심의 여지가 없다. 남은 질문은, "인간 지성이 '지나치게 유한함'을 인식하는 데서 어떤 교훈을 얻을 수 있는가?"이다.

인간의 합리성이 어떤 식으로 다듬어져야 하는지 지금까지 생각해 봤는데, 이 책을 마무리할 시점이 되니 거기서 세 가지 요점이 뚜렷이 드러나는 것을 보게 된다. 셋 중 어느 것도 그 자체로 종교적이지는 않지만, 셋 모두 종교적으로 중요하다. 세 가지 요점 모두 더 깊이 생각해 볼 필요가 있다.

1. 겸손: 현실은 우리보다 크다

우주를 대하는 합당한 자세는 겸손, 즉 우주의 시공간적 광대함을 정중히 인정하는 자세다. 그 광대함 앞에서 인간은 하찮아 보인다. 우리는 우리의 우주를 부분적으로, 불완전하게 이해할 수 있을 뿐이다. 하지만 이것이 모든 견해를 다 똑같이 선하다고 평가하는 상대주의적 무질서 상태로 귀결되지는 않는다. 우주에 대한 우리의 믿음은 근거가 있든지 합리적 동인動因에 의해 생겨난 것이든지 해야 한다. 다시 말해, 우리의 믿음이 옳은 믿음이라 믿을 만한 이유가 있어야 한다. 하지만 지난 수 세기에 걸쳐 과학의 진보 자체가 분명히 하고 있듯, 한 세대가 옳다고 여겼던 것이 다음 세대에서는 틀리거나 부적절한 것으로 여겨진다.

다소의 바울은 강력한 시각 이미지를 통해 우리의 현실관이 지닌 한계에 대해 말한다. 우리가 지금은 "거울로 보는 것같이 희미"하게(고전 13:12) 본다. 인간으로 존재한다는 것은 현실의 '큰 그림'을 일부만 본다는 것이요, 더는 볼 수 없다는 깊은 좌절감에다 무엇을 보든 하여간 볼 수 있다는 약간의 만족감이 뒤섞인 채 사는 법을 배운다는 것이다. 여기서 우리의 적은 신앙이 아니라 오만이다. 우리의 제한된 시야가 옳고, 따라서 다른 이들은 틀렸다는 우쭐한 믿음 말이다.

2. 관대함: 해결되지 않는 의문과 더불어 사는 법을 배워야 한다

인간은 확실함과 명료함을 갈망한다. 계몽주의는 명료하고 확실한 관념을 추구했지만 이는 아주 제한적인 정황을 제외하면 도달 불가능한 목표인 것으로 드러났다. 그럼에도 이는 지극히 인간적인 열망이었다. 그런 종류의 지식이 바로 우리가 염원하는 지식이다. 하지만 논리학과 수학이라는 한정된 영역을 제외하면 현실적으로 우리는 그런 지식에 도달할 것을 기대할 수 없다. 데카르트적 명료함에 대한 열망은 시들어, 포스트모던적 우유부단함에 자리를 내주었다. 계몽주의의 합리적 이상을 마르틴 하이데거와 만년의 비트겐슈타인과 가다머Hans Georg Gadamer의 계속적 비판에서 구해 내기는 불가능하다고 입증되었다. 자연과학에서도 우리는 과학 이론의 잠정성을 받아들여야 한다. 우리의 믿음에는 근거가 있을 수 있다. 하지만 그 믿음은 옳지 않을지도 모른다. "과학도 종교도, 바보가 아닌 한 부인할 수 없는 종류의, 논리상 압도적인 증거 확립의 소망을 품지 못한다."[3]

이는 우리가 해결되지 않은 의문과 더불어 살면서, 믿을 만하되 대개 참이라고 입증될 수 없는 답변을 발견하게 되기를 소망한다는 뜻이다. 우리의 상태가 이러하므로, 확실성에 대한 소망이 없는 삶에 대처해 나가야 한다는 러셀(147쪽)의 통찰로 결국 다시 돌아가게 된다.[4] 삶의 궁극적 의문, 명확한 답변에 저항하며 여전히 애를 태우는 그 의문이 뭔지 지적하기는 어렵지 않다. 예를 들어, 죽음 그 너머에는 무엇이 있는가? 어쩌면 죽음이 모든 것의 종말일 수도 있다. 어쩌면 우리는 저승사자가 노를 젓는 배에 올라 캄캄한 지하 세계로 가는 최후의 여정에 나서야 할지도 모른다. 어쩌면 우리는 안전하고 즐거운 곳, 새 예루살렘으로 들어가게 될지도 모른다. 그것은 누구도 확실히 알지 못한다. 내가 무엇을 믿고 바라는지, 그리고 왜 그것을 믿고 바라는지는 알지만 말이다. 그렇다고 해서 나와 의견이 다른 이들을 미망에 빠진 바보로 여긴다는 뜻은 아니다. 그런 종류의 수사修辭는 기꺼이 문화 근본주의자들의 몫으로 남겨 두겠다.

이런 사고 노선에서 우리가 식별해야 할 가장 중요한 부분은 아마 이것일 것이다. 즉, 생의 가장 중대한 의문들이 여전히 미해결 상태로 우리 애를 태운다는 것을 고려할 때, 우리는 우리와 답변이 일치하지 않는 사람들에게 너그러울 필요가 있다. 이사야 벌린 경은 인간이 궁극적으로 가치 있게 여기는 것, 이를테면 정의 문제나 신 문제 같은 것은 필연적으로 의견 충돌을 낳을 수밖에 없다는 유명한 주장을 펼쳤다. 이런 문제는 계량이 되지 않기 때문에 합리적 계산으로 조정되거나 해결될 수 없다. 벌린이 보기에 이런 문제는 철학으로도 정리될 수 없었다. 벌린은 무엇이든 우리 인간에게 궁극적 중요성을 지닌 문제를 철학이 해결해 줄 수는 없다고 생각하는 경향이 있었다. 인간의 사상에서 의견과 가치가 서로 갈리는 것은 궁극적으로 정신의 허약함이나 정신의 역기능을 가리키는 표지가 아니라, 우리 삶과 생각의 자리인 이 세상이 본질적으로 고분고분하지 않음을 보여주는 표지다.[5] 벌린의 말이 옳다면, 인간은 결국 "자기 자신에 대한 다양한 서사를 갖게 되는데, 그중 어느 것도 메타서사의 권위를 갖지는 못한다."[6]

현실은 어느 것이 옳은 해석인지에 대해 의견 일치를 강요하지 못할 정도로 복잡하므로, 최선을 다해 우리의 현실을 납득하려 애쓸 때 우리는 적어도 서로에게 예의를 갖춰야 한다.

3. 경이: 기꺼이 우리의 시각을 확장하다

별이 빛나는 밤의 장엄한 정적, 혹은 수정처럼 투명한 북극의 풍경 앞에서 우리가 느끼는 경이감은 아름다움 체험 그 이상을 유발한다. 이 경이감은 인간 지성의 능력이 유한함을 폭로하며, 우주의 모습을 우리 편한 대로나 우리가 제어하기 쉽게 축소시키려 하지 말고 우리의 정신적 시야를 확장시켜 우주를 있는 모습 그대로 포용하라고 권유한다. 우리 자신과 우리 우주의 신비를 무기력하게 만들고 갈가리 찢어 해부하라는 유혹 앞에 우리는 매서운 시선을 던진다. 하지만 그때마다 우리는 우리를 거슬러 끊임없이 생겨나는 내면의 갈등에 직면한다. 워즈워스의 말은 지금도 여전히 울림이 큰 진실이다.

> 쓸데없이 참견하기 좋아하는 우리의 지성은
> 황홀할 정도로 아름다운 것들의 형상을 흉하게 만드니
> 우리는 죽여서 갈가리 해부한다.[7]

신학적 의미에서 '신비'라는 말은, 축소하고 단순화하려는 인간

의 본능에 궁극적으로 승리하여, 현실에 덫을 놓으려고 인간이 만든 시스템과 구조의 한계를 폭로하는 어떤 것을 말한다.

인간의 경외감 체험에 관한 최근의 심리학 연구는, 체험한 것을 **이해**하고 싶어 하되 그와 동시에 체험 자체를 **유지**하고 싶어 하는 데서 빚어지는 긴장을 강조한다.[8] 과학과 종교가 최상의 상태에 있을 때는 이 신비를 보존하려고 노력하며, "너무도 유한한 인간 지성"이 수용할 수 있을 만한 수준으로 축소시키지 않고도 우주의 가해성可解性을 확인시켜 준다. 기독교의 경우 이는 신학과 예배 사이의 창조적 긴장에서 뚜렷이 드러나는데, 역설적으로 이 긴장은 아무리 불충분할지라도 인간 지성이 하나님에 대해 많은 것을 납득할 수 있으며(그리하여 신학이 형성되며), 그와 동시에 인간의 이해 역량을 벗어난 곳에 아직도 많은 것이 남아 있다는(그래서 하나님의 위대함과 엄위는 언어적 분석을 허용하지 않으며 다만 찬양과 경배로 가장 잘 표현된다는 것을 인정한다는 의미에서 예배로 귀결된다는) 사실을 세상에 알린다.

결론

지금까지 이 책은 인간의 정체라는 큰 신비를, 그리고 특히 길 위의 여정(86-91, 154쪽)에서 우리 자신 및 우리의 세계를 납득하려는 우리의 시도를 고찰했다. 그 신비에 대해 인간이 보여야 할 정당한 반응은, 우리보다 더 위대한 어떤 존재 앞에서의 겸손함, 그 위대한 것에 대해 알려고 노력할 때 편협한 독단주의가 아니라 지적인 관용의 자세, 그리고 무엇보다도 우리가 그렇게 광대하고 아름다운 우주에 잠시 자리 잡고 있으며 우리 자신의 의미뿐만 아니라 그보다 더 깊은 우주의 의미를 고찰할 수 있다는 외경심이 담긴 경이감이다.

내집단 사람들끼리 짬짜미한 말쑥한 확신이나 근본주의자의 집요한 슬로건을 제시하면서 "너무도 유한한 인간 지성" 문제를 피하거나 우회해 가려는 특정 이데올로기 신봉자들에게 우리 마음이 끌리기 쉽다. 이 가상의 확신은 하나님 시점의 현실관을 요구하지만, 이런 시각에는 저들도 우리도 이르지 못한다. 우리의 위치는 길 위이지 발코니가 아니다. 공평한 특권이 주어진 안정된 거처가 아니라 불투명하고 어리둥절한 세상을 소망 가운데 지나는 여정 중에 있는 것이 우리의 형편이다.

인간의 정체와 의미라는 신비에 대해 이 책에서 제시하는 접근법은, 과학으로 정보를 제공받을 수 있고 기독교 전통으로 자양분을 공급받으며 풍성해질 수 있다. 실로 우리는 '의미를 추구하는 동물'이다. 생존을 위해 먹을 것을 찾아다니는 것과 마찬가지로 우리는 잘 살기 위해 의미를 찾아 나선다. 어쩌면 우리는 밴빌의 말처럼 "어둑한 가을"의 "귀가 멍멍한 침묵" 사이로 항해하는 "기이한 작은 배"다. 단테의 유명한 표현을 빌리자면, 어쩌면 우리는 어두운 숲에서 길을 잃었음을 깨닫고 여기가 어디이며 우리가 원래 어디에 있어야 하는지 몰라 생의 한가운데서 걸음을 멈춰야 하는 것일지 모른다.[9]

단테의 『신곡』은 신학적 지식에 근거해 우리의 의미 탐구 작업을 설명한 이야기만도 아니고, 삶의 여정이라는 이미지를 중심으로 구성된 견실한 문학작품만도 아니다. 그런데 많은 이들이 『신곡』을 인간이 의미를 추구하는 과정을 아주 예리하고 정교하게 그려 낸 이야기라고 여긴다. 이제 이 책을 마무리하면서, 한 유력한 단테 해석가가 『신곡』의 핵심 통찰로 여긴 내용을 고찰해 봐도 좋을 것이다.

> [『신곡』에서] 하나님께로 가는 여정은 곧 현실로 가는 여정이라는 기독교의 근본 명제가 지극히 명료하고 일관성 있게 단언된 것을 본다. 만사를 하나님 안에서 안다는 것은 만사를 실제 모습 그대로 아는 것이다. 하나님은 유일하게 절대적이고 무조건적인 현실로서, 불확정의 모든 실체는 기껏해야 하나님의 예표와 거울이고 최악의 경우 하나님의 그림자와 왜곡이다.[10]

궁리하고 궁금해하면서 이 컴컴한 어둠과 어슴푸레한 그림자의 세상을 통과해 갈 때 우리를 지탱하려면 위와 같은 시각이 필요하다. 우리 스스로는 길 위에 서서 '큰 그림'을 볼 수 없다. 하지만 저기 한 분이 계셔, 우리가 그 길을 갈 때 의미와 목적을 주신다고 우리는 믿고 의지할 수 있다.

감사의 말

　이 책은 2015년 옥스퍼드 대학교에서 개최된 이언 램지 과학과 종교 센터Ian Ramsey Centre for Science and Religion 콘퍼런스의 기조 강연 내용을 확장 증보한 것이다. 콘퍼런스에는 인류학·생물학·철학·심리학·신학 분야 전문가들이 다 모여 '인간의 차이점'human difference에 관한 최근의 연구가 지니는 함의를 발표하고 토론했다. 이 주제는 인간이 다른 생물 종과 구별되는 점이 무엇이며 이 차이점의 본질을 밝히는 데 도움이 되는 개념적 틀은 무엇인지를 다룬다. 필자의 강연 뒤에 이어진 풍성한 토론을 보면서, 강연 내용을 책으로 써야겠다는 생각이 들었다. 내용을 증보하는 과정에서, 이언 램지 센터에서 개최한 그 집중 토론 중에 제기된 엄밀한 의문 몇 가지를 연구해 볼 수 있었다. 지난 몇 년간 이 개념들을 전개하는 데 많은 분들에게 신세를 졌다. 누구에게 어느 만큼의 빚을 졌는지 다 기억하기를 바랄 수는 없지만, 적어도 이번 작업에서 나의 사고에 큰 자극을 준 것으로 입증된 분들에게는 감사를 전하지 않을 수 없다. 특히 조애나 콜리컷, 메리 미즐리, 앤드류 핀센트, 도노번 쉐퍼, 레이먼드 탤리스, 그레이엄 워드, 요하네스 자크후버에게 감사드린다.

주

01 궁금해하려고 태어나다

- strangeness, 존 밴빌의 원문에는 'sadness'로 되어 있다―옮긴이.
1. John Banville, *The Sea*(New York: Vintage Books, 2005), 53. (『바다』 문학동네)
2. 1933년부터 1973년까지의 이 현상에 대한 탁월한 연구로, Mark Greif, *The Age of the Crisis of Man: Thought and Fiction in America, 1933-1973*(Princeton, NJ: Princeton University Press, 2015)을 보라.
3. Reinhold Niebuhr, *The Nature and Destiny of Man: A Christian Interpretation*, 2 vols(London: Nisbet, 1941-1943), vol. 2, 214. (『인간의 본성과 운명』 종문화사)
4. Milan Kundera, *The Unbearable Lightness of Being*(London: Faber & Faber, 1995), 287-290. (『참을 수 없는 존재의 가벼움』 민음사)
5. Robert C. Fuller, *Wonder: From Emotion to Spirituality*(Chapel Hill, NC: University of North Carolina Press, 2006), 54-68.
6. Pierre Hadot, *What Is Ancient Philosophy?*(Cambridge, MA: Harvard University Press, 2002)를 보라. 특히 마르쿠스 아우렐리우스에 관한 고찰에 주목하라. 아우렐리우스는 "요컨대 인간이라면 누구나 하려 하는 일을 하고자 했다. 완벽한 의식과 맑은 정신으로 살려 했고, 매 순간에 더할 나위 없이 집중하고자 했고, 전 생애에 의미를 부여하고자 했다." Pierre Hadot, *The Inner Citadel: The Meditations of Marcus Aurelius*(Cambridge, MA: Harvard University Press, 1998), 312-313.
7. Susan R. Wolf, "The Meanings of Lives," *The Variety of Values: Essays on Morality, Meaning, and Love*(New York: Oxford University Press, 2015), 89-106.
8. Henry D. Thoreau, *Walden*(New York: Thomas Crowell, 1910), 17. (『월든』 열림원)

이 문제에 대한 철학자의 고찰은 Pierre Hadot, *Exercices spirituels et philosophie antique* (Paris: A. Michel, 2002), 333-342에 실린 "Il y a de nos jours des professeurs de philosophie, mais pas de philosophes"를 보라.

9   Kundera, *The Unbearable Lightness of Being*, 135. (『참을 수 없는 존재의 가벼움』 민음사)
10 다행히 일부 직업 철학자들은 그런 문제에 기꺼이 관심을 갖는다. 특히 리베카 골드스타인 Rebecca Goldstein의 아주 매력적인 연구 *Plato at the Googleplex: Why Philosophy Won't Go Away* (New York: Pantheon, 2014)를 보라. (『플라톤, 구글에 가다』 민음사)
11 예를 들어, Paul T. P. Wong, *The Human Quest for Meaning: Theories, Research, and Applications*, 2nd edn. (New York: Routledge, 2012)을 보라.
12 예를 들어, Karen Gasper and Gerald L. Clore, "Attending to the Big Picture: Mood and Global Versus Local Processing of Visual Information," *Psychological Science* 13 (2002): 34-40; Joshua A. Hicks and Laura A. King, "Meaning in Life and Seeing the Big Picture: Positive Affect and Global Focus," *Cognition and Emotion* 21, no. 7 (2007): 1577-1584를 보라.
13 G. K. Chesterton, *Autobiography* (San Francisco: Ignatius press, 2006), 99.
14 *Le merveilleux: Deuxième colloque sur les religions populaires*, ed. Fernand Dumont, Jean-Paul Montminy and Michel Stein (Québec: Presses de l'Université Laval, 1973), 143-156에 실린 Jean-Charles Falardeau, "Le sens du merveilleux"를 보라.
15 Hermann Hesse, *Mit dem Erstaunen fängt es an: Herkunft und Heimat, Natur und Kunst* (Frankfurt: Suhrkamp Verlag, 1986). (『그리움이 나를 밀고 간다』 문예춘추사)
16 이 점은 Roger Wagner and Andrew Briggs, *The Penultimate Curiosity: How Science Swims in the Slipstream of Ultimate Questions* (Oxford: Oxford University Press, 2016)에서 특별히 힘 있고 명료하게 주장하고 있다.
17 Mary-Jane Rubenstein, *Strange Wonder: The Closure of Metaphysics and the Opening of Awe* (New York: Columbia University Press, 2010), 1-11.
18 우리의 상이한 입장에 대해서는 Richard Dawkins, *An Appetite for Wonder: The Making of a Scientist* (London: Bantam Press, 2013 [『리처드 도킨스 자서전 2』 김영사]); Alister E. McGrath, *Inventing the Universe: Why We Can't Stop Talking About Science, Faith and God* (London: Hodder & Stoughton, 2015 [『우주, 하나님 지으신 모든 세계』 복 있는 사람])을 보라.

19 이 문구에 대해서는 Richard Dawkins, *A Devil's Chaplain: Selected Essays* (London: Weidenfeld & Nicolson, 2003), 19를 보라. (『악마의 사도』 바다출판사)

20 Aristotle, *Metaphysics*, 982b(『형이상학』 길); Plato, *Theaetetus*, 154b-155c(『테아이테토스』 숲)도 보라. 이 주제에 대한 유익한 고찰로는 Jerome Miller, *In the Throe of Wonder* (Albany: State University of New York Press, 1992), 11-52를 보라.

21 Michael Polanyi, "Science and Reality," *British Journal for the Philosophy of Science* 18, no. 3 (1967): 177-196, 특히 177-179.

22 http://www.nytimes.com/1990/05/15/books/once-more-admiredthan-bought-a-writer-finally-basks-in-success.html

23 Rüdiger Imhof, *John Banville: A Critical Introduction* (Dublin: Wolfhound Press, 1989), 62; Elke D'Hoker, *Visions of Alterity: Representation in the Works of John Banville* (Amsterdam: Rodopi, 2004), 17-48도 보라.

24 여기서는 이 문제에 대한 루이스 자신의 견해에도 주목해야 한다. Alister E. McGrath, "An Enhanced Vision of Rationality: C. S. Lewis on the Reasonableness of Christian Faith," *Theology* 116, no. 6 (2013): 410-417을 보라.

25 Albert Einstein, *Ideas and Opinions* (New York: Crown Publishers, 1954), 41-49.

26 Peter B. Medawar and Jean Medawar, *The Life Science: Current Ideas of Biology* (London: Wildwood House, 1977), 171.

27 *Meaning in Positive and Existential Psychology*, ed. Alexander Batthyany and Pninit RussoNetze (New York: Springer, 2014), 25-38에 실린 Michael J. MacKenzie and Roy F. Baumeister, "Meaning in Life: Nature, Needs, and Myth"가 좋은 출발점이다.

28 Massimo Pigliucci, "New Atheism and the Scientistic Turn in the Atheism Movement," *Midwest Studies in Philosophy* 37, no. 1 (2013): 142-153, p. 144에서 인용. 계속해서 Michael D. Aeschliman, *The Restitution of Man: C. S. Lewis and the Case against Scientism* (Grand Rapids, MI: Eerdmans, 1998); Richard N. Williams and Daniel N. Robinson, eds., *Scientism: The New Orthodoxy* (London: Bloomsbury, 2015)도 보라.

29 Bernard Williams, *Philosophy as a Humanistic Discipline* (Princeton, NJ: Princeton University Press, 2005), 182. 이런 추세에 대한 윌리엄스의 비평은 매우 통찰력이 있기에 면밀하게 연구해 볼 만하다.

30 William James, *The Will to Believe* (New York: Dover Publications, 1956), 51.

31 Lloyd P. Gerson, *God and Greek Philosophy: Studies in the Early History of*

Natural Theology(London: Routledge, 1994)를 보라.

32 Susan R. Wolf, *Meaning in Life*(Princeton, NJ: Princeton University Press, 2010), 10-11. (『LIFE, 삶이란 무엇인가』 엘도라도)

33 Alexander Wood, *In Pursuit of Truth: A Comparative Study in Science and Religion*(London: Student Christian Movement, 1927), 102.

34 Salman Rushdie, *Is Nothing Sacred? The Herbert Read Memorial Lecture*(Cambridge: Granta, 1990), 8-9.

35 Sam Harris, *Waking Up: Searching for Spirituality Without Religion*(London: Transworld Publishers, 2014).

36 Victoria Harrison, "The Pragmatics of Defining Religion in a MultiCultural World," *International Journal for Philosophy of Religion* 59 (2006): 133-152.

37 이 왜곡된 개념을 평가하는 글로는 Jonathan Haidt, *The Righteous Mind: Why Good People Are Divided by Politics and Religion*(New York: Pantheon Books, 2012)을 보라. (『바른 마음』 웅진지식하우스) '신新무신론'은 미국 개신교가 종교 전반을 위한 하나의 주형鑄型을 제공한다고 여기는 경향이 있다. Donovan Schaefer, "Blessed, Precious Mistakes: Deconstruction, Evolution, and New Atheism in America," *International Journal for Philosophy of Religion* 76 (2014): 75-94를 보라.

38 Keith Yandell, *Philosophy of Religion: A Contemporary Introduction*(London: Routledge, 1999), 16.

39 이 '보편 다윈주의'에 대해서는 Richard Dawkins, "Darwin Triumphant: Darwinism as Universal Truth," *A Devil's Chaplain: Selected Essays*(London: Weidenfeld & Nicolson, 2003), 78-90을 보라. (『악마의 사도』 바다출판사)

40 Mary Midgley, *Evolution as a Religion: Strange Hopes and Stranger Fears*. 2nd edn. (London: Routledge, 2002), 17-18.

41 Edward O. Wilson, *Consilience: The Unity of Knowledge*(New York: Vintage, 1999), 294. (『통섭, 지식의 대통합』 사이언스북스)

42 윌슨의 접근법에 대한 비판적 평가로, Ullica Segerstrale, "Wilson and the Unification of Science," *Annals of the New York Academy of Sciences*, no. 1093 (2006): 46-73; Abraham G. Gibson, "Edward O. Wilson and the Organicist Tradition," *Journal of the History of Biology* 46 (2013): 599-630을 보라.

43 Alister E. McGrath, *Inventing the Universe: Why We Can't Stop Talking about*

Science, Faith and God (London: Hodder & Stoughton, 2015). (『우주, 하나님 지으신 모든 세계』 복 있는 사람)

02 우리는 누구인가?

1 Raymond Carver, "Late Fragment," *All of Us: The Collected Poems* (London: Harvill Press, 1996), 294.
2 이에 대한 탁월한 개관으로, Louis Tay and Ed Diener, "Needs and Subjective Well-Being around the World," *Journal of Personality and Social Psychology* 101, no. 2 (2011): 354-365를 보라.
3 Sigmund Freud, "One of the Difficulties of Psycho-Analysis," *Journal of Mental Science* 67 (1921): 34-39.
4 Gabriel W. Finkelstein, *Emil du Bois-Reymond: Neuroscience, Self, and Society in Nineteenth-Century Germany* (Cambridge, MA: MIT Press, 2013).
5 Dennis Danielson, "[The Myth] that Copernicanism demoted Humans from the Center of the Cosmos," *Galileo Goes to Jail and Other Myths about Science and Religion*, ed. Ronald L. Numbers (Cambridge, MA: Harvard University Press, 2009), 50-58.
6 Iris Murdoch, *The Sovereignty of Good* (London: Routledge, 2001), 82.
7 Raymond Tallis, *Aping Mankind: Neuromania, Darwinitis and the Misrepresentation of Humanity* (London: Routledge, 2014), 349.
8 Robin Dunbar, *The Human Story* (Faber & Faber, 2004), 197-199.
9 이에 대한 훌륭한 개관서로 Richard N. Williams and Daniel N. Robinson, eds., *Scientism: The New Orthodoxy* (London: Bloomsbury, 2015)를 보라.
10 Edward O. Wilson, *The Meaning of Human Existence* (New York: W. W. Norton, 2014), 161.
11 Stephen Hawking and Leonard Mlodinow, *The Grand Design* (New York: Bantam Books, 2010), 5.
12 이에 대한 훌륭한 논의로는 Paul Thagard, "Why Cognitive Science Needs Philosophy and Vice Versa," *Topics in Cognitive Science* 1 (2009): 237-254를 보라.
13 Charles A. Coulson, *Christianity in an Age of Science* (London: Oxford University

Press, 1953), 21.

14 Coulson, *Christianity in an Age of Science*, 20. 이어서 Alister E. McGrath, "Multiple Perspectives, Levels, and Narratives: Three Models for Correlating Science and Religion," Louise Hickman and Neil Spurway, eds., *Forty Years of Science and Religion*(Newcastle: Cambridge Scholars, 2016), 10-29도 보라.

15 Coulson, *Christianity in an Age of Science*, 21.

16 Coulson, *Christianity in an Age of Science*, 21.

17 Francis Crick, *The Astonishing Hypothesis: The Scientific Search for the Soul*(London: Simon & Schuster, 1994), 3; 11. (『놀라운 가설』 궁리)

18 도킨스의 입장을 상세히 논한 글로는 Alister E. McGrath, *Dawkins' God: From The Selfish Gene to The God Delusion*. 2nd edn. (Oxford: Wiley-Blackwell, 2014)을 보라. (『도킨스의 신』 SFC출판부)

19 Richard Dawkins, *River Out of Eden: A Darwinian View of Life*(London: Weidenfeld & Nicholson, 1995), 133. (『에덴 밖의 강』 동아출판)

20 Richard Dawkins, *The Selfish Gene*. 2nd edn. (Oxford: Oxford University Press, 1989), 21. (『이기적 유전자』 을유문화사)

21 John Dupré, *Human Nature and the Limits of Science*(Oxford: Clarendon Press, 2001), 1-3에 언급됨.

22 Michael Plekon, ed., *Tradition Alive: On the Church and the Christian Life in Our Time*(Oxford: Sheed & Ward, 2003), 172에서 인용.

23 필자가 인류학을 어떻게 활용하는지에 대해서는 Alister E. McGrath, "Narratives of Significance: Reflections on the Engagement of Anthropology and Christian Theology," *A Theologically Engaged Anthropology*, ed. Derrick Lemons(New York: Oxford University Press, 발간 예정)를 보라.

24 예를 들어, John B. Vickery, *The Literary Impact of The Golden Bough*(Princeton, NJ: Princeton University Press, 2015)를 보라. 이런 접근법에 우려를 표한 글로는 Jonathan Z. Smith, "When the Bough Breaks," *History of Religions* 12, no. 4(May, 1973): 342-371을 보라.

25 Derek Freeman, *Margaret Mead and Samoa: The Making and Unmaking of an Anthropological Myth*(Cambridge, MA: Harvard University Press, 1983).

26 David I. Kertzer, "Social Anthropology and Social Science History," *Social Science*

History 33, no. 1 (2009): 1-16.
27 Rodolfo Maggio, "The Anthropology of Storytelling and the Storytelling of Anthropology," *Journal of Comparative Research in Anthropology and Sociology* 5, no. 2 (2014): 89-106.
28 상세한 논의를 더 보려면 McGrath, "Multiple Perspectives, Levels, and Narratives"(2장 주 14번)를 보라.

03. 인간의 정체

1 Augustine of Hippo, *Confessions*, X.vii.15. (『성 어거스틴의 고백록』 대한기독교서회)
2 Immanuel Kant, *Gesammelte Schriften*, 30 vols(Berlin: Reimer, 1902), vol. 5, 161.
3 Alexander Pope, *Essay on Man*, II. 1-2.
4 Pope, *Essay on Man*, II. 17-18.
5 이 무렵의 일반적 질문에 대한 논의로는 Kevin L. Cope, *Criteria of Certainty: Truth and Judgment in the English Enlightenment*(Lexington, KY: University Press of Kentucky, 1990)를 보라.
6 Pope, *Essay on Man*, II. 19-30; 35-38.
7 예를 들어, James Gilligan, *Violence: Our Deadly Epidemic and Its Causes*(New York: Vintage Books, 1997)를 보라.
8 이에 대한 훌륭한 논의로는 Rowan Williams, *The Edge of Words: God and the Habits of Language*(London: Bloomsbury, 2014)를 보라.
9 Rowan Williams, *On Augustine*(London: Bloomsbury, 2016), 22.
10 Liliann Manning, Daniel Cassel and Jean-Christophe Cassel, "St. Augustine's Reflections on Memory and Time and the Current Concept of Subjective Time in Mental Time Travel," *Behavioral Sciences* 3, no. 2 (2013): 232-243.
11 예를 들어, Karl K. Szpunar, "On Subjective Time," *Cortex* 47(2011): 409-411, 같은 저자의 "Evidence for an Implicit Influence of Memory on Future Thinking," *Memory & Cognition* 38 (2010): 531-540을 보라.
12 특히 Alister E. McGrath, "The Enigma of Autobiography: Critical Reflections on *Surprised by Joy*," *The Intellectual World of C. S. Lewis*(Oxford: Wiley-Blackwell,

2013), 7-30을 보라.

13   Lydia Schumacher, *Divine Illumination: The History and Future of Augustine's Theory of Knowledge*(Malden, MA: Wiley-Blackwell, 2011).

14   이에 대한 상세한 논의는 Jesse Couenhoven, *Stricken by Sin, Cured by Christ: Agency, Necessity, and Culpability in Augustinian Theology*(New York: Oxford University Press, 2013)를 보라.

15   예를 들어, Charles G. Nauert, *Humanism and Renaissance Civilization*(Basingstoke: Ashgate, 2012)을 보라.

16   라틴어 제목은 "Oratio de dignitate hominis"다.

17   르네상스 시대의 인간 본질 이해가 얼마나 풍성하고 다양했는지는 Andreas Höfele and Stephan Laqué, eds., *Humankinds: The Renaissance and Its Anthropologies*(Berlin: Walter de Gruyter, 2011)에 잘 고찰되어 있다.

18   Giovanni Pico della Mirandola, *Oration on the Dignity of Man*(Chicago: Gateway Editions, 1956), 7. [정확성을 위해 필자가 번역을 몇 군데 고쳤다.] (『피코 델라 미란돌라』 경세원)

19   이 번역에 대해서는 William H. Race, *Pindar: Olympian Odes; Pythian Odes*(Cambridge, MA: Harvard University Press, 2002), 239를 보라.

20   이 주제에 대한 고찰로는 Pierre Hadot, *What Is Ancient Philosophy?*(Cambridge, MA: Harvard University Press, 2002)를 보라.

21   G. K. Chesterton, *What's Wrong with the World*(San Francisco: Ignatius Press, 1994), 180.

22   Isaac Kalimi and Seth Francis Corning Richardson, eds., *Sennacherib at the Gates of Jerusalem: Story, History and Historiography*(Leiden: Brill, 2014). 이런 우려가 과장되는 것에 대해서는 Antti Laato, "Assyrian Propaganda and the Falsification of History in the Royal Inscriptions of Sennacherib," *Vetus Testamentum* 45, no. 3 (1995): 198-226을 보라.

23   Iris Murdoch, *The Sovereignty of Good*(London: Routledge & Kegan Paul, 1970), 82.

24   Murdoch, *Sovereignty of Good*, 91.

25   Murdoch, *Sovereignty of Good*, 50.

26   Iris Murdoch, *Existentialists and Mystics: Writings on Philosophy and Literature*(London: Chatto & Windus, 1997), 14.

27   Iris Murdoch, *Metaphysics as a Guide to Morals*(London: Penguin, 1992), 321.

28 Iris Murdoch, "Ethics and the Imagination," *Irish Theological Quarterly* 52 (1986): 81-95, p. 90에서 인용.
29 Iris Murdoch, *The Fire and the Sun: Why Plato Banished the Artists*(Oxford: Oxford University Press, 1977), 78.
30 Murdoch, *Sovereignty of Good*, 93.
31 이 주제를 좀 더 풍성하게 고찰한 책으로, Maria Antonaccio, *Picturing the Human: The Moral Thought of Iris Murdoch*(Oxford: Oxford University Press, 2000)를 보라.
32 Murdoch, *Sovereignty of Good*, 58.
Alan Grafen, "The Intellectual Contribution of *The Selfish Gene* to Evolutionary Theory," *Richard Dawkins: How a Scientist Changed the Way We Think*, ed. Alan Grafen and Mark Ridley(Oxford: Oxford University Press, 2006), 66-74, p. 73에서 인용.
33 1966년에 타자로 기록된 원문이 Richard Dawkins, *An Appetite for Wonder: The Making of a Scientist — A Memoir*(London: Bantam, 2013), 200에 전재됨. (『리처드 도킨스 자서전 2』 김영사)
34 Richard Dawkins, *The Selfish Gene*. 2nd edn. (Oxford: Oxford University Press, 1989), 9-10. (『이기적 유전자』 을유문화사)
Marek Kohm, "To Rise Above," *Richard Dawkins: How a Scientist Changed the Way We Think*, ed. Alan Grafen and Mark Ridley(Oxford: Oxford University Press, 2006), 248-254를 보라.
35 Frans de Waal, *Our Inner Ape: The Best and Worst of Human Nature*(London: Granta Books, 2006), 21.
36 Dawkins, *The Selfish Gene*, 10. (『이기적 유전자』 을유문화사)
37 Dawkins, *The Selfish Gene*, 200-201. (『이기적 유전자』 을유문화사)

04 '큰 그림'을 찾는 순례자

1 T. S. Eliot, *The Dry Salvages*(London: Faber & Faber, 1941).
2 야콥 폰 윅스퀼의 중요성을 알려면 Carlo Brentari, *Jakob von Uexküll: The Discovery of the Umwelt between Biosemiotics and Theoretical Biology*(New York:

Springer, 2015)를 읽어야 할 것이다.

3 Jakob von Uexküll, *A Foray into the Worlds of Animals and Humans: With a Theory of Meaning*(Minneapolis: University of Minnesota Press, 2010), 53.

4 이 견해에 대한 훌륭한 논의로는 Richard Rorty, *Objectivity, Relativism and Truth. Philosophical Papers*(Cambridge: Cambridge University Press, 1991), 21-34를 보라.

5 Richard Rorty, *Consequences of Pragmatism*(Minneapolis, MN: University of Minneapolis Press, 1982), 166. (『실용주의의 결과』 민음사)

6 이 복잡한 작품에 대한 논평으로는 Harry M. Solomon, *The Rape of the Text: Reading and Misreading Pope's "Essay on Man"*(London: University of Alabama Press, 1993)을 보라.

7 Ludwig Wittgenstein, *Notebooks, 1914-1916*(New York: Harper, 1961), 75.

8 John V. Taylor, *The Go-Between God*(London: SCM Press, 1979), 19.

9 Taylor, *The Go-Between God*, 19.

10 C. S. Lewis, *Essay Collection*(London: HarperCollins, 2002), 21.

11 이 점에 관한 논의로는 Stephen M. Barr, *Modern Physics and Ancient Faith*(Notre Dame, IN: University of Notre Dame Press, 2003), 188을 보라.

12 C. S. Lewis, *Surprised by Joy*(London: HarperCollins, 2002[『예기치 못한 기쁨』 홍성사]), 197. 루이스의 회심을 충실하게 다룬 글로는 Alister E. McGrath, *C. S. Lewis: A Life — Eccentric Genius, Reluctant Prophet*(London: Hodder & Stoughton, 2013[『C. S. Lewis』 복 있는 사람]), 131-151을 보라.

13 C. S. Lewis, *Studies in Medieval and Renaissance Literature*(Cambridge: Cambridge University Press, 2007), 90. [강조는 필자가.]

14 Robin Scroggs, "New Being: Renewed Mind: New Perception — Paul's View of the Source of Ethical Insight," *The Text and the Times: New Testament Essays for Today*(Minneapolis: Fortress Press, 1993), 167-183.

15 동일한 이미지가 클레멘트의 첫 번째 서신 36:2, 59:3에서도 쓰인다. 초대 교회 그리스도인의 이 편지는 주후 96년 무렵에 기록된 것으로 보인다.

16 이에 대한 본격적 논의로 Alister E. McGrath, "The Privileging of Vision: Lewis's Metaphors of Light, Sun, and Sight," *The Intellectual World of C. S. Lewis*(Oxford: Wiley-Blackwell, 2013), 83-104를 보라.

17 C. S. Lewis, *The Pilgrim's Regress* (London: Geoffrey Bles, 1950), 176-177. (『순례자의 귀향』 홍성사)

18 Stuart Feder, *Gustav Mahler: A Life in Crisis* (New Haven, CT: Yale University Press, 2004), 150-151.

19 John Alexander Mackay, *A Preface to Christian Theology* (London: Nisbet, 1942), 27-54.

20 존 매케이의 전기로는 John Mackay Metzger, *The Hand and the Road: The Life and Times of John A. Mackay* (Louisville, Kentucky: Westminster John Knox Press, 2010)를 보라.

21 Mackay, *Preface to Christian Theology*, 29.

22 Mackay, *Preface to Christian Theology*, 36.

23 Mackay, *Preface to Christian Theology*, 32.

24 Mackay, *Preface to Christian Theology*, 37.

25 Mackay, *Preface to Christian Theology*, 44.

26 Thomas Nagel, *The View from Nowhere* (New York: Oxford University Press, 1986), 67-89.

27 Alwyn Ruddock, "The Earliest Original English Seaman's Rutter and Pilot's Chart," *Journal of Navigation* 14, no. 4 (1961): 409-443.

28 Hermann Minkowski, "Raum und Zeit," *Jahresbericht der deutschen Mathematiker-Vereinigung* 18 (1909): 75-88.

29 J. Daniel Gifford, *Robert A. Heinlein: A Reader's Companion* (Sacramento: Nitrosyncretic Press, 2000), 110-111.

30 Einstein, letter of 21 March 1955; Pierre Speziali, ed., *Albert Einstein — Michele Besso Correspondence, 1903-1955* (Paris: Hermann, 1972), 537-538.

31 P. A. Schilpp, ed., *The Philosophy of Rudolf Carnap* (La Salle, IL: Open Court Publishing, 1963), 37-38을 보라.

32 Lewis, *Essay Collection*, 438-443.

33 C. S. Lewis, *An Experiment in Criticism* (Cambridge: Cambridge University Press, 1992), 137. (『오독, 문학비평의 실험』 홍성사)

34 Lewis, *An Experiment in Criticism*, 140-141. (『오독, 문학비평의 실험』 홍성사)

05 의미 추구하기

1. Jeanette Winterson, *Why Be Happy When You Could Be Normal?*(London: Vintage, 2012), 68.
2. 이와 관련해서는 엄청나게 많은 문헌이 있다. 바람직한 출발점은 Michael J. MacKenzie and Roy F. Baumeister, "Meaning in Life: Nature, Needs, and Myth," *Meaning in Positive and Existential Psychology*, ed. Alexander Batthyany and Pninit Russo-Netze(New York: Springer, 2014), 25-38이다.
3. Joanna Collicutt, *The Psychology of Christian Character Formation*(Norwich: SCM Press, 2015), 142-159.
4. Michael F. Steger, "Meaning in Life," *Oxford Handbook of Positive Psychology*, ed. Shane J. Lopez(Oxford, UK: Oxford University Press, 2009), 679-687.
5. Steger, "Meaning in Life," 682.
6. Paul T. P. Wong, ed., *The Human Quest for Meaning: Theories, Research, and Applications*. 2nd edn. (New York: Routledge, 2012); Phillip R. Shaver and Mario Mikulincer, eds., *Meaning, Mortality, and Choice: The Social Psychology of Existential Concerns*(Washington, DC: American Psychological Association, 2012).
7. Crystal L. Park and Ian A. Gutierrez, "Global and Situational Meanings in the Context of Trauma: Relations with Psychological Well-Being," *Counselling Psychology Quarterly* 26, no. 1 (2013): 8-25.
8. Robert A. Emmons, *The Psychology of Ultimate Concerns: Motivation and Spirituality in Personality*(New York: Guilford Press, 1999).
9. 이 점에 대한 탁월한 설명이 담긴 책으로 Eric Hobsbawm, *How to Change the World: Marx and Marxism 1840-2011*(London: Little, Brown, 2012)을 보라. (『세상을 어떻게 바꿀 것인가』 까치글방)
10. C. Daniel Batson and E. L. Stocks, "Religion: Its Core Psychological Function," *Handbook of Experimental Existential Psychology*, ed. Jeff Greenberg, Sander L. Koole and Tom Pyszczynski(New York: Guilford press, 2013), 141-155.
11. Ralph W. Hood, Peter C. Hill and W. Paul Williamson, *The Psychology of Religious Fundamentalism*(New York: Guilford Press), 2005; Ralph W. Hood, Peter C. Hill and Bernard Spilka, *The Psychology of Religion: An Empirical Approach*, 4th

edn. (New York: Guilford Press, 2015).

12 Joshua A. Hicks and Laura A. King, "Meaning in Life and Seeing the Big Picture: Positive Affect and Global Focus," *Cognition and Emotion* 21, no. 7 (2007): 1577-1584.

13 Ludwig Wittgenstein, *Tractatus Logico-Philosophicus* (Abingdon: Routledge, 2001), 88. (『논리철학논고』 책세상)

14 Terrence W. Tilley, "Problems of Theodicy: Background," *Physics and Cosmology: Scientific Perspectives on the Problem of Natural Evil*, ed. Nancey Murphy, Robert J. Russell and William R. Stoeger (Vatican City: Vatican Observatory, 2007), 35-51, p. 45 에서 인용.

15 이 점에 대해서는 Alister E. McGrath, *Re-Imagining Nature: The Promise of a Christian Natural Theology* (Oxford: Wiley-Blackwell, 2016), 73-100을 보라.

16 트러헌 자신의 접근법에 대해서는 Belden C. Lane, "Thomas Traherne and the Awakening of Want," *Anglican Theological Review* 81, no. 4 (1999): 651-664를 보라.

17 Thomas Traherne, *Centuries of Meditations* (New York: Cosimo, 2010), 20.

18 Robert Iliffe, "Newton, God, and the Mathematics of the Two Books," *Mathematicians and Their Gods: Interactions between Mathematics and Religious Beliefs*, ed. Snezana Lawrence and Mark McCartney (Oxford: Oxford University Press, 2015), 121-144.

19 Richard Dawkins, *River out of Eden: A Darwinian View of Life* (London: Phoenix, 1995), 133. (『에덴 밖의 강』 동아출판)

20 Karl R. Popper, "Natural Selection and the Emergence of Mind," *Dialectica* 32 (1978): 339-355, p. 342에서 인용.

21 Alexander Rosenberg, *The Atheist's Guide to Reality: Enjoying Life without Illusions* (New York: W. W. Norton, 2011), 7-8.

22 Robert F. Almeder, *Harmless Naturalism: The Limits of Science and the Nature of Philosophy* (Chicago: Open Court, 1998), 36-38.

23 스코트 제임스의 중요한 주장은 *An Introduction to Evolutionary Ethics* (Oxford: Wiley Blackwell, 2011), 133-138을 보라.

24 Charles Dickens, *Hard Times* (London: Wordsworth, 1995), 3. (『어려운 시절』 비꽃)

25 Dickens, *Hard Times*, 11. (『어려운 시절』비꽃)
26 Dickens, *Hard Times*, 75. (『어려운 시절』비꽃)
27 Ludwig Wittgenstein, *Notebooks, 1914-1916* (New York: Harper, 1961), 74.
28 Elinor Ochs and Lisa Capps, "Narrating the Self," *Annual Review of Anthropology* 25 (1996): 19-43.
29 Michael Bamberg, "Who Am I? Narration and Its Contribution to Self and Identity," *Theory & Psychology* 21, no. 1 (2011): 3-24.
30 Lewis P. Hinchman and Sandra K. Hinchman, eds., *Memory, Identity, Community: The Idea of Narrative in the Human Sciences* (Albany, NY: State University of New York Press, 1997).
31 Jonathan Gottschall, *The Storytelling Animal: How Stories Make Us Human* (Boston: Houghton Mifflin Harcourt, 2012), 87-116.
32 Joseph Henderson, "Ancient Myth and Modern Man," in Carl G. Jung, *Man and His Symbols* (New York: Doubleday, 1964), 104-157. (『인간과 상징』열린책들)
33 J. R. R. Tolkien, *Tree and Leaf* (London: HarperCollins, 2001), 56. 이 주제에 대한 고찰로서 Fabienne Claire Caland, "Le mythos spermatikos," *Horizons du mythe*, ed. Denise Brassard and Fabienne Claire Caland (Montréal: Cahiers du CELAT, 2007), 7-32를 보라.
34 Tolkien, *Tree and Leaf*, 71. 이 테마는 Verlyn Flieger, *Splintered Light: Logos and Language in Tolkien's World* (Kent, OH: Kent State University, 2002)에서 더 깊이 논의되었다.
35 같은 책.

06 의미

1 Thomas Nagel, *The Last Word* (Oxford: Oxford University Press, 1997), 130.
2 Carl Sagan, "Why We Need To Understand Science," *Skeptical Inquirer* 14, no. 3 (Spring 1990).
3 이 문제에 대해서는 Hans J. Ladegaard, "Demonising the Cultural Other: Legitimising Dehumanisation of Foreign Domestic Helpers in the Hong Kong

Press," *Discourse, Context & Media* 2, no. 3 (2013): 131-140을 보라.

4   Steven Pinker, *The Blank Slate: The Modern Denial of Human Nature*(New York: Viking, 2002), 105-120. (『빈 서판』 사이언스북스)

5   Pinker, *The Blank Slate*, 110-111. (『빈 서판』 사이언스북스)

6   Hermann Hesse, "Die Sehnsucht unser Zeit nach einer Weltanschauung," *Uhu* 2 (1926): 3-14.

7   Jonathan Haidt, "The Emotional Dog and Its Rational Tail: A Social Intuitionist Approach to Moral Judgment," *Psychological Review* 108, no. 4 (2001): 814-834를 보라.

8   "Parce que nous sommes au monde, nous sommes condamnés au sens," Maurice Merleau-Ponty, *Phénoménologie de la perception*(Paris: Librairie Gallimard, 1945); xiv.

9   마이클 오크셧의 견해. 특히 Michael Oakeshott, *Rationalism in Politics, and Other Essays*(New York: Basic Books, 1962)를 보라.

10 Oakeshott, *Rationalism in Politics*, 6.

11 Howard Margolis, *Patterns, Thinking, and Cognition: A Theory of Judgment*(Chicago: University of Chicago Press), 1987.

12 Margolis, *Patterns, Thinking, and Cognition*, 21.

13 Daniel C. Krawczyk, "Contributions of the Prefrontal Cortex to the Neural Basis of Human Decision Making," *Neuroscience and Biobehavioral Reviews* 26 (2002): 631-664; Jonathan Haidt, *The Righteous Mind: Why Good People Are Divided by Politics and Religion*(New York: Pantheon Books, 2012), 3-108. (『바른 마음』 웅진지식하우스)

14 예를 들어, Herbert McCabe, *Faith within Reason*(London: Continuum, 2007). '하나님을 하나의 대상으로 믿는다'는 것에 대한 좀 더 오래된 항변은 Emil Brunner, *Our Faith*(London: SCM Press, 1949), 13-14에서 찾아볼 수 있다. (『우리의 신앙』 나눔사)

15 William Ralph Inge, *Faith and Its Psychology*(New York: Charles Scribner's Sons, 1910), 197.

16 포이어바흐의 견해를 철학적으로 엄격하게 설명한 책으로는 Larry Johnston, *Between Transcendence and Nihilism: Species-Ontology in the Philosophy of Ludwig Feuerbach*(New York: Peter Lang, 1995)를 보라.

17 Brendan Wallace, *Getting Darwin Wrong: Why Evolutionary Psychology Won't Work*(Exeter: Imprint Academic, 2010), 4.
18 Nagel, *The Last Word*, 130.
19 Haidt, "The Emotional Dog and Its Rational Tail."
20 루이스가 이 문제와 어떻게 씨름했는지를 알려면 Alister E. McGrath, *C. S. Lewis — A Life: Eccentric Genius, Reluctant Prophet*(London: Hodder & Stoughton, 2013), 135-141을 보라. (『C. S. Lewis』 복 있는 사람)
21 Michael J. Buckley, *At the Origins of Modern Atheism*(New Haven, CT: Yale University Press, 1987).
22 Augustine of Hippo, *Confessions*, I.i.1. (『성 어거스틴의 고백록』 대한기독교서회)
23 Alan D. Schrift, *Nietzsche and the Question of Interpretation: Between Hermeneutics and Deconstruction*(New York: Routledge, 1990), 144-168.
24 이 입장에 담긴 혼란스러운 함의에 대해서는 Peter Stoicheff, "The Chaos of Metafiction," *Chaos and Order: Complex Dynamics in Literature and Science*, ed. N. Katherine Hayles(Chicago: University of Chicago Press, 1991), 85-99를 보라.
25 Richard Rorty, *Consequences of Pragmatism*(Minneapolis, MN: University of Minneapolis Press, 1982), xlii. (『실용주의의 결과』 민음사)
26 Richard J. Bernstein, *Philosophical Profiles: Essays in a Pragmatic Mode*(Philadelphia: University of Pennsylvania Press, 1986), 53-54.
27 David Harris, *From Class Struggle to the Politics of Pleasure: The Effects of Gramscianism on Cultural Studies*(London: Routledge), 1992.
28 Philip E. Devine, *Natural Law Ethics*(Westport, CT: Greenwood Press, 2000), 32-34.
29 Alasdair C. MacIntyre, *After Virtue: A Study in Moral Theory*. 3rd edn. (Notre Dame, IN: University of Notre Dame Press, 2007), 107.
30 Kathleen Wall, "Ethics, Knowledge, and the Need for Beauty: Zadie Smith's *On Beauty* and Ian McEwan's *Saturday*," *University of Toronto Quarterly* 77, no. 2 (2008): 757-788, p. 757에서 인용.
31 이 점을 확대 논의하는 책으로는 Joseph Rouse, *Engaging Science: How to Understand Its Practices*(Ithaca, NY: Cornell University Press, 1996). 같은 저자의 *Knowledge and Power: Towards a Political Philosophy of Science*(Ithaca NY: Cornell University Press, 1987)도 보라.

32 Iris Murdoch, *The Sovereignty of Good*(London: Macmillan, 1970). 논의와 분석을 위해서는 Maria Antonaccio and William Schweiker, eds., *Iris Murdoch and the Search for Human Goodness*(Chicago: University of Chicago Press, 1996)를 보라.
33 Murdoch, *The Sovereignty of Good*, 88.
34 Fyodor Dostoevsky, *The Devils*, trans. Michael R. Katz(Oxford: Oxford University Press, 1992), 691. 이 작품의 러시아어 제목은 영어로 The Demons 또는 The Possessed로도 번역될 수 있다. (『악령』 열린책들)
35 Joseph Frank and David I. Goldstein, eds., *Selected Letters of Fyodor Dostoyevsky*, trans. Andrew R. MacAndrew(New Brunswick, NJ: Rutgers University Press, 1987), 446.
36 이에 대한 탁월한 논의로 C. Stephen Evans, *Faith Beyond Reason: A Kierkegaardian Account*(Grand Rapids, MI: Eerdmans, 1998)를 보라.
37 Susan R. Wolf, *Meaning in Life and Why It Matters*(Princeton, NJ: Princeton University Press, 2010), 7. (『LIFE, 삶이란 무엇인가』 엘도라도)
38 Wolf, *Meaning in Life and Why It Matters*, 10. (『LIFE, 삶이란 무엇인가』 엘도라도)
39 Wolf, *Meaning in Life and Why It Matters*, 11. (『LIFE, 삶이란 무엇인가』 엘도라도)
40 Wolf, *Meaning in Life and Why It Matters*, 10. (『LIFE, 삶이란 무엇인가』 엘도라도)
41 Wolf, *Meaning in Life and Why It Matters*, 11. (『LIFE, 삶이란 무엇인가』 엘도라도)
42 특히 C. S. Lewis, *The Abolition of Man*(London: Oxford University Press, 1943)을 보라. (『인간 폐지』 홍성사)
43 이 입장을 옹호하는 책으로는 Richard Rorty, *Achieving Our Country*(Cambridge, MA: Harvard University Press, 1999)를 보라.
44 "진리의 주관성"에 대한 키르케고르의 중요한 논의에 관해서는 Merigala Gabriel, *Subjectivity and Religious Truth in the Philosophy of Søren Kierkegaard*(Macon, GA: Mercer University Press, 2010)를 보라.
45 캔터베리 주교 윌리엄 템플에게 보낸 편지, 1943년 9월 7일. *The Letters of Dorothy L. Sayers: Volume II, 1937 to 1943*, ed. Barbara Reynolds(New York: St. Martin's Press, 1996), 429.
46 이 작품을 상세히 논평한 책으로는 Erasmo Leiva-Merikakis, *Love's Sacred Order: The Four Loves Revisited*(San Francisco: Ignatius Press, 2000)를 보라.
47 C. S. Lewis, *The Four Loves*(New York: Harcourt Brace Jovanovich, 1960), 103. (『네 가지 사랑』 홍성사)

48 Lynne Viola, *Peasant Rebels Under Stalin: Collectivization and the Culture of Peasant Resistance*(Oxford University Press, 1996), 13-44를 보라.
49 Richard Sennett, *The Corrosion of Character: The Personal Consequences of Work in the New Capitalism*(New York: Norton, 1998). (『신자유주의와 인간성의 파괴』 문예출판사)
50 Lewis, *The Four Loves*, 180. (『네 가지 사랑』 홍성사)

07 의미가 작동하지 않을 때

1 Anne Frank, 1944년 7월 15일 일기. *Anne Frank: The Diary of a Young Girl*(New York: Bantam, 1993), 263. (『안네의 일기』 문학사상사)
2 John Locke, *Works*, 10 vols(London: Thomas Tegg, 1823), vol. 8, p. 447.
3 특히 Jonathan Haidt, *The Righteous Mind: Why Good People Are Divided by Politics and Religion*(New York: Pantheon Books, 2012)을 보라. (『바른 마음』 웅진지식하우스)
4 Lee Braver, *Groundless Grounds: A Study of Wittgenstein and Heidegger*(Cambridge, MA: MIT Press, 2012)에 실린 분석을 보라.
5 Bertrand Russell, *A History of Western Philosophy*(London: George Allen & Unwin Ltd, 1946), xiv. (『서양철학사』 을유문화사)
6 Isaiah Berlin, *Concepts and Categories: Philosophical Essays*(New York: Viking Press, 1979), 2-5; 161-162.
7 Berlin, *Concepts and Categories*, 114-115.
8 Blaise Pascal, *Pensées*(Mineola, NY: Dover Publications, 2003), 64. (『팡세』 민음사)
9 Bertrand Russell, *A History of Western Philosophy*(London: George Allen & Unwin Ltd), 1946, xiv. (『서양철학사』 을유문화사)
10 Friedrich Nietzsche, *Götzen-Dämmerung; oder Wie man mit dem Hammer philosophiert*(Munich: Hanser, 1954), 7. "Hat man sein warum? des Lebens, so verträgt man sich fast mit jedem wie?" 그리고 나서 니체는 짓궂게 덧붙인다. "인간은 행복을 위해 애쓰지 않는다. (그런 짓은 영국인만 한다.)" (『우상의 황혼』 아카넷)
11 Viktor E. Frankl, *Man's Search for Meaning*(New York: Simon & Schuster), 1963. (『죽음의 수용소에서』 청아출판사)

12 Kenneth I. Pargament, Bruce W. Smith, Harold G. Koenig and Lisa Perez, "Patterns of Positive and Negative Religious Coping with Major Life Stressors," *Journal for the Scientific Study of Religion* 37, no. 4(1998): 710-724. 논의를 위해서는 Joanna Collicutt, *The Psychology of Christian Character Formation* (Norwich: SCM Press, 2015), 232-233을 보라.
13 Manfred Zaumseil, Silke Schwarz, Mechthild von Vacano, Gavin Brent Sullivan and Johana E. Prawitasari-Hadiyono, eds. *Cultural Psychology of Coping with Disasters: The Case of an Earthquake in Java, Indonesia* (New York: Springer, 2014), 53-54.
14 Arthur Koestler, *The Invisible Writing: An Autobiography* (Boston: Beacon Press, 1954), 13.
15 Joanna Collicutt McGrath, "Post-Traumatic Growth and the Origins of Early Christianity," *Mental Health, Religion and Culture* 9 (2006): 291-306.
16 Frank, *The Diary of a Young Girl*, 263. (『안네의 일기』 문학사상사)
17 루이스의 합리성 개념에 대한 유익한 설명으로, Alister E. McGrath, "An Enhanced Vision of Rationality: C. S. Lewis on the Reasonableness of Christian Faith," *Theology* 116, no. 6 (2013): 410-417을 보라.
18 C. S. Lewis, *The Problem of Pain* (HarperCollins: New York, 2001), 91. (『고통의 문제』 홍성사) 또한 고통은 "반항하는 영혼의 요새에 진리의 깃발을 세운다"라고 말한 것도(p. 94) 주목하라.
19 워렌 루이스에게 보낸 편지, 1939년 12월. *Letters*, vol. 2, 302. 강조는 원문 그대로.
20 C. S. Lewis, *A Grief Observed* (San Francisco: HarperCollins, 2001), 6-7. (『헤아려 본 슬픔』 홍성사) 이 작품이 제기한 쟁점을 명민하게 분석한 글로 Ann Loades, "C. S. Lewis: Grief Observed, Rationality Abandoned, Faith Regained," *Literature and Theology* 3 (1989): 107-121을 보라.
21 이 현상에 대해서는 Joanna Collicutt McGrath, "Post-Traumatic Growth and the Origins of Early Christianity," *Mental Health, Religion and Culture* 9 (2006): 291-306을 보라.
22 예를 들어, Richard Swinburne, *The Existence of God*. 2nd edn. (Oxford: Oxford University Press, 2004), 236-272를 보라.
23 예를 들어, James I. Packer, "An Introduction to Systematic Spirituality," *Crux* 26,

no. 1 (1990): 2-8을 보라. 신학과 경건이 강화되고 통합될 가능성에 대한 훌륭한 설명은 F. LeRon Shults and Steven J. Sandage, *Transforming Spirituality: Integrating Theology and Psychology*(Grand Rapids, MI: Baker Academic, 2006)에서 찾아볼 수 있다.

24　Ellen M. Ross, *The Grief of God: Images of the Suffering Jesus in Late Medieval England*(New York: Oxford University Press, 1997).

08　자연을 궁금해하기

1　David Brewster, *Life of Sir Isaac Newton*, New edn. rev. W.T. Lynn. (London: Tegg, 1875), 303.

2　Loren Eiseley, *The Star Thrower*(New York: Harcourt Brace & Co., 1978), 267-279.

3　Eiseley, *The Star Thrower*, 278.

4　Eiseley, *The Star Thrower*, 271.

5　Eiseley, *The Star Thrower*, 169-185.

6　Eiseley, *The Star Thrower*, 182.

7　이에 대한 유익한 설명으로, Robert C. Fuller, *Wonder: From Emotion to Spirituality*(Chapel Hill, NC: University of North Carolina Press, 2006)를 보라. 특히 윌리엄 제임스의 사상에서 경이의 역할에 대한 풀러의 고찰(pp. 69-79)에 주목하라.

8　Johanna Spyri, *Heidis Lehr-und Wanderjahre*(Villingen: Nexx Verlag, 2014), 45.

9　Anthony J. Carroll, "Disenchantment, Rationality, and the Modernity of Max Weber," *Forum Philosophicum* 16, no. 1 (2011): 117-137.

10　Philip Fisher, *Wonder, the Rainbow, and the Aesthetics of Rare Experiences*(Cambridge, MA: Harvard University Press, 1998).

11　키츠의 이 시에 대한 논평으로는 Andrew Motion, *Keats*(Chicago: University of Chicago Press, 1998), 431-437; Fisher, *Wonder, the Rainbow, and the Aesthetics of Rare Experiences*, 87-93을 보라.

12　좋은 예가 Richard Dawkins, *Unweaving the Rainbow: Science, Delusion and the Appetite for Wonder*(London: Penguin Books, 1998)다. (『무지개를 풀며』 바다출판사)

13　Huib J. Zuidervaart, "The 'True Inventor' of the Telescope. A Survey of 400 Years of Debate," *The Origins of the Telescope*, ed. Albert Van Helden, Sven Dupré, Rob van Gent and Huib Zuidervaart(Amsterdam: Koninklijke Nederlandse Akademie van Wetenschappen, 2010), 9-44.

14 Albert Van Helden, "The Telescope in the Seventeenth Century," *Isis* 65, no. 1 (1974): 38-58.

15 이 통찰의 역사적 측면에 대해서는 Robin Downie, "Science and the Imagination in the Age of Reason," *Medical Humanities* 27 (2001): 58-63을 보라.

16 Richard P. Feynman, *The Character of Physical Law*(Boston: MIT Press, 1988), 127-128. (『물리법칙의 특성』 해나무)

17 여기서 나는 Werner Heisenberg, *Die Ordnung der Wirklichkeit*(Munich: Piper Verlag, 1989), 38-52에 등장하는 중요한 분석을 표현을 달리해서 설명했다.

18 Heisenberg, *Die Ordnung der Wirklichkeit*, 44.

19 필자의 저서 Alister E. McGrath, *Enriching our Vision of Reality: Theology and the Natural Sciences in Dialogue*(London: SPCK, 2016)에서 이런 점들을 조금 더 탐구했다.

20 William James, *The Will to Believe*(New York: Dover Publications, 1956), 51.

21 이 현상을 이해하기 쉽게 소개하는 글로 Ian Morison, *Introduction to Astronomy and Cosmology*(Oxford: Wiley, 2008), 1-3을 보라.

22 Heisenberg, *Die Ordnung der Wirklichkeit*, 44.

23 브루너의 주장에 대해서는 Alister E. McGrath, *Emil Brunner: A Reappraisal*(Oxford: Wiley-Blackwell, 2016), 50-54를 보라.

24 이 논제에 대한 논의에 필자가 어떻게 기여했는지를 알려면, 특히 Alister E. McGrath, *Re-Imagining Nature: The Promise of a Christian Natural Theology*(Oxford: Wiley-Blackwell, 2016)를 보라.

25 Kathryn Schifferdecker, *Out of the Whirlwind: Creation Theology in the Book of Job*(Cambridge, MA: Harvard University Press, 2008).

26 이 시편 이해에 대한 논평으로는 Hartmut Günther, "Psalm 19 und die Verkündigung des Evangeliums unter den Völkern: Zum Verständnis von Psalm 19 bei Paulus und bei Luther," *Unter einem Christus sein und streiten: Festschrift für Friedrich Wilhelm Hopf*, ed. Jobst Schöne and Volker Stolle(Erlangen: Verlag ELM, 1980), 11-25를 보라.

27 James Barr, "Do We Perceive the Speech of the Heavens? A Question in Psalm 19," *The Psalms and Other Studies on the Old Testament*, ed. Jack C. Knight and

Lawrence A. Sinclair(Nashotah, WI: Nashotah House Seminary, 1990), 11-17; Randall C. Zachman, "The Universe as the Living Image of God: Calvin's Doctrine of Creation Reconsidered," *Concordia Theological Monthly* 61 (1997): 299-312.

28　McGrath, *Re-Imagining Nature*, 18-22.

29　이 주제에 대한 좀 더 자세한 논의는 Alister E. McGrath, *Dawkins' God: From the Selfish Gene to the God Delusion*. 2nd edn. (Oxford: Wiley-Blackwell, 2015), 166-169를 보라. (『도킨스의 신』 SFC출판부)

30　Richard Dawkins, "A Survival Machine," *The Third Culture*, ed. John Brockman(New York: Simon & Schuster, 1996), 75-95, p. 85에서 인용.

31　Eugene Wigner, "The Unreasonable Effectiveness of Mathematics," *Communications on Pure and Applied Mathematics 13* (1960): 1-14, 특히 p. 8.

32　예를 들어, John Polkinghorne, *Science and Creation: The Search for Understanding*(London: SPCK, 1988), 20-21을 보라. 더 자세한 논의를 위해서는 Daniel J. Cohen, *Equations from God: Pure Mathematics and Victorian Faith*(Baltimore, MD: Johns Hopkins University Press, 2007)를 보라.

33　Paul Dirac, "The Relation between Mathematics and Physics," *Proceedings of the Royal Society of Edinburgh* 59 (1938-1939): 122-129.

34　Johann Kepler, *Gesammelte Werke*, Ed. Max Caspar, 22 vols(Munich: C. H. Beck, 1937-1983), vol. 6, 233.

35　P. A. Schilpp, ed., *The Philosophy of Rudolf Carnap*(La Salle, IL: Open Court Publishing, 1963), 37-38.

09　우주에서 편안한가?

1　Blaise Pascal, *Pensées*(Mineola, NY: Dover Publications, 2003), 61. (『팡세』 민음사)

2　Jacques Monod, *Chance and Necessity: An Essay on the Natural Philosophy of Modern Biology*(London: Penguin, 1997), 2. (『우연과 필연』 궁리)

3　*The Rubáiyát of Omar Khayyám*, trans. Edward Fitzgerald(London: Wordsworth, 1993), 66.

4　Marcel Arnould, Stephane Goriely and Kohji Takahashi, "The R-Process of Stellar

Nucleosynthesis: Astrophysics and Nuclear Physics Achievements and Mysteries," *Physics Reports* 450 (2007): 97-213.

5   Gordon C. F. Bearn, *Waking to Wonder: Wittgenstein's Existential Investigations*(Albany, NY: State University of New York Press, 1997), 163-197.

6   Michael Mayne, *This Sunrise of Wonder: Letters for the Journey*(London: Darton, Longman and Todd, 2008), 15.

7   G. K. Chesterton, *Autobiography*(San Francisco: Ignatius press, 2006), 99.

8   Chesterton, *Autobiography*, 134.

9   Stephen Hawking, *Black Holes: The Reith Lectures*(London: Bantam, 2006). (『스티븐 호킹의 블랙홀』 동아시아)

10 Gustave Flaubert, *Correspondance* 5 vols(Paris: Gallimard, 1991), vol. 3, 220.

11 무엇이 '진정한 실존'을 구성하는지에 관한 하이데거의 견해는 복잡하고도 논쟁적이다. 유익한 출발점으로 Mark A. Wrathall and Jeff Malpas, eds. *Heidegger, Authenticity and Modernity: Essays in Honor of Hubert L. Dreyfus*(Cambridge, MA: MIT Press, 2000)를 보라.

12 Douglas Burton-Christie, "Place-Making as Contemplative Practice," *Anglican Theological Review* 91, no. 3 (2009): 347-371.

13 Walter Brueggemann, *The Land: Place as Gift, Promise, and Challenge in Biblical Faith*, 2nd edn. (Philadelphia: Fortress Press, 2002), 5. (『성경이 말하는 땅』 CLC) 좀 더 일반적 입장으로는 Edward S. Casey, *The Fate of Place: A Philosophical History*(Berkeley, CA: University of California Press, 1998), 285-330을 보라.

14 Marc Augé, *Non-lieux: Introduction à une anthropologie de la surmodernité*(Paris: Éditions du Seuil, 1992). 계속해서 Emer O'Beirne, "Mapping the *Non-Lieu* in Marc Augé's Writings," *Forum for Modern Language Studies* 42/1 (2006): 38-50을 보라.

15 Matthew Arnold, *Poems*, 2 vols(London: Macmillan, 1891), vol. 2, 185.

16 C. S. Lewis, *Essay Collection*(London: HarperCollins, 2002), 96-106.

17 C. S. Lewis, *Mere Christianity*(London: HarperCollins, 2002), 136-137. (『순전한 기독교』 홍성사)

18 그런 세계관의 예로는 Carole M. Cusack, *Invented Religions: Imagination, Fiction and Faith*(Farnham: Ashgate, 2010). 특히 7-25를 보라.

19 이에 대한 개론적 소개는 Gérard Vallée, *The Shaping of Christianity: The History*

and Literature of Its Formative Centuries (100-800)(New York: Paulist Press, 1999), 64-73을 보라.

20 G. K. Chesterton, *Tremendous Trifles*(London: Methuen, 1909), 209.

21 이에 대한 충실한 논의로는 Erhardt Güttgemanns, *Der leidende Apostel und sein Herr: Studien zur paulinischen Christologie*(Göttingen: Vandenhoeck & Ruprecht, 1966)를 보라. 비교적 일반적 소개는 Andrew T. Lincoln, *Paradise Now and Not Yet: Studies in the Role of the Heavenly Dimension in Paul's Thought with Special Reference to His Eschatology*(Cambridge: Cambridge University Press, 2004)를 보라.

22 Cyprian of Carthage, *On Mortality*, 7.25.

23 상세한 연구를 위해서는 Avi Faust, *Judah in the Neo-Babylonian Period: The Archaeology of Desolation*(Atlanta, GA: Society of Biblical Literature, 2012)을 보라.

24 Ellen F. Davis, "Singing for the Peace of Jerusalem: Songs of Zion in the Twenty-First Century," *The Bible and Spirituality: Exploratory Essays in Reading Scripture Spiritually*, ed. Andrew T. Lincoln, Gordon McConville and Lloyd K. Pietersen. (Eugene, OR: Wipf & Stock, 2013), 75-94.

25 Joseph Pieper, *On Hope*(San Francisco: Ignatius Press, 1986), 38.

26 Edward Said, "The Mind of Winter: Reflections on Life in Exile," *Harper's Magazine*, September 1984, 49-55, p. 49에서 인용.

27 Simone Weil, *L'enracinement. Prélude à une déclaration des devoirs envers l'être humain*(Paris: Éditions Gallimard, 1949).

10 우리의 무엇이 문제인가?

1 Aleksandr Solzhenitsyn, *The Gulag Archipelago 1918-1956*(London: Harvill Press, 2003), 75. (『수용소군도』 열린책들)

2 Charles Frankel, *The End of the Dinosaurs: Chicxulub Crater and Mass Extinctions*(Cambridge: Cambridge University Press, 1999); Michael J. Benton, *When Life Nearly Died: The Greatest Mass Extinction of All Time*(London: Thames & Hudson, 2003).

3 William Hazlitt, *Essays*(London: Walter Scott, 1889), 269.

4   바레티의 말은 흔히 새뮤얼 존슨이 기록했다고들 하지만 사실은 보즈웰이 기록했다. 인용된 말은 Frank Brady and Frederick A. Pottle, eds. *Boswell on the Grand Tour: Italy, Corsica and France, 1765-1766*(London: Heinemann, 1955), 281을 보라.

5   이 점은 Jonathan Glover, *Humanity: A Moral History of the Twentieth Century*(London: Pimlico, 2001)에서 상세히 증언하고 있다. (『휴머니티』 문예출판사)

6   Glover, *Humanity*, 7. (『휴머니티』 문예출판사)

7   이 점에 대한 탁월한 분석은 Carol Tavris and Elliot Aronson, *Mistakes Were Made (But Not by Me): Why We Justify Foolish Beliefs, Bad Decisions, and Hurtful Acts*(Boston: Mariner Books, 2015)에서 볼 수 있다. (『거짓말의 진화』 추수밭)

8   G. R. Evans, *Augustine on Evil*(Cambridge: Cambridge University Press, 1982); Rowan Williams, *On Augustine*(London: Bloomsbury, 2016), 79-105.

9   Louis F. Fieser, "The Synthesis of Vitamin K," *Science* 91 (1940): 31-36.

10 피저가 이 무기 개발에 깊숙이 관여한 스토리에 대해서는 Robert M. Neer, *Napalm: An American Biography*(Cambridge, MA: Harvard University Press, 2015), 5-44를 보라.

11 Neer, *Napalm*, 60에 설명됨.

12 2009년 9월 15일, BBC *Newsnight*에서 방송된 인터뷰.

13 John Gray, *Straw Dogs: Thoughts on Humans and Other Animals*(London: Granta, 2002), 29. (『하찮은 인간, 호모 라피엔스』 이후)

14 Gray, Straw Dogs, 14. (『하찮은 인간, 호모 라피엔스』 이후)

15 Gray, Straw Dogs, 4. (『하찮은 인간, 호모 라피엔스』 이후)

16 Gray, Straw Dogs, 92. (『하찮은 인간, 호모 라피엔스』 이후)

17 이 냉혹한 주제에 대한 훌륭한 개론서로는 Levon Chorbajian and George Shirinian, eds., *Studies in Comparative Genocide*(New York: St. Martin's Press, 1999); Omer Bartov, Anita Grossmann and Mary Nolan, eds. *Crimes of War: Guilt and Denial in the Twentieth Century*(New York: New Press, 2002); Manus I. Midlarsky, *The Killing Trap: Genocide in the Twentieth Century*(Cambridge: Cambridge University Press, 2005); Adam Jones, *Genocide: A Comprehensive Introduction*(London: Routledge, 2006)을 보라.

18 R. G. Collingwood, *An Autobiography*(London: Oxford University Press, 1939), 79.

19 Dan Edelstein, *The Enlightenment: A Genealogy*(Chicago: University of Chicago Press, 2010), 17.

20 이 부분은 Alister E. McGrath, *Inventing the Universe: Why We Can't Stop Talking About Science, Faith and God*(London: Hodder & Stoughton, 2015)에서 자세히 설명했다. (『우주, 하나님 지으신 모든 세계』 복 있는 사람)
21 *Washington Post*, 27 February 2016.
22 Richard Crouter, *Reinhold Niebuhr on Politics, Religion, and Christian Faith*(New York: Oxford University Press, 2010), 101-102.
23 일부 자유주의 개신교도들은 다윈의 가치 기준을 '진보 신앙'이라는 미명 아래 자신들의 윤리와 뒤섞는다. 예를 들어, Gary J. Dorrien, *Social Ethics in the Making: Interpreting an American Tradition*(Malden, MA: Wiley-Blackwell, 2009), 69-73을 보라. 하지만 대다수 사람들은 이를 그릇된 처사로 인식한다.
24 Thomas H. Huxley, "Evolution and Ethics," Thomas H. Huxley, *Evolution and Ethics and Other Essays*(London: Macmillan, 1905), 46-116. (『진화와 윤리』 산지니)
25 Huxley, "Evolution and Ethics," 51-52. (『진화와 윤리』 산지니)
26 Huxley, "Evolution and Ethics," 53. (『진화와 윤리』 산지니)
27 Huxley, "Evolution and Ethics," 81-82. (『진화와 윤리』 산지니)
28 Huxley, "Evolution and Ethic," 81. (『진화와 윤리』 산지니)
29 James D. G. Dunn, *The Theology of Paul the Apostle*(Grand Rapids, MI: Eerdmans, 1998), 51-78. (『바울신학』 크리스천다이제스트)
30 Alister E. McGrath, *Iustitia Dei: A History of the Christian Doctrine of Justification*. 3rd edn. (Cambridge: Cambridge University Press, 2005), 197-206. (『하나님의 칭의론』 CLC)
31 Sigmund Freud, *Civilization and its Discontents in Civilization, Society and Religion*, 20 vols(London: Penguin, 1991), vol. 12, 302. (『문명 속의 불만』 열린책들)
32 Charles Darwin, *The Variation of Animals and Plants Under Domestication*, 2 vols(London: John Murray, 1868), vol. 1, 5-6.
33 Patricia A. Williams, "Sociobiology and Original Sin," *Zygon* 35, no. 4 (2000): 783-812.
34 Steve Jones, *In the Blood: God, Genes and Destiny*(London: HarperCollins, 1996), 207-242.
35 이에 대한 탁월한 연구로는 Alan Jacobs, *Original Sin: A Cultural History*(New York: HarperOne, 2008)를 보라. 이 중요한 개념을 신학적으로 신중히 옹호하고 탐구

하는 책으로는 Tatha Wiley, *Original Sin: Origins, Developments, Contemporary Meaning*(New York: Paulist Press, 2002)이 있다.

36 Marjorie Suchocki, *The Fall to Violence*(New York: Continuum, 1994), 85. (『폭력에로의 타락』 동연)

37 이 점은 Susanne Kappeler, *The Will to Violence: The Politics of Personal Behaviour*(Cambridge: Polity Press, 1995), 9에서 강조되었다.

38 Anne Frank, 1944년 7월 15일 일기. *Anne Frank: The Diary of a Young Girl*(New York: Bantam, 1993), 263. (『안네의 일기』 문학사상사)

39 이에 대한 좋은 예를 찰스 콜슨의 회심에서 찾아볼 수 있다. 리처드 닉슨 옆에서 궂은일을 도맡아 했을 뿐만 아니라 더러운 술수의 대가였던 콜슨은 워터게이트 추문에 연루되어 유죄 판결을 받은 뒤 루이스가 말하는 죄가 자신에게도 있음을 깨닫고 회심하여 그리스도인이 되었다. Jonathan Aitken, *Charles W. Colson: A Life Redeemed*(London: Continuum, 2005), 192-211을 보라.

40 Steven J. Bartlett, *The Pathology of Man: A Study of Human Evil*(Springfield, IL: Thomas, 2005), 75-90.

41 Slavoj Žižek, *On Belief*(London: Routledge, 2001), 38. (『믿음에 대하여』 동문선) 전체 논의는 Hannah Arendt, *The Origins of Totalitarianism*(New York: Meridian, 1958)을 보라. (『전체주의의 기원』 한길사)

11 휴머니즘의 두 얼굴

1 Giovanni Pico della Mirandola, *Oration on the Dignity of Man*. Trans. Robert Caponigri (Chicago: Gateway Editions, 1956), 11. (『피코 델라 미란돌라』 경세원)

2 Charles Darwin, *The Descent of Man*, 2 vols(London: Murray, 1871), vol. 2, 404-405. (『인간의 유래』 한길사)

3 Alister E. McGrath, *The Intellectual Origins of the European Reformation*. 2nd edn. (Oxford: Blackwell, 2003)도 보라.

4 이 점에 대해서는 폴 크리스텔러 Paul O. Kristeller의 획기적인 논문, "The Myth of Renaissance Atheism and the French Tradition of Free Thought," *Journal of the History of Philosophy* 6 (1968): 233-243에서 주목하고 있다.

5   한나 그레이Hanna H. Gray의 고전적 연구, "Renaissance Humanism: The Pursuit of Eloquence," *Journal of the History of Ideas* 24, no. 4 (1963): 497-514를 보라.

6   크리스텔러의 대표적 저작집으로, Paul Oskar Kristeller, *Renaissance Thought and the Arts: Collected Essays*(Princeton, NJ: Princeton University Press, 1990)를 보라. 크리스텔러의 접근 방식을 평가하는 글로는 John Monfasani, ed., *Kristeller Reconsidered: Essays on His Life and Scholarship*(New York: Italica Press, 2006)을 보라.

7   예를 들어, Paul Kurtz, *What is Secular Humanism?*(Amherst, NY: Prometheus Books, 2006)을 보라. (『세속적 휴머니즘이란 무엇인가?』 미지북스)

8   이에 대한 탁월한 설명으로, Mason Olds, *American Religious Humanism*(Minneapolis, MN: University Press of America, 1996)을 보라.

9   예를 들어 Mark Oppenheimer, "Closer Look at Rift Between Humanists Reveals Deeper Divisions," *New York Times*, 1 October 2010을 보라.

10   Ludwig Wittgenstein, *Culture and Value*. 2nd edn. (Oxford: Blackwell, 1980), 44. (『문화와 가치』 책세상)

11   Giovanni Pico della Mirandola, *Oration on the Dignity of Man*, 11. (『피코 델라 미란돌라』 경세원)

12   John J. Coughlin, "Pope John Paul II and the Dignity of the Human Being", *Harvard Journal of Law & Public Policy* 67 (2003): 65-79. 요한 바오로 2세의 기독교 휴머니즘이 어떻게 전개되는지에 대해서는 George Weigel, *Witness to Hope: The Biography of John Paul II*(New York: HarperCollins, 2005), 145-180을 보라.

13   Bernard Williams, *Morality: An Introduction to Ethics*(Cambridge: Cambridge University Press, 1993), 80.

14   Dawkins, *God Delusion*, 31. (『만들어진 신』 김영사)

15   Christopher Hitchens, *God Is Not Great: How Religion Poisons Everything*(New York: Twelve, 2007), 8. (『신은 위대하지 않다』 알마)

16   Hitchens, *God is Not Great*, 10. (『신은 위대하지 않다』 알마)

17   Daniel C. Dennett, "The Bright Stuff," *New York Times*, 12 July 2003; Richard Dawkins, "The Future Looks Bright," *Guardian*, 21 June 2003.

18   Hitchens, *God Is Not Great*, 5. (『신은 위대하지 않다』 알마)

19   William Temple, *Nature, Man and God*(London: Macmillan, 1934), 22.

20　Terry Eagleton, *Hope Without Optimism* (New Haven, CT: Yale University Press, 2015). (『낙관하지 않는 희망』 우물이있는집)

21　특히 Reinhold Niebuhr, *Moral Man and Immoral Society: A Study in Ethics and Politics* (New York: Charles Scribner's Sons, 1932)를 보라. (『도덕적 인간과 비도덕적 사회』 대한기독교서회)

22　John W. Dodds, "The Place of the Humanities in a World of War," *Vital Speeches of the Day 9* (1943): 311-314.

23　Mark Roseman, *The Villa, the Lake, the Meeting: Wannsee and the Final Solution* (London: Penguin Books, 2003).

24　http://www.ghwk.de/ghwk/deut/protokoll.pdf. 특히 p. 8을 주목하라.

25　이 담화는 나중에 『Mere Christianity』(1952)로 발간되었다(『순전한 기독교』 홍성사). 자세한 내용은 Alister E. McGrath, *C. S. Lewis — a Life: Eccentric Genius, Reluctant Prophet* (London: Hodder & Stoughton, 2013), 205-213을 보라. (『C. S. Lewis』 복 있는 사람)

26　Mahmood Mamdani, *When Victims Become Killers: Colonialism, Nativism, and the Genocide in Rwanda* (Princeton, NJ: Princeton University Press, 2002).

27　Pius XII, *Mystici Corporis Christi*, 94; http://w2.vatican.va/content/pius-xii/en/encyclicals/documents/hf_p-xii_enc_29061943_mysticicorporis-christi.html. 라틴어 원문의 정확한 의미를 파악하려고 몇 부분은 필자가 번역을 다시 했다.

28　이 개념 및 이와 관련된 함의를 탁월하게 탐구한 책으로, Stanley J. Grenz, *The Social God and the Relational Self: A Trinitarian Theology of the Imago Dei* (Louisville, KY: Westminster John Knox Press, 2001)를 보라.

29　Lactantius, *Divine Institutions* VI, 10.

30　Yechiel Michael Barilan, *Human Dignity, Human Rights, and Responsibility: The New Language of Global Bioethics and Biolaw* (Cambridge, MA: MIT Press, 2012), 57-64.

12　진보의 신화

1　Benjamin Disraeli, *Tancred; or, The New Crusade* (New York: Walter Dunne, 1904), 78. 역사적 정황에 대해서는 Paul Smith, *Disraeli: A Brief Life* (Cambridge: Cambridge

University Press, 1996), 86-88을 보라.

2   Bastiaan T. Rutjens, Frenk van Harreveld and Joop van der Pligt, "Yes We Can: Belief in Progress as Compensatory Control," *Social Psychological and Personality Science* 1, no. 3 (2010): 246-252; Paul G. Bain et al., "Collective Futures: How Projections About the Future of Society Are Related to Actions and Attitudes Supporting Social Change," *Personality and Social Psychology Bulletin* 39 (2013): 523-539에서 이 점과 관련해 어떤 주장을 하고 있는지 보라.

3   여기서 나는 다음 자료에서 개략적으로 설명하고 있는 기본 주제를 따랐다. Daniel Sarewitz, "The Idea of Progress," *A Companion to the Philosophy of Technology*, ed. Jan Kyrre Berg Olsen Friis, Stig Andur Pedersen and Vincent F. Hendricks(Chichester, UK: Wiley-Blackwell, 2013), 303-307; Philip Kitcher, "On Progress," *Performance and Progress: Essays on Capitalism, Business, and Society*, ed. Subramanian Rangan(Oxford: Oxford University Press, 2015).

4   "The French Revolution as It Appeared to Enthusiasts at Its Commencement," William Wordsworth, *Collected Poems*(Ware: Wordsworth Editions, 2006), 245.

5   Frank Martela, "Fallible Inquiry with Ethical Ends-in-View: A Pragmatist Philosophy of Science for Organizational Research," *Organization Studies* 36, no. 4 (2015): 537-563.

6   앤 매클린톡Anne McClintock이 "The Angel of Progress: Pitfalls of the Term 'Post-Colonialism'," *Social Text*, no. 31/32 (1992): 84-98에서 논평하는 내용을 보라.

7   Thomas Sowell, *On Classical Economics*(New Haven, CT: Yale University Press, 2006), 184.

8   Neil Harding, *Leninism*(London: Macmillan, 1996), 155.

9   마르크스주의에 대한 고전적 비판으로 Karl R. Popper, *The Poverty of Historicism* (London: Routledge & Kegan Paul, 1957)을 보라. (『역사법칙주의의 빈곤』 철학과현실사)

10 Reinhold Niebuhr, *The Nature and Destiny of Man: A Christian Interpretation*, 2 vols(London: Nisbet, 1941), vol. 2, 248. (『인간의 본성과 운명』 종문화사)

11 C. S. Lewis, *Mere Christianinity*(London: HarperCollins, 2002), 28-29. (『순전한 기독교』 홍성사)

12 이 지점에서 철학자 존 그레이의 저서를 주목해야 한다. 특히 *Straw Dogs: Thoughts on Humans and Other Animals*(London: Granta, 2003[『하찮은 인간, 호모 라피엔스』 이후])

와 *The Silence of Animals: On Progress and Other Modern Myths*(London: Penguin Books, 2014[『동물들의 침묵』 이후])를 보라.

13 Terry Eagleton, *Reason, Faith, and Revolution: Reflections on the God Debate*(New Haven, CT: Yale University Press, 2009[『신을 옹호하다』 모멘토]). 이글턴과 더불어 조르주 소렐Georges Sorel의 *Les illusions du progres*. 3rd edn. (Paris: Rivière, 1921)을 함께 읽으면 도움이 된다.

14 Eagleton, *Reason, Faith, and Revolution*, 28. (『동물들의 침묵』 이후)

15 Eagleton, *Reason, Faith, and Revolution*, 87-89. (『동물들의 침묵』 이후)

16 Eugene Lyons, *Assignment in Utopia*(New Brunswick, NJ: Transaction Publishers, 1991), 280.

17 Terry Eagleton, *Hope Without Optimism*(New Haven, CT: Yale University Press, 2015), 11. (『낙관하지 않는 희망』 우물이있는집)

18 Eagleton, *Hope Without Optimism*, 9. (『낙관하지 않는 희망』 우물이있는집)

19 마이클 버클리Michael J. Buckley가 *At the Origins of Modern Atheism*(New Haven, CT: Yale University Press, 1987)에서 강력하게 주장한 내용이다.

20 Stephen Gaukroger, *Francis Bacon and the Transformation of Early Modern Philosophy*(Cambridge: Cambridge University Press, 2001).

21 전쟁이 이렇게 과학기술적으로 변화한 것을 가장 잘 설명한 내용은 Jonathan Glover, *Humanity: A Moral History of the Twentieth Century*. 2nd edn. (New Haven, CT: Yale University Press, 2012[『휴머니티』 문예출판사])에서 볼 수 있다. 톨킨의 2차 세계대전 체험에 대해서는 John Garth, *Tolkien and the Great War: The Threshold of Middle-Earth*(London: HarperCollins, 2004)를 보라.

22 Alan Jacobs, "Fall, Mortality, and the Machine: Tolkien and Technology," *Atlantic Monthly*, 27 July 2012.

23 Michael Ruse, "Charles Darwin and Artificial Selection," *Journal of the History of Ideas* 36, no. 2 (1975): 339-350.

24 Paul Cartledge, *Sparta and Lakonia: A Regional History 1300 to 362 BC*. 2nd edn. (New York: Routledge, 2002), 84.

25 Charles Darwin, *The Descent of Man*, 2 vols(London: John Murray, 1871), vol. 1, 168. (『인간의 유래』 한길사)

26 David J. Galton and Clare J. Galton, "Francis Galton and Eugenics Today,"

Journal of Medical Ethics 24 (1998): 99-105.

27 Mark B. Adams, Garland E. Allen and Sheila F. Weiss, "Human Heredity and Politics: A Comparative Institutional Study of the Eugenics Record Office at Cold Spring Harbor (United States), the Kaiser Wilhelm Institute for Anthropology, Human Heredity, and Eugenics (Germany), and the Maxim Gorky Medical Genetics Institute (USSR)", *Osiris* 20 (2005): 232-262.

28 Marie Carmichael Stopes, *Radiant Motherhood: A Book for Those Who are Creating the Future* (London: Putnam's Sons, 1920), 223.

29 Mark B. Adams, "The Politics of Human Heredity in the USSR, 1920-1940," *Genome* 31, no. 2 (1989): 879-884.

30 역사상의 좋은 사례에 대해서는 Edwin Black, *War against the Weak: Eugenics and America's Campaign to Create a Master Race* (New York: Dialogue Press, 2012)를 보라.

31 http://www.nickbostrom.com/ethics/values.pdf

32 Julian Savulescu, R.H.J. ter Meulen and Guy Kahane, *Enhancing Human Capacities* (Oxford: Wiley-Blackwell, 2011).

33 http://www.nickbostrom.com/papers/future.pdf

34 Nick Bostrom and Anders Sandberg, "The Wisdom of Nature: An Evolutionary Heuristic for Human Enhancement," *Human Enhancement*, ed. Julian Savulescu and Nick Bostrom (Oxford: Oxford University Press, 2008), 375-416.

35 http://www.nickbostrom.com/papers/future.pdf

36 Victor C. Ferkiss, *Technological Man: The Myth and the Reality* (New York: New American Library, 1970), 34.

37 Ingmar Persson and Julian Savulescu, *Unfit for the Future: The Need for Moral Enhancement* (Oxford: Oxford University Press, 2012).

38 예를 들어, Nick Bostrom and Milan Cirkovic, eds. *Global Catastrophic Risks* (Oxford: Oxford University Press, 2007)를 보라.

39 Eagleton, *Hope Without Optimism*, 31. (『낙관하지 않는 희망』 우물이있는집)

40 John Gray, *The Immortalization Commission: The Strange Quest to Cheat Death* (New York: Farrar, Straus and Giroux, 2011), 235. (『불멸화 위원회』 이후)

41 Peter Berger, *The Sacred Canopy* (New York: Doubleday, 1965).

42   J. R. R. Tolkien, *Tree and Leaf*(London: HarperCollins, 2001), 87.
43   이후 전개에 대해서는 Gray, *Immortalization Commission*, 156-167을 보라. (『불멸화 위원회』 이후)
44   Anna Dickinson, "Quantifying Religious Oppression: Russian Orthodox Church Closures and Repression of Priests 1917-1941," *Religion, State & Society* 28 (2000): 327-335. 계속해서 William Husband, "Soviet Atheism and Russian Orthodox Strategies of Resistance, 1917-1932," *Journal of Modern History* 70 (1998): 74-107도 보라.
45   '전투하는 불신자 연맹'League of the Militant Godless으로도 알려졌다. 이 단체의 역사와 활동 방식에 대해서는 Daniel Peris, *Storming the Heavens: The Soviet League of the Militant Godless*(Ithaca, NY: Cornell University Press, 1998)를 보라.

13 맺는말

1   John Banville, *The Sea*(New York: Vintage Books, 2005), 71. (『바다』 문학동네)
2   Richard Dawkins, *A Devil's Chaplain: Selected Essays*(London: Weidenfeld & Nicolson, 2003), 19. (『악마의 사도』 바다출판사)
3   John Polkinghorne, *Theology in the Context of Science*(New Haven, CT: Yale University Press, 2008), 126. (『과학으로 신학하기』 모시는사람들)
4   Bertrand Russell, *A History of Western Philosophy*(London: George Allen & Unwin Ltd, 1946), xiv. (『서양철학사』 을유문화사)
5   벌린의 '가치 다원주의'value pluralism에 대해서는 John Gray, *Isaiah Berlin: An Interpretation of His Thought*(Princeton, NJ: Princeton University Press, 2013), 74-110; Mark Thompson, "Versions of Pluralism: William Empson, Isaiah Berlin, and the Cold War," *Literary Imagination* 8, no. 1 (2006): 65-87을 보라.
6   Gray, *Isaiah Berlin*, 109.
7   "The Tables Turned," William Wordsworth, *Collected Poems*(Ware: Wordsworth Editions, 2006), 574.
8   Dacher Keltner and Jonathan Haidt, "Approaching Awe, a Moral, Spiritual and Aesthetic Emotion," *Cognition and Emotion* 17 (2003): 297-314; Patty van

Cappellen and Vassilis Saroglou, "Awe Activates Religious and Spiritual Feelings and Behavioral Intentions," *Psychology of Religion and Spirituality* 4 (2012): 223-236.

9   Dante, *Inferno*, I. 1-3.

10 Barbara Reynolds, *The Divine Comedy*, trans. D. L. Sayers and B. Reynolds, 3 vols(London: Penguin Classics, 1986), vol. 3, 16. 레이놀즈의 단테 연구서 중 최고는 *Dante: The Poet, the Political Thinker, the Man* (London: I. B. Tauris, 2006)이다.

찾아보기

ㄱ

가림막 68, 112
갈망 80-83, 126, 129-130, 198-202, 231-232
감정 92, 98, 106-107, 124, 147, 158, 194, 197-198
개별성 93, 114-115
개인주의 71
객관성 57, 67, 88
　객관성 vs 주관성 137-141
객관적 시간 59-61
객관적 진실 131, 137, 146, 166
경외/"경이감" 항목을 보라
경이감 20-22, 27, 166-172, 175, 179, 182, 190, 301, 303
계몽주의 이상 146, 215, 299
계시 81, 150, 176-177
고골, 니콜라이(Gogol, Nikolai) 45
고난 156-163, 188
고대 사상 58-59, 65-66, 79-80
　문화적 우월함 278

물리학 195
본향 206-207
선함에 대하여 213
고독 189
고립 79, 189, 193, 218
『고백록』(아우구스티누스) 59, 199
고통 35, 99, 157-163, 213, 218, 223, 284
『고통의 문제』(루이스) 157-159, 163
골턴, 프랜시스(Galton, Sir Francis) 279
과학 23-26, 101-105, 117/"과학기술" 항목도 보라
　과학 vs 종교 182
　과학과 죄 237-240
　과학과 진보 174
　과학의 순수성 220-223
　과학적 방식의 한계 25, 32
　문화적 우월 278
　비판 25, 177
　상상력의 역할 165-183
　시간과 공간 91
　신학과의 유사점 175-179
　언어 197-198

영감 21-22, 168-179
'유전자의 눈' 관점으로 인간을 보기 44
이론의 역할 47
인간 본성에 관하여 239-240
전쟁에서 과학의 역할 213-214
정설 37-38, 120-121
종교와의 협력 31
주관성 88
증명이 필요함 124
철학 172-175
폭력 214
과학기술
  과학기술과 진보 275-277
  망원경 87, 173, 176
  불멸 추구 289
  인간성 말살 143, 250, 256
  전쟁에서 과학기술의 역할 211-213
  트랜스휴머니즘 281-289
과학만능주의 25, 103
과학 이론 174, 299
관찰 47, 83, 87-94
  관찰 vs 참여 154
  외부 46-47
  자연 세계 21-22, 105-107, 168-169
  한계 100, 176-177
괴델, 쿠르트(Gödel, Kurt) 146
괴테, 요한 볼프강 폰(Goethe, Johann Wolfgang von) 35
교육 257-261
  개념 이해 176-177
  선전 291-293

휴머니즘 257-261
구원 112-113, 115, 151, 235
궁극적 의미 탐구 151
궁극적 질문 102
그람시, 안토니오(Gramsci, Antonio) 133
그레이, 존(Gray, John) 224-227, 289
『그리스도인 군사 매뉴얼』(에라스뮈스) 248
근본주의 79, 118-119, 151, 300, 303
글라레안, 하인리히(Glarean, Heinrich) 245
글로버, 조너선(Glover, Jonathan) 215
기독교/"루이스", "성경", "아우구스티누스", "죄" 항목도 보라
  경건 vs 신학 162-163
  고통에 관하여 157-164
  과학과의 유사점 175-181
  기독교 vs 다윈주의 232-233
  기독교 vs 마르크스레닌주의 291-293
  삼위일체 178
  성례 115
  성육신 89, 202
  세상에 참여함 90-91
  영생 206, 289, 293
  은혜 69, 82, 84, 100, 155, 201, 234
  이야기 110-113
  인간 본질의 초월성 264-265
  인간의 연약함 69, 100, 227-236
  인간 창조 62
  자연 세계 인식 181
  큰 그림 126, 157, 201, 213, 241
  포로(타향) 생활 202-207
  하나님과의 관계 143-144

하나님의 계시 81, 150
하나님의 형상 110, 184, 201, 230-232, 264-265
합리성 126, 147
기독교 휴머니즘 244, 250-251, 262
"길쭉한 분홍색 벌레" 91-93
"깨어 있는 사람" 255

ㄴ

『나니아 연대기』(루이스) 114
나르시시즘 34, 123
『나와 너』(부버) 142
나치즘 104, 153-156, 260-263, 279-280
낙관주의 16-17, 214, 241, 258, 272-275
낙원 17, 204, 212, 274, 281
내세 98, 193
내집단(in-groups) 119, 121, 262, 264, 280, 303
『네 가지 사랑』(루이스) 45, 142
네이글, 토머스(Nagel, Thomas) 89, 117, 128
네이팜 222-223
노예제도 121, 265
뉴턴, 아이작(Newton, Isaac) 54, 100, 149, 165
니버, 라인홀드(Niebuhr, Reinhold) 16, 229, 256, 271
니체, 프리드리히(Nietzsche, Friedrich) 131, 152-153

ㄷ

다양한 관점 39-40
다윈, 찰스(Darwin, Charles) 35, 70, 167, 225, 237-238, 243, 278-279, 297
다윈주의 30, 70, 232-233
  인위 도태 278
  종교적 특징 30
다즈, 존(Dodds, John W.) 258-259
단테(Dante Alighieri) 84, 86, 303, 304
대안적 가설 117-118, 121-122, 126-127
대중의 참여
  과학 사상 24, 69-70
  철학 102-103, 224-225
덕목 68, 121, 139, 258, 268
데닛, 대니얼(Dennett, Daniel) 255
데리다, 자크 131
데카르트, 르네(Descartes, René) 23, 147, 274, 299
도덕성 129, 135-137, 257
  과학기술을 통한 도덕성 고양 286
  내재적인 게 아니라 교육되는 것 71-72
도덕성 고양 286
도덕적 모호성 221
도덕적 완전 230
도덕철학 67
도스토옙스키, 표도르(Dostoyevsky, Fyodor) 136
도킨스, 리처드(Dawkins, Richard) 22, 30, 44, 46, 57, 69-72, 101, 124-125, 148, 181-182, 185, 225, 238, 240, 252-255, 296

다원주의 30, 70, 232-233
『만들어진 신』 46, 252
이기적 유전자 71-72
자연관 22, 101, 181-182, 185, 296-297
종교에 관하여 46
합리주의 125
독단주의 58, 302
독립선언서 146
독일 16, 143, 261, 279, 291
동료 집단의 압력 260
듀이, 존(Dewey, John) 269
디랙, 폴(Dirac, Paul) 183
디즈레일리, 벤저민(Disraeli, Benjamin) 267
디킨스, 찰스(Dickens, Charles) 105, 107

ㄹ

라이온스, 유진(Lyons, Eugene) 273
라이프니츠, 고트프리트(Leibnitz, Gottfried Wilhelm) 161
락탄티우스(Lactantius) 264-265
러셀, 버트런드(Russell, Bertrand) 147, 151, 299
레닌, 블라디미르(Lenin, Vladimir) 291-293
로렌츠, 콘라트(Lorenz, Konrad) 280-281
로젠버그, 알렉스(Rosenberg, Alex) 102-105
로크, 존(Locke, John) 145
로티, 리처드(Rorty, Richard) 79-80, 131-133
루소, 장 자크(Rousseau, Jean-Jacques) 239
루슈디, 살만(Rushdie, Salman) 27-28

루이스, C. S.(Lewis, C. S.) 141-142, 144, 261, 272
고난 157-159, 161, 163
『나니아 연대기』 114
『네 가지 사랑』 45, 142
세상을 올바로 보기 82
『순례자의 귀향』 85, 141
『순전한 기독교』 158, 200, 241
아우구스티누스 계승자 60
"영광의 무게" 199
「옛날 책 읽기에 관하여」 93
주관주의에 관하여 139
타인의 눈을 통해서 보기 93-94
합리주의 vs 감정 199-200
회심 체험 85
루터, 마르틴(Luther, Martin) 235
르네상스 57, 61-62, 106, 244-250, 257-258

ㅁ

마골리스, 하워드(Margolis, Howard) 123-124
마니교의 이원론 254
마르크스, 카를(Marx, Karl Heinrich) 114, 124, 127, 214, 271, 297
마르크스주의 30, 83, 97, 114, 133, 151, 155, 246, 270
마르크스주의 vs 기독교 114
마르크스주의와 진보 214, 270
종교적 특징 30
『만들어진 신』(도킨스) 46, 252

말러, 구스타프(Gustav, Mahler) 86
망상
  객관성의 망상 92-94
  대처 메커니즘으로서의 망상 36, 64-69, 123, 222-227, 230-231, 292
  망상에 맞서 보호하기 133-134, 148
  선하다는 망상 215-216, 229
매케이, 존 알렉산더(Mackay, John Alexander) 86-88, 90, 94/"발코니와 길"(매케이) 항목을 보라
매킨타이어, 알래스데어(MacIntyr, Alasdair) 134
매혹에서 벗어나기(disenchantment) 169-170
맬서스, 토머스(Malthus, Thomas) 285-286
머독, 아이리스(Murdoch, Iris) 36, 57, 66-69, 135-137
『멋진 신세계』(헉슬리) 65, 261, 287
메더워, 피터(Medawar, Sir Peter) 25
메를로퐁티, 모리스(Merleau-Ponty, Maurice) 122-123
메인, 마이클(Mayne, Michael) 190
메타서사 108-109, 113, 272, 276, 301
멘, 알렉산더(Men, Alexander) 45
멸종 288
모노, 자크(Monod, Jacques) 188
몸 vs 영 235
무기 211, 221-223, 226, 287, 292
무신론
  도덕 103, 135-137
  독단적 태도 118

세속 휴머니즘 127, 247-248, 252-253
  소련에서 291-292
문화의 변혁 245
문화적 구조물 24
문화적 우월함 278
문화적 정황 47
미국 221-222
  우생학 279
  헌정 체계 229
  휴머니즘 248-249, 258
미드, 마거릿(Mead, Margaret) 47
미즐리, 메리(Midgley, Mary) 30, 305
미첼, 존(Michell, John) 191
민코프스키, 헤르만(Minkowski, Hermann) 91
믿음
  과학을 연구 대상으로 31
  독단론 151
  믿음을 잃다 154-156
  믿음 vs 과학 124-130
  신학 vs 경건 162-163
  여정 199-202
  이야기에 합류함 90
  인간의 한계를 초월하다 53-54
  진보에 대한 믿음 224

ㅂ

바울 84, 100, 114, 234, 241, 298
바레티, 주세페(Baretti, Giuseppe) 213-214
바벨론 유수 204

바스카, 로이(Bhaskar, Roy) 49
바트, 요아킴 폰(Watt, Joachim von) 245
『반지의 제왕』(톨킨) 110-111, 277
발라, 로렌조(Valla, Lorenzo) 247
"발코니와 길"(매케이) 77, 86, 90, 94, 154
밴빌, 존(Banville, John) 15, 23-24, 295, 303
버거, 피터(Berger, Peter) 290
벌린, 이사야(Berlin, Isaiah) 148, 300
베버, 막스(Weber, Max) 98, 170
베유, 시몬(Weil, Simone) 207
베이컨, 프랜시스(Bacon, Francis) 106, 276
베커, 어니스트(Becker, Ernest) 290
"별을 던지는 아이"(아이슬리) 167
보스트롬, 닉(Bostrom, Nick) 282-283
보즈웰, 제임스(Boswell, James) 213-214
본래성 193
본향 206-207
부버, 마르틴(Buber, Martin) 142-143
부활 291, 293
불멸 137, 192-193, 289, 291, 293
불안 16, 36, 67-68, 132-133, 158, 223, 269, 281
불완전성 정리 146
불확실성과 더불어 살기 150
브루그만, 월터(Brueggemann, Walter) 195-196
브루너, 에밀(Brunner, Emil) 178
비관론 60, 274
비오 12세 263
비트겐슈타인, 루트비히(Wittgenstein, Ludwig) 23, 81, 98, 108, 147, 189, 250, 299
비판적 실재론 49
비합리성 24, 228, 239, 254, 284
비현실적 낙관주의 61, 65, 241-242, 261
　서양 문화에서 16-17, 214, 226-227
　진보의 신화 224-225, 267, 272-275

ㅅ

사랑 42, 44-45, 98, 107, 140-143, 153, 158, 160, 163, 219, 231, 237, 257
『사모아의 청소년』(미드) 47
사상에 대해 열린 자세 117
사실 24, 28, 105-108
사이드, 에드워드(Said, Edward) 207
사회생물학(윌슨) 31, 121, 238
사회적 압력 52
사회적 응집 79
사회정책 229
사회집단 78, 79, 134
사회주의 114, 270, 292
산 유비(mountain analogy) 40-41
살려는 의지 153
상대성이론 91, 183-184, 288
상대주의 298
상상력 21, 40, 106-115, 189-190/"예술" 항목도 보라
　과학에서 상상력의 역할 165-186
　렌즈로서의 상상력 182
　상상력 vs 합리주의 21
　신화 110-113

한계 100
생각의 독립 79
생명기호학 78
선 vs 악 114, 135-136, 215-220, 237-238, 254-256
   기독교에서의 230-231
   상과 벌 98
   안네 프랑크 156
   의미 있는 삶을 살기 132-133
선전 66
선함
   의미 있는 삶을 살기 92
   하나님의 선하심 158-161
성경
   구약성경의 비유적 표현 179-180, 194-195, 204-205, 234
   신약성경의 비유적 표현 100, 114, 203, 234
   창세기 63
   출애굽기 112
   욥기 179
   시편 8편 201
   시편 19편 179-180
   시편 23편 202
   시편 139편 51
   전도서 199
   로마서 235, 241
   고린도서 100, 298
   갈라디아서 114
   에베소서 84
   빌립보서 203

히브리서 203
성례 115
성육신 89, 202
세계관 83, 111, 127, 140, 151, 185, 212, 224, 253, 270, 292
   강화되는 세계관 224
   왜곡된 세계관 99
   주관적 세계관 185
'세계선'(world lines) 90-94, 187
세상 사람들의 권태 17
세속주의 249, 255
세속 휴머니즘 244-245, 249-251, 254, 262
세이건, 칼(Sagan, Carl) 117-119
세이어즈, 도로시(Sayers, Dorothy L.) 140
소련 143, 273, 280, 291-293
소로, 헨리 데이비드(Thoreau, Henry David) 19
소속감 191, 194, 196
소외 191, 194-195, 207
솔제니친, 알렉산드르(Solzhenitsyn, Aleksandr) 211, 219
수하키, 마조리(Suchocki, Marjorie) 239
수학
   개념의 증거로서의 수학 149
   수학과 하나님 184
   자연 세계의 수학 182-184
『순례자의 귀향』(루이스) 85, 141
『순전한 기독교』(루이스) 158, 200, 241
슈피리, 요한나(Spyri, Johanna) 170
스스로 결정하기(self-determination) 64, 72

스위스 170, 190, 245, 257
스탈린주의 155, 250
스톱스, 마리(Stopes, Marie) 279
스피노자(Spinoza, Baruch De) 147
시 21, 109, 175, 188, 197
시간 59-60, 91-92, 149, 195-196
시공간 91-92, 191, 204, 298
시민권 203
식민지 확장 269
『신곡』(단테) 84, 303-304
신(新)무신론 101, 119, 123-124, 252-254
   반대자들과의 싸움 118-119, 127-128
   세속 휴머니즘의 초상 247-248
   신무신론의 제한적 관점 152, 272-273
   영적인 일에 대한 관심 28-29
   종교에 관하여 28-29, 124-125
신비 59, 166, 175, 177, 198
신학
   구성 틀로서의 신학/"기독교", "큰 그림" 항목을 보라
   신학 vs 경건 162-163
   신학 vs 체험 200-201
   자연 세계의 신학 179-184
   창조의 신학 110
   하나님을 아는 지식 177-179
신화 110-112
실존적 경이 189
실존적 블랙홀 191-193
실존주의 23, 193
심리학 20, 38, 59, 95-96, 141, 153, 215, 237, 302

ㅇ

아놀드, 매튜(Arnold, Matthew) 197-198
아렌트, 한나(Arendt, Hannah) 242
아르케(archē) 27
아름다움 169-172, 177-185
아리스토텔레스(Aristotle) 22, 48, 256
아벨라르, 피에르(Abélard, Pierre) 205-206
아우구스티누스(Augustine) 51, 55-63, 86, 129-130, 148, 161, 199, 218, 231, 233-235
   『고백록』 59, 199
아이슬리, 로렌(Eisley, Loren) 165-167
아인슈타인, 알베르트(Einstein, Albert) 22, 24-25, 91-93, 183, 185, 288, 297
아퀴나스, 토마스(Aquinas, Thomas) 148, 180-181
악 104-105, 156, 211, 217-224, 230-242, 252-256, 271, 274-275
『악령』(도스토옙스키) 136
애정 45, 142
언어
   경이감을 표현하는 언어 27
   망상의 언어 215
   몸 vs 영 234
   복잡성 218
   비인간화 262
   새롭게 됨의 언어 234-236
   수학 언어 182-183
   시 197
   죄 228
   한계 177

휴머니즘 246-247
에라스뮈스, 데시데리우스(Erasmus, Desiderius) 244, 247-248
에로스 142
엘리엇, T. S.(Elliot, T. S.) 77
"염두에 두는 목적"(ends-in-view) 269
영감 70, 179, 218, 232
"영광의 무게"(루이스) 199
영생 206, 289, 293
영적인 일
  경건 vs 신학 161-164
  대처하기 152-157
  무신론자들의 관심 29
  영적인 일에 대한 관심 28-29
  유신론에서의 45-47
  자연 세계 184-185
  한계 83, 139-140, 227-228
  현실에서의 157
영적인 일을 탐구함 29
영적 필요 28
영지주의 202
『예기치 못한 기쁨』(루이스) 60
예수 그리스도 235, 241
예술 21, 51, 68-69, 165, 167, 227, 267
옌델, 키스(Yandell, Keith) 30
오마르 하이얌(Omar Khayyám) 188
오웰, 조지(Orwell, George) 287
오제, 마르크(Augé, Marc) 196
"와이스먼 장벽" 285
외상 경험 96, 153-158
외상 후 성장 160

요한 바오로 2세 251
"욕망의 논리" 130 /"갈망" 항목을 보라
우드, 알렉산더(Wood, Alexander) 27
『우상의 황혼』(니체) 152
우생학 278-280, 282
『우연과 필연』(모노) 188
우연한 창조 188, 243
우정 142
우주 187-207
  경이감을 불러일으키다 51, 169-170, 175, 181-183
  과학적 이해 34-35, 100-101, 105-107, 149, 170-174
  시공간 91
  정설이 아닌 개념 118-120
우주 창조 179-181, 184-186
울프, 수전(Wolf, Susan) 19-20, 27, 138-139
워즈워스, 윌리엄(Wordsworth, William) 268, 301
원죄 238-239
위그너, 유진(Wigner, Eugene) 182-183
윅스퀼, 야콥 폰(Uexküll, Jacob von) 78
윈터슨, 재닛(Winterson, Jeanette) 95
윌리엄스, 로완(Williams, Rowan) 224
윌리엄스, 버나드(Williams, Bernard) 251-254
윌슨, 에드워드(Wilson, Edward O.) 31-32, 38, 121
유비 40-41, 70/"이야기" 항목도 보라
유엔 평화유지군 229
유전자 44, 70-72, 278, 280, 283/"진화" 항

목도 보라
유전자를 통해 과학기술 전달하기 284-286
'유전자의 눈' 관점으로 인간을 보기 44, 70
유토피아 228. 236, 259
윤리 58, 103, 136, 218, 229, 232-233, 259
융, 카를(Jung, Carl Gustav) 109
은혜 69, 84, 100, 155, 201, 234
의미 101-105
   고난을 통해 161
   의문 152-153
   의미 결핍 130
   의미 구성 137
   의미 탐색 24-25, 53-55, 95-96, 122-130
   작동 실패 145-164
   집단을 통해 의미 전달 107-108
   총체적 의미 vs 상황에 따른 의미 96-97
의미망 69, 78
의미 창조 123, 127, 132-137
의사소통/"선전", "시", "언어" 항목도 보라
   개념 이해 176-177
   의사소통 연구 78
   이야기를 통한 의사소통 108-115
의심 245-164
의학 기술 220
이교 111-112
이글턴, 테리(Eagleton, Terry) 256, 272-274, 288
이기심 57, 70-71, 238, 284
『이기적 유전자』(도킨스) 57, 69-72, 238
이념 66, 118, 226, 242, 247-258, 268, 270, 292

이데올로기 148, 262-263, 288-289, 303
이론 vs 관찰 21, 159-161, 274
이상 145
『이상한 나라의 앨리스』(캐롤) 244
이성 147-149, 157, 160, 178
이성의 시대 38, 98-99, 123-124, 212, 214, 226, 239, 297
이스라엘 112-113, 180, 195-196, 204
20세기 23, 214-215, 226, 244, 250, 261, 275-276
21세기 229, 244-245
이야기 85-86, 108-115/"유비" 항목도 보라
2차 세계대전 16-17, 23, 40, 153, 222, 260, 276-277, 292
이타주의 70-71, 98
인간성 말살 143
인간의 기원 245
인간의 독특성 27-28, 35, 43, 56, 63, 244
인간의 본질 33-50, 53-56/"의미 탐색", "폭력" 항목도 보라
   갈망 202-205
   독특성 244
   스토리텔링 108-109
   인간 본질의 이중성 155-157, 212, 216-220, 240-242
   인간의 연약함 228-229
   측은히 여기는 마음 167-168
   트랜스휴머니즘 286
   하나님을 통한 초월 257
   휴머니즘 243-265
인간의 사회적 측면 48, 256

인간의 생물학적 모델 44, 49, 69-73, 237-238, 281-282
인간의 순응성 64-66
인간의 창조 61-65, 129-137, 252-253
　하나님 노릇을 하다 282-283
『인간론』(포프) 53, 80, 227
『인간의 유래』(찰스 다윈) 278
『인간 존엄에 관한 연설』(피코) 62-63, 281
『인간 폐지』(루이스) 261
인간 개량/"트랜스휴머니즘" 항목을 보라
인류학(인간학) 45-47
인식
　고조된 인식 99
　인식의 변화 84-85
인위 도태 278
인종 이데올로기 262-263
인체 51, 222, 234, 281
일본 222-223, 258
1차 세계대전 46, 143, 147, 276
일치 79, 288
잉, 윌리엄 럴프(Inge, William Ralph) 125-126

ㅈ

자본주의 143, 270
자비 142
자연과학 22, 24, 32, 45, 98, 149, 164, 169-172, 221, 299
자연선택 237, 243, 278
자연 세계 51, 68, 99, 171, 177-184

소외 188-189
　하나님을 가리키는 184
자연신학 178-179, 180-181
자유의지 43, 64
장대한 서사 113-115
재생 246
전쟁 213-214, 238-239, 258-261/"1차 세계대전", "2차 세계대전" 항목도 보라
전체주의 26, 136, 258
정신적 지도 89
정체성 51-73, 96, 143
　재생/재창안 114-115
　정체성 상실 198/"인간성 말살" 항목도 보라
　집단 정체성 78-81, 109
정황 47, 78, 234, 239, 247, 299/"발코니와 길"(매케이) 항목도 보라
제도 30, 58, 228-229
제임스, 윌리엄(James, William) 27, 175
제퍼슨, 토머스(Jefferson, Thomas) 146
존스, 스티브(Jones, Steve) 238
존슨, 새뮤얼(Johnson, Samuel) 213
존엄 57, 251, 259, 264-265/"인간성 말살" 항목도 보라
"존재의 대사슬" 62, 64
종교 26-31, 118-119, 129-130
　경이감 21, 175
　공통적 특징 29-31
　과학과의 협력 31
　근본주의 79, 118-119, 151, 300
　대처하기 152-157

부패 254-255
불멸성 289-293
비판 57, 128-129, 182, 214, 224-226, 252-253
상상력의 역할 165-166
세 가지 유형의 필요 27
세속 휴머니즘의 관점 251
유신론 148
인간의 창안품 69
종교 vs 과학 182, 274-275
주관적 시간 59-60
한계 22
종교의 합리성 147
『종의 기원』(다윈) 278
종족 말살 227, 262-263/"홀로코스트" 항목도 보라
"종합하는 사람" 31
죄 60, 67, 100, 143, 211, 227-242, 253, 286
주관성
　관점 86
　관찰의 주관성 86-94
　C. S. 루이스 200
　의미에의 접근 80-82, 134-141, 184-185
　자연에서의 주관성 172
　진보를 가늠하기 267-268
　집 194-197
주관적 시간 59-60
주관주의 139
죽음 289-293
『죽음의 부정』(베커) 290
중립 92, 120, 184, 223

중세 사상 77, 163, 181-182, 205, 246-247
지구 자원 290
지나친 단순화/"환원주의" 항목을 보라
지성 vs 감성
직관 31, 38, 56, 119, 122, 124, 135, 137, 146, 197-199, 230
진리 18, 68, 79-81, 88, 111-112, 132, 133, 138-140, 145-148, 151, 183, 225, 248, 290, 296-297
진보의 신화 267-293
진선미 30, 56
진화 70-72, 167, 224-225, 227, 233-234, 243, 283, 288
"진화와 윤리"(헉슬리) 232, 238
진화인류학 165, 167
진화 지체 283
질로텍투스, 요하네스(Xylotectus, Johannes) 245
집단 사고 79, 121, 123, 287
집단주의 143

ㅊ

참여 25, 90, 114, 138
천문학 169-170
철학 19-20, 96-97, 102-104, 138, 193
　고대 사상 27, 146
　과학으로서의 철학 26
　과학철학 174
　비판적 도구로서의 38
　철학 vs 과학만능주의 25-26

트랜스휴머니즘의 철학 282
포스트모더니즘 131
현대 철학 154-155
휴머니즘의 철학 247
체스터턴, G. K.(Chesterton, G. K.) 21, 65, 190, 203
체험/"발코니와 길"(매케이) 항목을 보라
  정보를 얻기에 유익한 틀 153
  주관적 196-197
  체험 vs 추상적 개념 158-159
  한계 81
초연/"객관성" 항목을 보라
초월
  생물학적 기원의 초월성 167-168
  인간 본질의 초월성 25, 94, 96, 140
  죽음의 초월성 290
  하나님을 통한 초월 234-235
추상적 관념 vs 체험 158-160, 195-196
추억 194-195
충성 78-80
  과학적 진실에 대한 충성 120
  사회집단에 대한 충성 256
측은히 여기는 마음 167
치유 60-61, 84, 100, 231, 235-236

ㅋ

카르나프, 루돌프(Carnap, Rudolf) 92, 185
카르타고의 키프리아누스(Cyprian of Carthage) 204
카뮈, 알베르(Camus, Albert) 36
카버, 레이먼드(Carver, Raymond) 33
칸트, 이마누엘(Kant, Immanuel) 51
캐롤, 루이스(Carroll, Lewis) 244
커츠, 폴(Kurtz, Paul) 248-249
케플러, 요한(Kepler, Johann) 23, 35, 184
코페르니쿠스, 니콜라우스(Copernicus, Nicolaus) 23, 34-35
콜링우드, R. G.(Collingwood, R. G.) 226
콩도르세, 니콜라 드(Condorcet, Nicolas de) 123
쾨슬러, 아서(Koestler, Arthur) 155
쿤데라, 밀란(Kundera, Milan) 17, 19, 281
쿨슨, 찰스(Coulson, Charles A.) 40-41
크라신, 레오니드(Krasin, Leonid) 291
크리스텔러, 폴 오스카(Kristeller, Paul Oskar) 247
크릭, 프랜시스(Crick, Francis) 43
큰 그림(big picture) 20, 25-26, 30, 32, 48, 54, 77-94, 96-98, 106-108, 113, 126, 157, 174-177, 201, 213, 227-228, 234, 241, 298, 304
클러크, N. W.(Clerk, N. W.) 159
키르케고르, 쇠렌(Kierkegaard, Søren) 138-139
키츠, 존(Keats, John) 171

ㅌ

탤리스, 레이먼드(Tallis, Raymond) 37
테니슨, 알프레드(Tennyson, Alfred, Lord) 219
템플, 윌리엄(Temple, William) 255
톨킨, J. R. R.(Tolkien, J. R. R.) 109-112, 277, 290

통섭 31
트랜스휴머니즘 72, 265, 281, 283, 286, 288, 293
트러헌, 토머스(Traherne, Thomas) 99

ㅍ

파거먼트, 케네스(Pargament, Kenneth) 153, 160
파스칼, 블레즈(Pascal, Blaise) 55, 150-151, 187, 199
파인만, 리처드(Feynman, Richard) 174
판단 124, 133-144, 241, 268-269
   도덕성 판단 230, 286-287
   철학의 판단 158
   타인에 대한 판단 217
『팡세』(파스칼) 199
『패턴, 사고, 인지』(마골리스) 123
퍼키스, 빅터(Ferkiss, Victor C.) 284
페흐너, 구스타프(Fechner, Gustav) 86
펠라기우스(Pelagius) 233
편견/"인종 이데올로기" 항목을 보라
포로 생활 202-207
포스트모더니즘 133-134, 297
포스트휴먼 281, 283-285
포이어바흐, 루트비히(Feuerbach, Ludwig) 124-132, 214
포퍼, 칼(Popper, Karl) 101, 151
포프, 알렉산더(Pope, Alexander) 53-54, 80-81, 227, 232
폭력 54, 98, 214-215, 228, 232-233, 236-239, 243-244, 249, 273, 276-277
『폭력에로의 타락』(수하키) 239
풀먼, 필립(Pullman, Philip) 146-147
풍성하게 하기 32
프랑스혁명 228, 268-269, 273
프랑크, 안네(Frank, Anne) 145, 156, 240
프랭클, 빅터(Frankl, Viktor) 153
프랭클린, 벤저민(Franklin, Benjamin) 146
프레이저, 제임스(Frazer, James) 46
프로이트, 지그문트(Freud, Sigmund) 34-36, 124, 127, 237, 242, 297
플라톤(Plato) 66, 80, 136, 206, 212
플로베르, 귀스타브(Flaubert, Gustav) 192-193
플루타르코스(Plutarch) 278
피저, 루이스 프레더릭(Fieser, Louis Frederick) 221-223
피저, 메리 피터스(Fieser, Mary Peters) 221
피코 델라 미란돌라, 지오바니(Pico della Mirandola, Giovanni) 57, 61-65, 215, 243, 247, 250, 281
피퍼, 요제프(Pieper, Josef) 206
핀다로스(Pindar) 64-66
필멸성(mortality) 96, 193, 289-290
핑커, 스티븐(Pinker, Steven) 120

ㅎ

하나님 103, 110, 150, 184-186, 193, 241/"기독교" 항목도 보라
   갈망 201
   고통의 목적 157

무신론 118, 127
선하심 161
신적 계시 81
인간의 창안품 69
자연이 가리키는 하나님 184, 201-202
창조 110
창조주로서의 하나님 179-181
초월성을 제시하다 256
하나님 시점 89
하나님을 아는 지식 140-141
하나님을 의지함 234-235
하나님의 행위 112
하나님의 형상 110, 184, 201, 230-232, 264-265
하이데거, 마르틴(Heidegger, Martin) 64, 147, 193, 299
하이젠베르크, 베르너(Heisenberg, Werner) 174, 177
하이트, 조너선(Haidt, Jonathan) 128
하인라인, 로버트(Heinlein, Robert) 91, 93
합리주의
　과학과 합리주의 98, 102-103, 174, 214
　기독교를 보는 시각 158-159
　비평 125, 199
　인간 본성으로서의 합리성 273
　주관적 태도 38
　필요 불충족 27-28
　합리주의 vs 경이감 169
　합리주의 vs 복잡성 55-56
　합리주의 vs 상상력 21
　합리주의와 상상력 182

해리스, 샘(Harris, Sam) 28
해명의 책임 131, 136
해법 69, 213, 216-220
해즐릿, 윌리엄(Hazlitt, William) 212
행복 20, 39, 81, 96, 107, 146, 193, 203
향수병 203
허무주의 136
헉슬리, 올더스(Huxley, Aldous) 65, 261, 287
헉슬리, 토머스(Huxley, H. Thomas) 232-233, 236, 238, 243
헌정 체계 229
헤세, 헤르만(Hesse, Hermann) 121
헤시오도스(Hesiod) 212
『헤아려 본 슬픔』(루이스) 159, 161, 163
헨더슨, 조지프(Henderson, Joseph) 109
호킹, 스티븐(Hawking, Stephen) 38, 286
홀로코스트 225/"프랑크, 안네" 항목도 보라
확실성 58, 106, 299
환원주의 37, 39, 42-44, 48, 52
『황금가지』(프레이저) 46
『황금나침반』(풀먼) 146-147
회복력 161-164
회심 체험 58-61, 85, 204
회의론 54, 271
휠러, 존(Wheeler, John) 191
"휴머니스트 선언" 249
휴머니즘 243-265
히친스, 크리스토퍼(Hitchens, Christopher) 253-255
히틀러, 아돌프(Hitler, Adolf) 16
힉, 존(Hick, John) 161